JN101577

郷土食が紡ぐ新たな物語

グローバル化した世界で私たちはなにを食べているのか

窪田　暁
岡井崇之
［編著］

風塵社

郷土食が紡ぐ新たな物語　目次

序　論：なぜ郷土食の物語を集めるのか

窪田　暁

あなたは郷土食という言葉からなにを想起するだろうか。近江のふなずしや土佐の皿鉢料理を思いうかべるかもしれないし、B級グルメとして知られるようになった宇都宮餃子や気仙沼ホルモンを思いおこす人もいるだろう。

では、あなたがそれを郷土食だと思った理由はなんだろうか。おそらくほとんどの人が、特定の地域で古くから食べられてきた料理だからと答えるのではないだろうか。そのときに、「古くから」とはどれくらいの年月を指すのか、どれだけの人に「食べられてきた」ものなら郷土食と呼べるのか、といった疑問が浮かんだ人もいるかもしれない。だが、こうした定義にかかわる問いに答えるのは容易ではない。なぜならグローバル化の進展によってヒト・モノ・カネが世界中を飛びかうようになり、情報技術が急速に発展する今日においては、社会そのもののあり方が多様かつ複雑さを増しており、郷土食もそのなかで絶えず変化にさらされているからである。それでも私たちは、郷土食とそれ以外の料理を異なるものとして区別しているが、なにがそうさせるのだろうか。

1. 郷土食を取りまく今日的状況

あらためて私たちの生活を振りかえってみると、郷土食に触れる機会が多いことに気づかされる。テレビでは都道府県ごとに郷土食を紹介する『秘密のケンミンＳＨＯＷ』（日本テレビ、二〇〇七年一〇月放送開始）をはじめ、全国各地の郷土食を訪ねあるく番組が放送されている。百貨店やショッピングモールで定期的に開かれる物産展に足を運ぶ人も多いだろう。また、都市部の飲食店で日本各地の名物料理が提供されることもめずらしくないし、旅先の土産店に「特産」と書かれた食品が並んでいるのも、郷土食に触れる場面である。近年の動きとしては、インターネットで直接、地元の生産者から郷土食を購入できるようになったことがあげられる。この行政バージョンが「ふるさと納税」である。また、学校給食や授業で地域の食について学ぶ食育も、制度を通して郷土食と出会う機会といえよう。

奄美料理研究家の泉和子は、郷土料理を「地域ごとの食材や調理法、風土などを反映してはいるが、もともとは家庭ごとに受け継がれてきた文化である」（泉、二〇二二：二〇八）と定義している。しかし、私たちが日常生活で出会う郷土食の姿からは、「地域ごとの食材や調理法」が「家庭ごとに受け継がれてきた」といった狭義の定義ではとらえることはできないことを示している。民俗学者の古家晴美は、郷土食を「人々が地域の最大公約数と認める食」（傍点原文）として拡大解釈をするならば、コストダウンや欠品を補うために外国産の原料を使用したもの、缶詰や合成保存料などを添加したもの、季節と関わりなく冷凍保存された食材を使用し一年中販売するもの、都会へ送り出された「郷土食」が新たな意味づけを伴い地域へ再移入されたものなども含まれてくるとしつつも、「人々」にどの範囲の人まで含めるのかというさらなる問題に直面すると述べ、現代において郷土食を定義することの困難さを指摘している〔古家、二〇一〇：一〇―一一〕。

それは、英語圏においてさまざまな用語が氾濫する状況にも表れている。ざっと思いつくだけでも、local food, local cuisine, traditional food, regional food, soul foodなど、多岐にわたる。それぞれの英語にどの訳語があてられるかについても決まりがあるわけではなさそうだ。例えば、local foodを郷土料理と訳す場合があれば、郷土食あるいはそのままローカルフードと訳されることもある[1]。

こうした定義の困難さや用語の氾濫自体が、郷土食を取りまく複雑な今日的状況を表している。そもそも、すべての郷土食が特定の地域で収穫された食材を使用し、古くから伝わる調理法で、その地域だけで消費されているのであれば、なにが郷土食でなにがそうではないのかといった区別に悩むことはないであろう。だが、現代においては郷土食の生産と消費のプロセスが、「郷土」の外部からの影響を受けずに完結することはない。例えば二一世紀にはいり、世界各地で食文化のユネスコ無形文化遺産への登録を目指す動きが拡がると、グローバル市場の消費者から郷土食に注目が集まるようになった。また、国連世界観光機関（ＵＮＷＴＯ）がガストロノミーツーリズムを推進することで、郷土食を観光客誘致に活用しようという取り組みが生まれた。いずれも郷土食が外部のアクターによって、その価値が見直されるようになった例といえるが、こうした動きは二〇〇〇年代以降に生じた新しい現象である。

（1）「文化」と「商品」のあいだで

近代以降、農業と食品加工の工業化により食をめぐる環境は大きく変貌をとげた。二〇世紀にはいると、原材料やエネルギーの調達と食品の流通が効率的に地球規模で展開され、食料をグローバルな「商品」に変えるフードシステムが確立されていった〔ロバーツ、二〇一二、竹之内、二〇一八：一一―一八〕。第二次大戦後の日本でも、地方で栽培される農作物は都市部の消費者に安定的に供給するのに適した品種へと改良され、規格に適合した「商品」となり、換金性の低い伝統野菜を栽培する農家が減少する。

ところが二〇世紀の後半になると、こうした状況が食糧危機、食品偽装、遺伝子組み換え、地域の農業と食文化の衰退をもたらすことが明らかになるにつれ、健康や環境への悪影響を懸念する声が高まり、オルタナティブな食のあり方を志向する消費者が増加した。こうした背景から、地方の生産者と直接取り引きする新たな流通形態が生まれるなど、生産者と消費者の距離を縮める動きが世界各地で拡がりをみせる。アメリカのCSA〔地域支援型農業〕や日本の「産消提携」の取り組みがそれにあたる〔大元、二〇一七、辻村、二〇一八：七一―九四、竹沢、二〇一九：一二九―一七八〕。このような流れのなかで、それまで見向きもされなかった郷土食に注目が集まるようになったのである。

その一方で、外部からの関与を受けるようになると、郷土食の生産にたずさわる人びとがそれへの対応をせまられるようになった。近年の郷土食への関心は、国家や国際機関などによって保護／保存される「文化」としての側面とオルタナティブな食のあり方を求める人びとによって消費される「商品」としての側面に向けられる傾向にある。そもそも郷土食がこのふたつの側面をあわせもつことから、ある郷土食が保護対象とされることで商品価値が高まったり、商品対象になることで文化的側面が本質化されるといった相互に補完／流用する動きが生じている。

また、ある地域内で生産と消費が完結していた郷土食が商品化されたケースでは、自分が褒められたように誇らしく感じる地域住民がいる一方で、家庭で伝承されてきた製法や味と異なることから「まがいもの」として冷たい視線をなげかける地域住民もいる。消費者の側も同様に、土産店に並ぶその商品を「本物〔真正〕」だと信じて購入する観光客がいる一方で、商品化された「まがいもの」ではなく、地域で「伝統的」に食べられてきた手づくりの品を探しもとめる観光客もいるだろう。ただし、一定の時間が過ぎると、商品化された郷土食が地域住民と観光客双方によって「文化」とみなされていくことはめずらしくない。

こうした郷土食の生産と消費にかかわる人びとの両義的な反応からは、「文化」と「商品」の境界や「本物」の基準はかならずしも明確ではなく、外部環境の変化による影響を受けながら絶えず揺れうごいていることがわかる。重要なのは、外部からのまなざしの変化により、郷土食という言葉が以前とは比較にならないほどの拡がりをみせるようになったことで、生産と消費の現場で郷土食を介して「伝統」「文化」「真正性」といった概念をめぐる交渉が生じていることである。本書では、郷土食をめぐるこうした新たな展開とそこから生みだされる複雑な問題に焦点をあてることで、現代世界で私たちがなにかを「食べる」ということの意味について考えてみたい。

本書は、グローバル化時代のなかで地域における食文化のあり方がどのような要因によって新たな姿へと変貌をとげるのかという問いを起点に、地域の郷土食がどのように生産され、消費されているのかを具体的な事例を比較することでその実態を明らかにするものである。それを通して、政治経済的な社会構造の変化による影響を避けられないという共通性がみられる一方で、原材料の調達が自然環境に左右される食だからこそ生じる個別性、あるいはその生産者の具体的な経験に根ざした個別性があることも明らかにしたいと考えている。そのために本書では、次元の異なる多様なアクターによる郷土食への意味づけを物語ととらえることで、郷土食にかかわる人びとの実践を描きだすことを課題とする。

2. 郷土食の物語とは

私はこれまでドミニカ共和国（以下、ドミニカ）を中心にスポーツと社会の関係について調査をつづけてきた。

最近では、ドミニカの友人が次々にアメリカに移住するため、ボストンのドミニカ移民コミュニティにも足を運ぶようになった。はじめてサウスボストンを訪れたときに、移民たちがドミニカ本国で食べていた「故郷の味」を異国の地で再現していたことが印象に残っている。居候先の友人がつくってくれたポージョ・ギサード（鶏肉の煮込み）は、ドミニカ本国で出されるものとなにも変わらないように思えた。厳密にいえば、鶏肉そのものの味がすこし違っていた。その肉がドミニカで飼育された鶏のものではなかったからだろう。ドミニカ移民の友人には、この違いは気にならないようで、これは「故郷の味」そのものだと胸を張った。このとき私は、友人とのあいだに生まれた「故郷の味」をめぐる認識のズレに引っかかったのである。ドミニカ本国のポージョ・ギサードは、すべてドミニカで生産された材料でつくられるのに対し、ボストンのそれはアメリカや中南米諸国が原産である。私と友人の認識のズレは、再現の基準をどこに置くかの違いであろう。だが、その基準が絶対的なものではないのであれば、なにがそうさせるのか、さらには友人が異なる材料で調理されたものを「故郷の味」だと認識したように、私たちは料理そのものに加えて、料理にまつわる物語を「食べている」のではないか、であるならば、その物語を「食べる」とはどういうことだろうか、といった疑問を抱くようになったのである。

（1）「伝統」をめぐる物語

あらためていうまでもなく、人類にとって「食べる」という行為は、単に生命活動を維持するための行為以上の意味や役割を担ってきた。狩猟採集や作物栽培で獲得した食糧は、貯蔵や交換を通じて、集団内の経済活動の基盤を生みだすことにつながり、文明社会の土台が築かれていった。また、「地域の風土と密接に結びついた食べ物は、それを生産し消費する人びとのアイデンティティと深い関わりをもつ、社会関係を築く手段となる共食や贈与交換にも食べ物は欠かせない存在」〔野林、二〇二一：i—ii〕としてありつづけてきたことが、郷土食に家庭や特定の地域で古くから受けつがれてきたものというイメージが定着する理由になったといえる。さらに、二〇一三年に和食がユネスコ無形文化遺産に登録されたように、実体のあるものとして保護／保存の対象となる傾向にある。だが、多くの先行研究と本書に収められた論文が明らかにするように、郷土食は、その材料、製造技術、調理方法、地域、アイデンティティなどのあらゆる次元で、歴史的・社会的文脈に沿うかたちで変容をとげてきた〔Appadurai, 1996、ワトソン、二〇〇三、ナーラーヤン、二〇一〇、Sebastia（ed）, 2017, 阿良田（編）二〇一七〕。

具体的なイメージを掴んでもらうために、ここで東北地方の郷土食である新巻鮭の事例を取りあげよう。東北地方の沿岸部では、近年の海水温の上昇によってサケが深刻な不漁に陥っている。そのため岩手県沿岸のある孵化場では、地元住民が自宅で贈答用に新巻鮭へと加工するために購入していたサケの販売を停止した。その結果、家庭内で伝承されてきた新巻鮭の加工技術の外部化や養殖サーモンによる代替化が進んでいるという。一見すると、「伝統」の衰退ともとれる事例だが、そうではない。かつては家庭内での加工に使うサケは、保存食にするため、川で採捕されたサケが最適とされ、地元住民もそこに「真正性」を認めていた。しかし、地域資源として新巻鮭の商品化が進むと、海で採捕されたものが利用されるようになっていく。つまり、現在生じている製造技術の外部化と材料の代替化とは、新巻鮭が商品化されて以降に「伝統」とみなされるようになったものを指しているにすぎないのである〔吉村、二〇二一：五八、二〇二三〕。

一九八三年にエリック・ホブズボウムらによって、あらゆる「伝統」は歴史のある一定の時点にその起源を有し、なんらかのかたちで「発明」されたものである〔ホブズボウム・レンジャー、一九九二〕、との見方が示されて以降、人文社会科学の分野では「伝統」や「文化」を固定的で変化しないものとしてとらえる従来の視点への批判が高まり、現在では可変的・動態的なものとしてとらえる研究者が多数を占めるようになった。こうした学術上の転換は、郷土食という言葉が含有する範囲が拡がりをみせていく流れと歩調をあわせるものだったといえる。

その一方で、いくら研究者たちが「伝統」は創られるものであるとする構築主義的な議論を展開しようとも、一般の人びとのあいだには「伝統」を本質的にとらえる傾向が根強く存在するという現実がある。それが冒頭で紹介したメディアによる郷土食の表象やオルタナティブな食のあり方を求める消費者の欲望として顕在化するのである。他方で、生産者は自らの立場を明確にする必要にせまられ、新巻鮭の事例のように「伝統」を本質化することがある。「伝統」を固定的で変化しないものであるとの前提に立たなければ、ある郷土食を保護／保存する運動は理論的に成立しえないばかりか、国際機関や国家、そしてメディアや消費者からの注目を集めることができないからだ。こうした「伝統」の実在性をめぐる交渉のプロセスも、郷土食の物語の一例といえよう。

このような郷土食の生産と消費の現場で生じている現実を理解するために、例えばブリジット・セバスティアは、伝統料理を個人的・集団的アイデンティティの提供者であり、美学、快楽、倫理、記憶、政治、ライフスタイル、幸福など、さまざまな社会的・文化的表象の指標であるとしたうえで、伝統料理の重層的な表象、そしてそれらが集団、共同体、民族によって流用される文脈の多様性に注目すべきだと主張している〔Sebastia, 2017 : 6〕。本書も基本的にこうした問題意識を共有するものであり、郷土食が置かれた地域の歴史的・政治経済的な状況のなかで、その生産や消費に関与する（内／外部の）さまざまなアクターの言説や実践、論理や欲望が折衝・交渉されるなかで、ひとつの「郷土食」が立ち現れるものととらえており、そのダイナミックな動態を描きだしたいと考えている。

以上の問題関心のもとに、私は「グローバル化時代における新たな食文化の創造：地域における食の物語の発掘と観光資源化」というテーマで、共同研究（奈良県立大学『奈良県の発展に資する研究プロジェクト』、二〇二二―二〇二三年度）を立ちあげた。本書は、この共同研究の成果であり、研究会メンバーによる論考で構成されている。共同研究会のメンバー構成は、文化人類学、社会学、メディア研究、行政学、環境社会学、日本企業の海外進出を支援する機関やガストロノミーツーリズムを推進する企業の実務家など多種多様な分野に及んだ。それは、ここまで述べてきたような郷土食の置かれた複雑な今日的状況を把握するために、多角的な視点からのアプローチが有効だと考えたからである。

こうした理由から、各章の視点や主張は統一されているわけではない。また各章は三つのセクションに分かれて配置されているが、かならずしもその区分は明確ではなく、重複する問いかけもみられる。そこで以下ではまず、本書がとりあげる物語を「土地」「身体」「継承」の三つに分けたうえで、その特徴を概観しながらいくつかの章のあいだをつなぐ論点を示しておきたい。

3. 本書に登場する複数の物語

郷土食の物語は語られる主体によって、その性質が大きく異なる。例えば、国家による郷土食の継承を意図して編まれる食育という物語は、郷土食が時代の変化のなかで消滅することへの危機感を前面に押しだしている点で、「近代に汚されていない無垢の伝統」を前提にした「同質化＝消滅の語り[2]」〔山下、一九九九〕である。その結果、目的に沿わない無数の郷土食は「まがいもの」として無視されることになる。換言すれば、国家による郷土食の物語とは、個人の記憶の選択と忘却を基盤に成立するということになる。

本書が対象とする物語は、国家による大きな物語からこぼれ落ちる無数の小さな物語である。ただし、その小さな物語〔記憶〕も、メディアによって整理され再編された「歴史化した記憶」の枠組みから自由に存在しえないことを忘れてはならない〔佐藤、二〇〇五：二七〕。第1部に先立つ第1章は、もうひとりの編者である岡井崇之がこの点を理論的に説明する。そこでは、京都・丹後半島の漁村で語られる小さな物語を起点にして、郷土食の「真正性」が生活のなかで紡がれた物語とメディア化された言説による交渉のなかで、リアリティとして立ち現れることがメディア研究の観点から示される。このように、第1章はここまで序論で述べてきた郷土食をめぐる複雑な今日的状況を「真正性」という切り口から考察するものである。

私が注目したのは、事例のなかで食の記憶が不確かなものとして語られていることだった。現在は離れた地域に住んでいる女性が、正確には記憶していないと思われる四十数年前の味を記憶していると感じ、再現しようとしているという。この個人の記憶が集合的な記憶に集約されるプロセスを読むことで、私とドミニカ移民の友人とのあいだに生まれた「故郷の味」をめぐる認識のズレを理解することができた。場所〔故郷〕を喪失した人びとが、記憶され、想像された故郷を新たに構築する過程において〔Gupta and Ferguson, 1997〕、再現された味が「正確」である必要はないのである。食の記憶については、人類学者のジョン・ホルツマンが、ケニア北部に暮らす牧畜民サンブルの社会を対象に、食にまつわる個人的記憶と集団的記憶双方に内在する矛盾や両義性を考察したものがある。そこでは、サンブル社会における食にまつわる記憶が不確かなものであることを示したうえで、歴史や記憶が首尾一貫したものとしてきれいにまとめられるのは、意識的かつ意図的に物語化されているからにすぎず、実際は、両義的で社会的に争われるものであると指摘している〔Holtzman, 2009〕。

矛盾や両義性を内包するはずの記憶や物語が直線的なストーリーとして語られるのは、西欧近代に起源をもつ合理的思考に縛られていることに起因する。これが、しばしば国家や企業による物語で、「文化」や「伝統」が過度に強調される理由のひとつにもなっている。それに対し、地域の固有性や個人の経験、あるいは顔の見える関係性のなかで紡がれる物語は、どのように生みだされるのだろうか。

（1）土地と身体の物語

第1部の第2章では、近年における健康志向の高まりや倫理的消費の拡大を受けて注目されるようになった「ご当地ヨーグルト」の生産現場で、どのように物語が育まれるかが明らかにされる。著者のヨトヴァは、エイミー・トルベック〔二〇〇八〕が提唱した「テロワール（土地の特性）」という概念を下敷きに、クラフト的な製法から生まれる乳製品「本来の味」と「地域固有の味」が、現代の消費者を「ご当地ヨーグルト」へと惹きつける要因になっていると指摘する。オルタナティブな食を志向する消費者は、郷土食に既存の大量生産品にはない「本物」を求めるが、第1節で述べたように、その基準はかならずしも明確ではなく、あくまでも個々の消費者によって異なる。第2章では、こうした現代の消費者に、テロワールの物語（地域性）と生産者の物語（クラフト性）がなぜ響いたのかが明らかにされる。第1章との関連でいえば、郷土食における「本来の味」「地域固有の味」といういわば「真正性」と呼べるものが、生産者と消費者の相互交渉のなかから創造されていく過程として読むことも可能である。

第3章は、フランスのボジョレ地方におけるナチュラル・ワインの生産の場をめぐる物語である。テロワールの概念を肯定的にとらえるヨトヴァ論文とは異なり、ナチュラル・ワインの生産が、原産地表示制度を正当化する概念としてのテロワールへの問題意識からはじまったことが示される。現地調査にもとづき、ナチュラル・ワインの生産者が農場（ブドウ園）という生産の場を調和した全体となるように運営している事実をふまえ、ナチュラル・ワインの生産の場が置換不可能な個性と自律性を有したすべての人、動植物、微生物によって構成されていることが明らかにされる。代替不可能なかけがえのない個体によって紡がれるナチュラル・ワインの物語は、人間同士の相互関係だけでなく、土地や動物、菌類などすべての生物を多様な環境に結びつける接触媒体として、食べ物をとらえる視点が必要だと教えてくれる〔Paxson, 2023 : 7〕。目にみえないものとの関係に注目することは、近代化の過程で不可視化されてきたもののなかに息づく、生き生きとした豊かな世界を見出すことでもある。

第4章の縄手論文では、自然とのつながりを大切にする人びとがいかに有機農業と出会い、かかわっているかが丁寧に描かれる。先述のように、二〇世紀後半になって近代以降に成立したフードシステムへの批判が高まるなかで、「生産」と「消費」が分断される状況を改善しようという動きが誕生した。日本では「産消提携」という名で呼ばれる実践は、「消費者に『よいものをより安く消費』を発現させずに、それを包み込んでしまう産消提携理念（要望する品質の食料を食卓に供給してくれる農業者を買い支えるべきという価値観・規範）を消費者が身に付けるための取り組み」〔辻村二〇一八：七八〕とされる。ただし、産消提携の実践にはその理念に起因する課題もある。こうした取り組みがいくらなされても、消費者意識に内在する資本主義の論理や倫理的価値観が、経済力を背景にした消費者の「正しさ」を押しつけることになり、生産者とのあいだに不均衡な関係が再生産されるからである。実際、産消提携の取り組みの多くは、一部の富裕層だけを巻きこむだけの結果に終わることも多く、かならずしもフードシステムの根本的な見直しにはつながっていないのも事実である。

縄手論文は、こうした課題解決に向けて有機農業を推進する団体に注目する。ここでは、この団体の活動にかかわる人びとが着実に増えている要因として、誰もが個人の生活にあわせて楽しみながら参加できる開放性にあることが、団体の代表者たちの有機農業との出会いを通して考察される。一般的な産消提携の取り組みが資本主義を前提にした倫理的価値観をもとになされるのに対し、心身の不調を機に有機農業と出会った代表者の経験が、参加者を囲いこむことへの違和感を抱かせる契機となり、参加者の自主性・自律性を重視する活動につながったことが示される。「食べる」という行為を身体と切りはなして考えることが不可能であるにもかかわらず、多くの研究が社会構造の影響を強調する傾向にあったことは再考の余地があろう。ホルツマンをふたたび引用するならば、「身体が文化的にどのように構築されるかにかかわらず、食は本質的に『身体のもの』なのである。食べ物を食べ物として真摯に受けとめなければならない」〔Holtzman, 2009 : 61〕のである。

第5章の玉城論文では、沖縄で多くの人に親しまれているケーキ屋の創業者のライフヒストリーから、食の実践が身体性と分かちがたく結びついていることが明らかにされる。戦争、収容所、基地といった政治経済的構造の変化に加え、飢餓的状況が広がる社会状況を生きた創業者の生活経験が、「終戦後に米軍基地内で見た豊かなアメリカの食文化を、沖縄の人々にも味わって欲しい」という物語を紡ぎだした。一見すると、抗いがたい影響力を有している「アメリカ文化」に同化したかのように読めるが、創業者の人生はそうした単純な見方を退ける。これはほんの一例にすぎないが、創業者が食材の卸売商社に勤務していたときに、ドイツ人夫妻が経営するパン屋で味見をした経験が、ケーキ屋を創業するきっかけになったという。玉城が論じるように、創業者の食実践に主体性と創造性がともなったのは、個々に異なる身体感覚が「食べる」という行為と切りはなすことができないからである。

第1部のすべての著者が示しているように、新たな郷土食を生みだした人びとは、既存の価値観への問題意識や身体の欲求、自然環境とのかかわりといった多様なアクターとの交渉のなかで、主体的に食とかかわってきたということができる。だが、こうした主体的な実践が単独で成立しうるのではなく、政治経済的な社会構造の状況がそれぞれの実践に影響を与えていることも忘れてはならない。それが顕著に表れるのが、郷土食の継承をめぐる実践である。

（2）継承という物語

第2部の第6章は、沖縄県本部町の郷土食である鰹節の製造技術をめぐる継承の問題に注目する。一九〇四年にはじまった本部町のカツオ一本釣り漁は、一九二七年にピークを迎えると、その後は衰退の一途をたどる。

二〇一〇年には最後の漁船団が解散し、水揚げ量も大幅に減少する。これにより本部町産のカツオを使用した鰹節の製造が中止を余儀なくされた。だが、長年にわたって「本部町＝カツオの町」と県内で認知されてきたことから、いまだに本部町の鰹節への需要がある。それを受けて、鹿児島県枕崎市からカツオを購入し、鰹節の製造をつづけてきたが、近年のカツオ相場の影響により、生産量は減少している。ここでは、郷土食の次世代への継承に試行錯誤する取り組みが、鰹節の加工技術の継承を中心に明らかにされる。すでに前節で述べたように、郷土食の伝承は「伝統」の本質化と結びついている。本部町の事例は、本部町の鰹節が枕崎のカツオを使用しても「本部町＝カツオの町」というイメージを守ろうとする実践である。

第7章では、大学生が奈良県吉野町で吉野葛を使った葛餅と葛切りの生産者へのインタビューをもとに取り組んだ、デジタルストーリーテリングと呼ばれるメディア実践のプロセスが示される。これまでの論考とは異なり、郷土食の製造過程や生産者の思いをデジタル媒体で記録し、それをもとに食文化とはなにか、製造技術を継承するとはどういうことか、といった根源的な問いを生みだすことに重点が置かれている。学生がこの実践を通して、自分でも予想していなかった発見に出会ったことが自分の経験をふりかえる契機となり、食文化の継承に向きあったことが伝わる。なによりも、ひとりの職人から聞いたおなじ話が、個々の学生の経験を媒介することで複数の物語に分かれていくことに大きな意味があるように思える。

（3）郷土食をめぐる実践と提言

第3部は、郷土食の物語そのものの考察ではなく、郷土食を活用したさまざまな取り組みについて書かれた論考と提言から構成されている。第8章は、スリランカにおける郷土食の観光資源化の可能性に注目する。第9章では、奈良県が有する食の観光資源を活用したガストロノミーツーリズムの可能性について、多くの事業者の取り組みから明らかにしたうえで、課題への解決策が提案される。第10章は、二〇〇八年にはじまった「ふるさと納税制度」と郷土食の関係に注目する。これまであまり注目されてこなかった「ベッドタウン自治体」において、どのような影響や役割をもたらしているのかについて、奈良県のふたつの自治体を事例に考察する。第11章では、私たちが自明のように考えている「食べる」という行為が、いかに社会的なものとつながり、それが現代の資本主義社会において、いかに脆弱な基盤のうえで成立しているのか、との問いを投げかける。

4．グローバル化時代になにを食べているのか

ここまでみてきたように、本書に収められた章の多くは、郷土食の生産現場に焦点をあてている。対象となる郷土食や生産者を取りまく個別具体的な状況は異なるものの、グローバルな政治・経済構造が変化するなかで、生産者がさまざまな次元のアクターとの交渉のなかで新たな郷土食が立ち現れるプロセスを描いている点で共通する。例えば、消費者の嗜好が多様化するなかで、自分たちの人生哲学を物語として消費者に発信・共有することで、生産者と消費者のコミュニティを形成している点で、「ご当地ヨーグルト」（第2章）と「さんだオーガニックアクション」（第4章）は共通する。また、沖縄のケーキ屋の創業者が人生で経験した要素をブリコラージュのように取りこみ、新しい味を創造していく物語（第5章）と、ブドウ園の内部にある生きた要素（植物、野生酵母、菌根菌などの微生物、牛馬やその施肥、労働する人間など）の組み合わせによって味わいが変わるというフランスのナチュラル・ワインの物語（第3章）からは、生産者の具体的な経験に根ざした個別性を越えて、食のもつ特性ゆえの共通性を見出すことができる。以上のように、本書を構成する各章のあいだには、具体的な郷土食と地域の特殊性だけではなく、生産者の生き方に起因する共通性が隠されている。読者のみなさんには、ぜひこ

うした物語を味わって欲しい。

ところで、本書で紹介される事例は国内を中心にした限られたものであることから、グローバル化した世界における郷土食の実態を幅広く描きだせているとはいえない。世界各地に目を向ければ、さらに多様で奥行きのある郷土食の物語に出会えるだろう。その物語はぜひ、本書を手にとってくれた読者の誰かが新たな視点で紡ぎだしてもらいたい。あなたが本書に編まれた複数の郷土食の物語を読みおえたとき、グローバル化した世界で私たちはなにを食べているのか、という問いが浮かびあがるだろうか。そこからさらに、私たちが生きる世界について考えることへとつながっていくだろうか。本書がそうした好奇心を刺激する役割を果たすことができるとすれば、それ以上の喜びはない。

〈注〉

（1） 日本で刊行されている書籍のタイトルは、「郷土料理」が「郷土食」よりも圧倒的に多い状況にあるが、古家は「郷土食」を「郷土料理」や「加工食品」の上位概念として位置づけている〔古家、二〇一〇：一〇〕。本書でも郷土食を類似の用語を包括する概念として使用する。

（2） 山下は、力関係が不均衡なふたつの文化のあいだで、より強力で支配的な文化に弱小な文化が同化吸収されるとする同化論の考え方を例としてあげている〔山下、一九九九：一三〕。

〈参考文献〉

阿良田麻里子編『文化を食べる 文化を飲む―グローカル化する世界の食とビジネス』ドメス出版、二〇一七年

泉和子「調理レパートリーの習得」野林厚志編『世界の食文化百科事典』丸善出版、二〇二一年

大元鈴子『ローカル認証―地域が創る流通の仕組み』清水弘文堂書房、二〇一七年

佐藤卓己『八月十五日の神話――終戦記念日のメディア学』ちくま新書、二〇一四年

竹沢尚一郎「アグリビジネスから食の民主主義へ―岐路にある日本とフランスの食と農」『国立民族学博物館研究報告』四四（三）、二〇一九

年
竹之内裕文「食と農の新しい倫理を求めて」秋津元輝・佐藤洋一郎・竹之内裕文編『農と食の新しい倫理』昭和堂、二〇一八年
辻村英之「協同組合が結ぶ食と農のコミュニティ—生産者と消費者が米を共に創る」秋津元輝・佐藤洋一郎・竹之内裕文編『農と食の新しい倫理』昭和堂、二〇一八年
ナーラーヤン、ウマ『文化を転位させる——アイデンティティ・伝統・第三世界フェミニズム』塩原良和監訳、法政大学出版局、二〇一〇年（原著一九九七年）
野林厚志「刊行の書」野林厚志編『世界の食文化百科事典』丸善出版、二〇二一年
パテル、ラジ『肥満と飢餓世界—フード・ビジネスの不幸のシステム』佐久間智子訳、作品社、二〇一〇年（原著二〇〇七年）
古家晴美「郷土食とは何か」『ＶＥＳＴＡ』第七八号、二〇一〇年
ホブズボウム、エリック・レンジャー、テレンス編『創られた伝統』前川啓治・梶原景昭ほか訳、紀伊國屋書店、一九九二年（原著一九八三年）
山下晋司『バリ　観光人類学のレッスン』東京大学出版会、一九九九年
吉村健司「岩手県におけるサケ漁の現在」生き物文化誌学会『ビオストーリー』三五、二〇二一年
吉村健司「南西諸島におけるカツオ節製造をめぐる技術と継承」共同研究「奈良県の発展に資する研究プロジェクト」『グローバル化時代における新たな食文化の創造』発表資料、二〇二三年・二月一九日、奈良県立大学
ロバーツ、ポール『食の終焉—グローバル経済がもたらしたもうひとつの危機』神保哲生訳、ダイヤモンド社、二〇一二年（原著二〇〇八年）
ワトソン、ジェームズ『マクドナルドはグローバル化か—東アジアのファーストフード』前川啓治・竹内惠行・園部曜子訳、新曜社、二〇〇三年（原著一九九七年）
Appadurai, A. (1996) *Modernity at Large: Cultural Dimension of Globalization*. University of Minnesota Press.
Gupta, A. and Ferguson, J. (1997) *Culture Power Place. Durham and London*. Duke University Press.
Holtzman, J. (2009) *Uncertain Tastes: Memory, Ambivalence, and the Politics of Eating in Samburu, Northern Kenya*. University of California Press.
Paxson, H. (2023) Introduction: Eating Beside Ourselves. In Paxson, H. (ed) *Eating Beside Ourselves: thresholds of foods and bodies*. Duke University Press.
Sebastia, B. (2017) Eating Traditional Food: Politics, Identity and Practices. In Sebastia, B. (ed) *Eating Traditional Food: Politics, Identity and Practices*. Routledge.
Trubek, Amy B. (2008) *The Taste of Place: A Cultural Journey into Terroir*. University of California Press.

地域における食の物語と記憶

――郷土食の「真正性」はどうつくられるのか――

岡井崇之

1.「郷土食」の語られ方――ナショナルとローカル

まず地域の食について語ることの難しさから始めなければならない。それは、その前提となる「地域」という言葉をとってみても、それ自体、便利に使われているが、実に厄介なものであるためだ。地域とは、経済、政治、社会、文化、風土などにまつわる活動や機能を契機として形成されるもので、なおかつ、周辺からは相対的に区別される地理的な広がりを指している。地域にあたる英語として、area, region, localityなどがあるが、それぞれ意味するものは微妙に異なる。日本語では、「地域」と類似した表現として「地方」が使われることもある。「地方創生」「地方消滅」といった言葉もよく見られる。小熊英二は、日本における「地方」という言葉の使われ方の曖昧さを指摘している。東京、あるいは中央に対応する言葉として「地方」が用いられるが、それは東京のなかにある地域を見過ごすことになると同時に、それぞれの地域に存在する歴史、風土、文化の多様性を見過ごすことにもなると指摘している〔小熊、二〇一九：一九五―一九六〕。

「郷土食」という言葉もまた厄介だ。そこで用いられている「郷土」が国家のような単位として想像されている場合もあれば、都道府県のような行政単位を示している場合もある。あるいは、もっと局地的（ローカル）なものを指すこともしばしばあるだろう。郷土食は郷土料理と呼ばれることもある。[1] 本章の目的は、「郷土食」が何かを定義することではない。また、ある郷土食を正統化しようとするものでもない。例えば、「和食：日本人の伝統的な食文化」が二〇一三年にユネスコ無形文化遺産に登録された。そこでは、「日本の食文化は、年中行事と密接に関わって育まれてきました。自然の恵みである『食』を分け合い、食の時間を共にすることで、家族や地域の絆を深めてきました」とし、（1）多様で新鮮な食材とその持ち味の尊重、（2）健康的な食生活を支える栄養バランス、（3）自然の美しさや季節の移ろいの表現、（4）正月などの年中行事との密接な関わりの四つの特徴が示されている。[2] 同じ農林水産省のウェブサイト「おいしい和食のはなし。」では、「和食は、食べて〝美味しい〟だけじゃない。実は、エコでヘルシーで、サスティナブルな食文化でもあるのです。今や、ニッポンの和食は世界の〝WASHOKU〟となり、世界中から注目を集めています。そんなさまざまな〝おいしい〟が詰まった、『おいしい和食のはなし。』を、どうぞ召し上がれ」と書かれている。[3] こういった動きを反映して、「和食ブーム」ともいえる状況が生まれている。

このようなナショナルな郷土食をめぐる語りは肯定的な文脈で扱われることが多いが、その反面、エスノセントリズム（自民族中心主義）、つまり、自民族の文化を最上とし、ほかの民族の文化、生活様式、思考方法などに対して、否定的な価値判断をすることにもつながる可能性を有している。また、それらは歴史や奥行きを持った文化というものを、「コンテンツ」へと変換し、諸外国に対して影響力を持ち、自国の利益にする「ソフトパワー」として考える政策的視点ともつながっている。また、「おいしい和食のはなし。」における「今や、ニッポンの和食は世界の〝WASHOKU〟となり、世界中から注目を集めています」という表現からは、和食のアイデンティティが「世界」からの承認を必要としていることを示唆している。それは、日本人が自ら、他者からのまなざしに合わせる「セルフオリエンタリズム」をうちに含んでいるとも考えられる。外国で作られている「ひどい」和食を紹介し、日本人のシェフが「正しい」和食を現地で作り、称賛されるという物語で構成されるテレビ番組や、日本に来た外国人観光客が日本の料理を絶賛するYouTubeのコンテンツなどは、食に関するエスノセントリズムやセルフオリエンタリズムなどの傾向を体現するものと言える。

一方で、このようなナショナルな語りに対して、もっとローカルな郷土食も注目されている。郷土食が焦点化される際にはさまざまな視点がそこにはあり得る。地域の食文化の継承を目的とするものや、地域の食文化を通じた人々の生活史を明らかにしようとするものなどだ。しかしながら、地域における食の語り方のなかで顕著に見られるのは、郷土食と観光を結びつけたものである（一般財団法人日本食生活協会、二〇一八、尾家・高田・杉山二〇二三など）。加えて、近年のガストロノミーツーリズムの動きからもわかるように、それらに共通しているのは「郷土食」を観光資源として、あるいはまちづくりの手段として活用しようという目的合理的な傾向である。これらの郷土食をめぐる言説においても、「本物らしさ」という真正性がキーワードになってくる。

郷土食と言っても、「郷土」が意味する単位は多様である。また前述のように、伝統、文化として確立されたものをイメージさせるCuisineに限らず、さまざまな形や規模の食文化が無数に存在しているのではないだろうか。本章の目的は、そのような「小さな物語」に注目し、近代化、自然環境の変化、テクノロジーの発達、メディア表象などとの関連のなかで、郷土食がどのように変化してきたのか、郷土食の「本物らしさ」がどのように語られているのか、そして、そういった語りがどのような物語や記憶を形成するのかについて理論的に考察することにある。

2．小さな漁村で紡がれた食の物語

（1）ちい姉さんのいも天

地域の食文化を語るうえで、国家や行政によって権威づけられたり、メディアや観光産業などによってかたちづくられたりした食文化を扱うことは容易である。しかも、上述したように、すでに社会には「郷土食」、あるいはナショナルなとらえ方である「和食」に関する魅力的な言説が溢れている。しかし、そういった言説をそのまま扱うことは、多様に存在している地域の食の物語を「マスター・ナラティブ」（規範的なストーリー）に画一化してしまう危険性をはらんでいる。

いまでも覚えている幼少期の記憶がある。私が生まれ育った四十数年前の京都府北部の丹後半島に位置する小さな漁村でのことだ。子どもの頃、小路に出ると決まって、近所のお婆さんたちが集まってお互いに泣きながら自分の身の上を話していたのだった。四十年以上も昔の田舎のお婆さんというのは、その多くが腰は曲がり、姉さんかぶりと言われるスタイルで頭を覆い、顔には皺が深く刻まれていた。現代にイメージされる高齢者像とはまったく異なるものだ。彼女たちは、自分の身体の衰えや痛みを悲観したり、自分が家族の役に立っていないといったことを嘆いたりして、決まって嗚咽を漏らしていた。「もう死にたゃあ（著者注：死にたい）わ」「まだ死ねれんだが」（著者注：まだ死ねないのだが）という言葉を何度も聞いたことがある。一度や二度ではなく、そのようなことは日常茶飯事だった。私はこのお婆さんたちはなぜいつも泣いているのだろうと思っていた。幼心に私には彼女たちは泣くことで心を浄化し、今日も生きるということを確認し合っているように見えた。ドゥルシラ・コーネルが言う「シスターフッド」（女同士の絆）である。コーネルは「女性の生活史を振り返ると、そこにしばしば、はりさけた心《スピリット》の恐ろしい荒地、抑圧を内面化した犠牲者たちを見いだすように思える」としている〔コーネル、二〇〇五：XV〕。筆者が現時点から遡ってそのように追認している可能性は排除できないとしても、私にもそのように感じられるものだった。そこでは、お互いに持ち寄る間食（おやつ）がいくつか存在していた。その一つに「のり焼き」と呼ばれていたものがある。小麦粉に砂糖を混ぜて焼いた素朴なおやつで、近所の家によく上がり込んで、その家のお婆さんに食べさせてもらった記憶がある。そのなかでも、特に記憶に残る間食が、ちい姉さんがつくるサツマイモの天ぷら（その小路では「ちい姉さんのいも天」と呼ばれていた）だ。

　ちい姉さん（故人）は、当時で八〇歳くらいの女性だったが、私の近所の、ちい姉さんよりも少し年下のおばさんが小姑にあたる彼女のことをそう呼んでいたため、私の家族もみなそう呼んでいた。親類関係にない近所の人たちもそう呼んでいた。ちい姉さんは、小柄で腰が曲がっていたが働き者だった。二〇二三年一二月、この地域に住む七六歳の女性Aさんに聞き取りを行った。Aさんはこの地区から何十キロか離れた小さな山あいの集落から、昭和四七（一九七二）年に嫁いだ人で、四〇代で夫を病気で亡くし、現在は三人の子どもが都会に出て所帯を持ったため、もう三〇年近く一人暮らしだ。嫁いだ家が小さな商店を営んでいたため、かつては近所づきあいが多かったという。この地区は細い路地が多く、家屋が密集していることや、漁業が生活の中心になっていることから、いつも朝早くから通りでは女性たちの声が喧しく聞こえていた。ちい姉さんは「夏なら朝五時頃畑に行っとった。『若いもんを起こさんように、そうっと出てくるだあな』と言って気を使っとった」という。若い世代に気を使い、迷惑にならないようにと慎ましく暮らしていた人だった。Aさんは、ちい姉さんのことを「自分が畑で作ったサツマイモで、天ぷらを作って若いもんに振る舞うだけど、案外嫁と姑の間柄で喜ばれんけど、近所にわければ、喜ばれるで配っとっただあな」と話す。このお婆さんたちの間では、語り（ナラティブ）は自らの衰える身体や感情に根ざしており、またナラティブを通じて、その衰えや痛みを沈めているようだった。そこでは、湯澤規子が指摘するように、間食がお婆さんたちのシスターフッドを媒介するものとして存在していたのである〔湯澤、二〇二三〕。

興味深いことに、Aさんとその娘のBさん（四七歳、現在は結婚して神戸市に在住）は、いまでも、ちい姉さんのいも天の味が記憶に残っていて忘れられないという。Bさんは「同じ味にしようと思って何回も作るだけど、どうしても上手に作れんだあな。なんとか同じ甘みと柔らかさに作ろうとするだけど、当時にあった食材では無理だわ。ちい姉さんはどうやって作っとたあろう」と言う。味の記憶というものはどれくらい正確に保持されているのだろうか。年齢を重ねることによって味覚も変化する。そう考えると、四十数年前のちい姉さんのいも天の味はすでに正確には記憶されていないかもしれない。それにもかかわらず、その味を記憶していると感じており、それを再現しようとしているのである。それは、「郷土食」と言えるものではないかもしれないし、ましてや伝統や文化と言えるものでもない。しかしながら、これも、日本海に面した小さな漁村の、そのなかでも一本の小路を行き来する人たちの間で紡がれた、本当に小さな規模の食の物語である。

（2）「へしこ」に見る伝統と近代化

もう少し大きな規模の小さな物語に注目したい。前述の地区には「へしこ」と呼ばれる郷土食がある。へしことは、「いったん塩漬けにした魚を、塩と米ぬかでたくわん漬のようにつけた保存食」〔農山漁村文化協会、二〇〇三：三二〕のことを指し、サバ、イワシ、イカ、アジ、ふくらぎ（ブリの幼魚）などが原材料となる。同書によると、福井県、京都府、兵庫県、鳥取県などの日本海沿岸で家庭料理として伝わっており、地域によりさまざまな製法がある。

Aさんは、へしこについて「昔はよう食べとった。特に夏ばてしたときは食欲が落ちるで、へしこだけであっさり（ご飯を）食べるのがええだ。私が嫁いできた時分はもう店でこうとったけど、昔は漁師が家で漬けとったと聞く」と話した。Aさんが営む商店は、もともとタバコや駄菓子、雑貨などを扱っていたが、昭和五〇年代に、釣り具や釣り餌、花火や海水浴の道具などをメインで扱うようになった。そのため、Aさんは、その頃は繁忙期の夏の終わりには必ず夏ばてして寝込んでいたのだと言う。その頃のへしこについて、「塩辛かった。サバのへしこは高いで、私らあが食べるのはイワシのだあな」と言う。地域によってへしこを漬ける時期は異なるが、同書によると、冬の間に稼働する底引網船のある漁村では、休漁期の夏に魚が不足するため、一月~四月の間にへしこを漬けて、夏に食べられるようにするのである〔同：三五〕。この漁村もかつては底引網船があった。Aさんの労働のサイクルから生じる身体の変化とへしこの生産様式がちょうど合致しており、それが彼女の記憶としていまでも残っている。

二〇二四年一月にCさんへの聞き取りを行った。漁師と魚の販売を生業とする家に生まれたCさん〔男性、四八歳〕は、現在、遊漁船を営むかたわら、へしこをつくり、販売している。もともと口数の多い方ではないこともあるが、特に製法などについてはなかなか口を開いてくれない。「おとうがやってたのをそのままやって、自分なりにちょっと減塩にしたりしてアレンジしとるだけだで。わし、へしこのこと全然知らんだ」と謙遜して言う。郷土食としてのへしこ全体を見れば、ブランド化、高級化が進んでいる。例えば、隣接する福井県のへしこは農林水産省の「うちの郷土料理　次世代に伝えたい大切な味」に選ばれている(4)。丹後地方でも、へしこは包装された土産用のものが売られるようになり、Aさんが日常的に食べていたものとは値段も製法も異なるものに変化している。

Cさんは、重い口を開けて、言葉を選びながらも自分のこだわりを話し始めた。「いまブランド化しとる土

図表1 「本物」にこだわるサバのへしこ作り（いずれもCさん提供）

産用のへしこは本物だない（著者注：「ではない」の意味）。漬物でいうと浅漬けみたいなもんだと思うで。ヌカをまぶしてへしこらしく仕立てたものになっとる」と言う。Cさんはへしこを販売しているが、彼にとってのへしこは、海での仕事のかたわら、昔ながらの漁師の家庭料理として作るものとして意味づけられている。そのため、現在この地域でブランド化しているものと、自分が漬けているものを明確に線引きしているのだ。Cさんは、一人で漬けて販売できる分しか作らない。冬の日本海は北風による時化で漁に出られない日が多い。そのため一月、二月に仕込んで、五月くらいまでしっかり漬け込むのが、漁師によるへしこの作り方だという。親から受け継いだ、漁師の生活の規則に戻づく製法が彼にとっての伝統であり、「本物」なのである。

しかしながら、興味深いのは、彼が「本物」にこだわるへしこも、否応なく時代の変化による影響を受けていることである。へしこに使うマイワシの漁獲量は、福井県水産試験場の資料によると、同県での一九八〇～九〇年代にかけての漁獲量は年間三二〇〇～一〇七〇〇トンだったのに対して、九三年以降二〇〇〇トン以下に減少し、その後は激減し、二〇〇〇年以降は五トン前後で推移している。Cさんが使うマサバを含むサバ類の年間漁獲量も、一九七〇年代には、四一〇〇～一三〇〇〇トン、八〇年代は一六〇〇～五二〇〇トンあったのが、九〇年以降は、九三年と九四年に一時的に一〇〇〇トンを超えたものの、九五年以降は五〇〇トン以下に減少し、近年では二〇〇トン以下の漁獲となっている。[5] Cさんもかつては国産のサバを使っていたが、漬ける時期に安定的に入手できないという理由で、ノルウェー産のものを漁連から仕入れている。また、健康志向の高まりと、それに基づく消費者のニーズに合わせて、「腐らないぎりぎりまで」の減塩を売りにしている。つまり、自然環境や社会的環境の変化に合わせて、「漁師のへしこ」もまた近代化しているのである。

（3）食の記憶と想像力

私たちは、記憶や想像を個人的な認知のプロセスだと考えがちである。しかし、記憶も想像も社会的、文化的なものである。そして食べ物は記憶と創造力を刺激するものだと考えられる〔Forrest & Maurice, 2022：1 - 2〕。例えば、国家間を移動した移民が思い出す食の記憶は、個人を超え、民族や国家への思いを示すトリガーとなること、また、移民がその地で、集団の食の記憶と創造力を活性化させることが指摘されている〔同：3〕。AさんとBさんの記憶は、小さな規模ではあるが、この漁村のある時代を回顧し、共有する集合的記憶として存在している。Bさんは現在結婚し、故郷を離れているが「ちい姉さんのいも天」を媒介として故郷の記憶を想起している。これはつまり、食に関する集合的な記憶が、地理的な境界を越えてアイデンティティとなっていることを指す。Cさんの漁師のつくるへしこの記憶も、漁村で紡がれた集合的な記憶である。Cさんへの聞き取りには、彼の同級生のDさん（男性）もたまたまそこに居合わせた。大工をしながら、船外機をつけた和船で休みの日には沖に釣りに出かけるDさんも、Cさんのへしこへの思いにうなずいて共感していたことは「本物」としての「漁師のへしこ」が集団の記憶となっていることを示すものであろう。

このような郷土食は、冒頭述べたようなガストロノミーツーリズムや「地方創生」のような政策などの文脈において注目されているともいえるが、一方で、中央からのまなざしも向けられている。この場合で言えば、田舎に対しての都市部であり、具体的に言えば、京都の北端に対しての京都市内がそれにあたる。エドワード・サイードは文化間の境界が認識され、ある文化とある文化の区別が行われるとしている〔Said, 1993：15〕。こういった区別において、ある文化が除外される、「下に見られる」ような実践が行われることに留意しなければならない。

例えば、「京都」の郷土料理、伝統料理を扱った文献で、北部・丹後地方の郷土食が紹介されることはあまりない。少なくとも中心に置かれることはない。Aさんは「丹後には有名な食べものはへしことばら寿司しかあらへん」と言う。ばら寿司とは、この地方で年中行事の際に限らず日常的に家庭で作られるちらし寿司のことで、甘辛く炒ったサバのほぐし身をちらすのを特徴としている。錦糸卵やかまぼこなど、どの家庭にもある食材で作る丹後地方の郷土食である。ばら寿司も現在では土産用に商品化され、各家庭で作られていたものとは味付けも値段も異なるものに変化している。Aさんは上記のように、半ば自虐的に語るが、へしこだけでなく、ばら寿司も大切な郷土食だと考えており、「子どもや孫が帰ってきたらいっつも作ろう思っとるだ」と話した。ここに見られるのは、郷土食に愛着や誇りを持ちながらも、それが、主流であったり、洗練された文化として認められているものではなく、周縁化されたものであるという意識だ。つまり、彼女はサイードが指摘するような外部からのまなざしをうちに取り込んでいるのだ。しかし、サイードは、そのような状況では記憶と想像力は権力に対して強力な道具であり武器でもあるとしている。

3. メディア化された食

(1) 食のメディア化

ここからはメディアと郷土食の関係について考えていく。しかしながら、「メディア」(媒介するもの)を狭義のメディア、つまりテレビや雑誌、SNSなどの現代のコミュニケーション・メディアに限定すると、見落としてしまうものが出てくる。二つの視点を踏まえておきたい。藤原辰史は、私たちは「食べものという幻想」を食べて生きていると指摘する〔藤原、二〇一四：一七〕。確かに、その幻想（＝物語）を作り出している装置としてメディアは大きな役割を担っているのかもしれないが、藤原が強調するのは、私たちの食べるという行為が、生き物の生命を奪う場所とはかけ離れすぎているという点にある〔同：二二〕。食べ物を考える場合に、それらが生きていた場所、生命を奪う過程に関わる人びと、歴史といったより大きな視点から問い直す必要があることを示唆している。前出のＡさん、Ｂさんの郷土食体験、生産者としてのＣさんの語りは、その郷土食が交換され、共有されていた場所の地域性やその歴史的な変化において食の意味づけがどのように行われ、変わっていったのかを物語るものだった。

また、久野愛〔二〇二一〕は歴史的な視点から大きな示唆を与えてくれる。久野は食べ物の色彩に注目し、私たちが持っている食べ物の「自然らしい」色、ときには「自然よりも自然らしい」色が歴史的にどのようにつくられてきたかを、食品着色ビジネス、視覚装置としてのレストラン、近代消費主義などに注目して明らかにしようとした。現代のＳＮＳにおける食べ物の表象にまで言及しているが、この研究の大元になっているデイヴィッド・ハウズによる『感覚の帝国』についての論述が興味深い。これまで文化や社会のあり方を反映するものとして、言語や文字情報、つまり言説（discourse）が重視されてきたが、ハウズはそれに代わる分析枠組みとして、感覚（sense）を提唱したのである〔久野、同：七〕。例えば、へしこで使われるヌカをよい香りと感じるか、その塩分をどれくらいしょっぱいと感じるかは、もともとあたりまえの生業として、あるいは仕事と区別できない遊びとして魚を獲り、それを日常の食としてきた漁村の文化のなかで紡がれてきた感覚なのである。これらの研究からは、食はさまざまな過程で意味づけが行われていくことがわかる。食べ物は近代メディアに限らず、さまざまなものを媒介にして感覚、イメージとして構築されてきたということを踏まえておく必要がある。

メディアと食の関係を考えようとしたとき、どこから手をつけたらいいのか途方に暮れてしまう。日本において、メディアと食の関係が論じられてこなかったわけではない。メディアが表象する美やボディ・イメージの規範と摂食障害の関係を問う視点〔浅野、一九九六、加藤、二〇〇四など〕、あるいは、メディアと健康ブームやフードファディズム〔特定の食品や栄養素に対する一時的な熱狂〕の関係をテーマにしたもの〔柄本、二〇〇二〕、テレビの料理番組や料理本の言説分析から社会が求める「家庭料理」を描きだそうとしたものなど〔山尾、二〇〇四〕もある。テレビやSNSによって演出された食を「フードポルノ」〔food porn〕と呼ぶことがある。欧米ではよく使用される用語だが、日本ではあまり論じられてこなかった。前出の久野〔二〇二一〕は情動を引き出すものと述べるに留めているが、フードポルノに関する議論を整理したうえで、メディア研究における対象として位置づけたものとして長山智香子〔二〇二四〕による論考がある。長山は「フードポルノ」概念の使われ方を慎重に検討しつつ、一つの仮説を示している。それは、もともとはメディアによって形式化した食べ物の見せ方〔つまり、フードポルノ〕がメディアの生産過程から波及し、人びとの日常の一部になっているのではないかということだ〔長山、二〇二四〕。

Aさんは、「私は腎臓がわるて〔著者注：悪くて〕、透析〔著者注：人工透析〕しとるだ。医者もそう言うし、テレビなんかでも塩分の高いものはあかんという。だけど、へしこばっかり食べとったんと違うで。夏に食欲が落ちたときだけだで」と強調した。これは、メディアや行政によってかたちづくられる健康言説に基づき、適切だと思う塩分の濃度から見ると当時のへしこが塩分過多であったと認識したうえで、過去の自分の食習慣や郷土食が持病の直接的な原因ではないとして、自身とへしこを擁護しようとする語りだ。Cさんも伝統的な作り方にこだわりつつも、現代社会で求められる「減塩」を採り入れている。食は文化によってつくられた感覚だが、現代社会を生きる私たちは、もはやメディアによって媒介された食から逃れられない。個人的な食に関する選好や行動――何を食べるか／食べないのか、どう食べるか、なぜ食べるか、誰と食べるか、どこで食べるかなど――を取ってみても、テレビやYouTubeの料理や店に関するコンテンツ、インターネットの食に関するポータルサイト、健康番組や広告などの情報との関連を思い浮かべる人は多いだろう。個人に限らず、食や食文化はさまざまな範囲の社会集団（家族、サブカルチャー集団、エスニック集団から、地域、国家に至るまで）においても重要なものであり、それらもまたメディアと関連していると考えられる。

メディアといっても、その指示するものは範囲が広い。媒体ごとに見るのか、その表象に注目するのか、メディア産業やその商業的基盤に注目するのか、また新たなメディアテクノロジーを重視するのか、など多数の視点があり得る。本章はそれらを網羅的に扱うものではないが、「郷土食」に範囲を絞りつつ、メディアと食をとらえるうえで、それらを横断し、大きく束ねるものとして、二つの概念について考察したい。

その一つがメディア化（mediatization）であり、もう一つが次節で述べる「真正性」（authenticity）である。メディア化は、いわゆるＧＡＦＡ（Google, Apple, Facebook, Amazon）といったプラットフォームメディアに権力が集中し、社会のあらゆる領域に影響力を持ち始めた二〇〇〇年代に入って新たな視点として登場した。スティ・ヤーヴァードは「さまざまな形態のメディアと、政治、宗教、子どもの遊びといった特定の社会領域のあいだの複雑な相互作用を研究するための枠組み」（ヤーヴァード、二〇二三：vii）だとしている。これまでメディア研究では、メディアが特定の諸領域に及ぼす影響や個人に与える影響など、メディアを何かを説明するための従属変数として位置づける傾向があった。ここで言う「メディア化」は、文化と社会においてメディアの重要性が増大していること、重要性のあり方が変化していることの両方を扱う理論を束ねる概念として使用されている（同：三二）。

メディア化概念は、メディアがグローバル化や近代化と匹敵する役割を社会の多くの領域で果たしてきたとしている。また、ハビトゥスという概念がある。特定の環境のなかで習得され、身につけたものの見方、感じ方、ふるまい方を指している。ピエール・ブルデューは特定の社会的環境のなかで人々が行う実践を媒介するものとしてハビトゥスを位置づけたが、ハビトゥスやライフスタイルにおけるメディアの役割を重要視しなかった〔同二七一―二七二〕。ここでは、食や食文化のようなハビトゥスのメディア化について考えたい。

　メディア化概念に先行して、食のスペクタクル（見世物）化が指摘されてきた。近代化の過程において、レストランのような外食産業が食べ物のスペクタクル化を進めてきたと言っていいだろう。レストランでの食の展示、提供、盛りつけなどの方法の洗練が食べ物に対する視覚的な要素を増大させてきた。そのようなレストランでの食事は、その人の文化資本、より具体的には料理の資本を蓄積し、それを示すための方法となっている〔久野、二〇二一、Guptill, Copelton, & Lucal, 2023: 54 - 55など〕。文化資本（cultural capital）とは、マルセル・モースによる議論をブルデューが展開させた概念であり、人間が獲得する経験や知、技法、話し方などに対して、文化によって異なる価値づけが付与されることを指している〔デメッロ、二〇一七：一〇―一二〕。身についた食の嗜好や食べることに関するふるまいなども文化資本であり、それは階級や地域性と結びついている。

　すでに確認したように、現代では、Instagram、YouTube、料理番組、料理雑誌など、食べ物に関する経験の重点が、「食べる」こと以上にメディアにおいて「見る」ということに移行している〔Guptill, Copelton, & Lucal, 55〕。同時に、現代の食品研究においては、私たちがどのように食べ物に関して「行う」かという点に関連して、メディアの重要性にもっと注意を払う必要があること〔Leer & Povlsen, 2016:1〕も指摘されている。つまり、メディア化の概念からは、メディア産業、メディアの言説、デジタルメディアやマスメディアの使用などが食べ物の消費と実践のあらゆる側面に、どのようにシームレスに織り込まれているかを実証的に示す研究が求められていると言えるのである〔Jensen, 2013〕。

（2）食の「真正性」とは何か

「真正性」を食べるということ

食における「真正性」とは何だろうか。人びとは食に「本物らしさ」を求める傾向がある。私たちは本物らしさ（真正性）を食べていると言える。『ごはんジャパン』（テレビ朝日系列、二〇一五年四月二五日から二〇二二年九月一七日までにわたり、三四四回放送）というテレビ番組があった。ウェブサイトに記載されている番組の概要には、「四季折々の味に満ちあふれた国、日本。この国には、食の魅力を知り尽くした匠たちがいます。本物を探す旅へ。ごはんジャパン。」「この番組では、そんな、本物の美味しいものと、その『食の知恵』を、探求していきます。」（注：傍点は筆者による）とあり、日本各地の食が紹介される[6]。だが、「本物」とは何かは明示的には語られない。「ごはんジャパン」という番組名からもわかるように、ここではナショナルな語りとローカルへの注目が「本物」という曖昧な言説で交差している。つまり、「本物」の和食と「本物」の郷土食が同時に語られているのだ。

外国での和食を例にとっても真正性は重視されている[7]。例えば、ロンドンを中心に和食のチェーン店を展開する「itsu」では、丼や寿司が提供されている（図表2）。itsuの紙袋には創設者のサインとともに店の物語が書かれている。それによると、創設者は東京を訪れて、「食べ物の調和と正確さに恋に落ち

図表2　イギリスで展開されている和食店itsu（2023年3月、ロンドン・ユーストン駅で筆者撮影）

た」という。自分たちが提供する食べ物を「アジア人から触発された健康で幸福な料理」であるとしている。また、マンチェスターの和食レストラン「wagamama」は、メニューの裏表紙に理念を明記している。一九九二年に最初のラーメン食堂をオープンして以来、その理念は変わらない。それは「丼から心へ本物の栄養を」（注：傍点は筆者による）だ。それは「シンプルでバランスの取れたソウルフードを毎日オープンキッチンで作ること」と説明される。

「真正性」は物事（この場合、食べ物）に内在しているのではなく、社会的につくられる。ジョンストンとバウマンによれば、それは生産者と消費者の知覚を通じて構築される。「ある食べものがほかの食べもの、とりわけ真正でない食べものとの関連で何かしら特徴づけられてはじめて、人々はその食べ物を真正なるものと理解する」のである〔ジョンストン＆バウマン、二〇二〇：一三九〕。彼らは食べものが真正だと見なされるケースを以下のように示している。

①地理的特殊性を有する場合
②「シンプルさ」を有する場合
③人格的つながりを有する場合
④歴史的伝統あるいは「エスニックな」つながりを有する場合

itsuの物語は、地理的特殊性を根拠としている。食べ物と特定の場所との結びつきは、食べ物の真正性を判定するうえで重要とされる〔同：一四三〕が、ここでは、東京という特定の場所での美しい弁当との出会いが語られている。Wagamamaの語りはシンプルさを根拠としている。「シンプルな」食べ物はそれが伝える実直さや気取らなさが、作り手の誠実性を際立たせる。それが真実性と結びつけられるのである。

媒介された真正性

ジョンストンとバウマンは、生産者と消費者の間で真正性がどのようにつくられるかに注目したが、ここでは主に媒介された真正性（mediated authenticity）に焦点を当てる。(8) 疑似的な真正性、演出された真正性をめぐっては観光学、観光社会学の領域で議論が行われてきた。それは、メディア研究や大衆社会論に大きな影響力を持ったダニエル・ブーアスティンが、その「疑似環境論」において、観光において経験される文化を「本物の文化から切り離された」ものとした〔ブーアスティン、一九六四：一一〇―一一四〕ことに始まる。(9) その後、ディーン・マキャーネルによって、演出された真正性について、それらを〈真実〉か〈非真実〉という二項対立ではない見方でとらえる視点が提供された(10)〔マキャーネル、二〇一二〕。

メディア研究の領域では、メディアの公共性、ジャーナリズムの社会的責任などの視点から、メディアにおける真正性はメディアの信頼性を担保するものとして肯定的に考えられてきた。しかし、メディアによって媒介された真実性はパラドックスを抱えている。なぜなら、ブーアスティンが指摘したように、そもそも私たちが自分の生きている世界について持つ知識のほとんどは、メディアによって構築されていると言っても言い過ぎではないからだ〔Enli, 2015: 1-2〕。そして、メディアはさまざまな過程で演出や加工を加えていく。求められる真実性の規範は、ニュースかバラエティかといったジャンルによっても異なる。メディア研究はマスメディアの捏造や過剰な演出を問題にしてきたが、それが制作者と視聴者の間の交渉によって構築されるというガン・エンリの視点は興味深い〔同：131-132〕。田中瑛は、このような議論を踏まえて、「メディア実践の参加者が何を真正だと認識しているのか、どのようなプロセスを踏まえて真正性が構築されたのかについては、経験的研究を通じて明らかにする必要がある」〔田中、二〇二三：一九六〕としている。また、渡部瑞希は観光研究における真実性の議論を整理したうえで、観光における真実性のとらえ方として「真正性のリアリティ」を生み出す行為者の実践に注目している〔渡部、二〇一七：三三〕。郷土食の「真正性」「本物らしさ」についても、重要なのは、グローバル化、商業化、メディア化などによって構築されたものを特権的に位置づけるのではなく、またそれらをねつ造されたものとしてすべて捨象することでもないだろう。冒頭に紹介した漁村の小さな物語のように、生活の中で紡がれた物語とメディア化された言説の交渉のなかで、「真正性」がどのように語り継がれているのか、それがリアリティとしてどう立ち現われてくるのかを丹念に追っていく必要があるのである。

4. 食とメディアの政治と未来

本章の意図は、観光産業や行政を主な担い手とした郷土食に対して、地域に生きる人びと間で紡がれる郷土食を対比させて、前者を批判し、後者を称賛しようとするものではない。地域社会の持続可能性や、その土地で生きる人びとの地域への愛着などについて考えた場合、どちらも重要かつ喫緊のものであることに違いはない。行政が主導した郷土食発掘の取り組みが、人びとの生活のなかで紡がれてきた食の記憶や物語への関心を喚起する場合もあるだろう。しかしながら、現代社会において、食は高度にメディア化されている。そのようなメディア化された食が覇権的であり、グローバル化、商業化されているという指摘〔Leer & Povlsen: 2〕は抗いがたい趨勢であろう。そのなかで、郷土食と言われるものも、もともとの人びとのなりわいや暮らしからかけ離れたものとなり、そのあり方を大きく変えている。

郷土食を政策的な視点から活用しようとする試みは、一見すると魅力的に映るが、地域のステレオタイプに根ざし、それを再生産させてしまうという危険性もあわせ持っている。また、そういった文脈での地域の食の開発や食に関するイベントが、それぞれの地域の歴史、文化、地理的な背景などが後景化したなかで行われた場合、それは漂白された陳腐なものばかりになりかねない。小さな物語を発掘する実践、小さな記憶の集積や継承が、郷土食の真正性を共創していくのではないだろうか。サイードの言葉にもう一度、触れておきたい。記憶と想像力は権力に対して強力な道具であり武器でもある。

〈注〉

（1）英語表記を見ても、Regional Cuisine、Regional food、Regional Dishes、Local Cuisine、Local Food、Local Dishes など多様なバリエーションがある。

（2）農林水産省 https://www.maff.go.jp/j/keikaku/syokubunka/ich/〔二〇二四年二月三日閲覧〕。

（3）農林水産省 https://ouchidewashoku.maff.go.jp/〔二〇二四年二月三日閲覧〕。

（4）農林水産省 https://www.maff.go.jp/j/keikaku/syokubunka/k_ryouri/search_menu/menu/heshiko_fukui.html〔二〇二四年二月三日閲覧〕）。

（5）福井県水産試験場「魚種別漁獲量の経年変化」https://www.fklab.fukui.fukui.jp/ss/gyogyou/2012gyogyou/gyosyubetuhemka2012.html〔二〇二四年二月三日閲覧〕。

（6）https://www.tv-asahi.co.jp/gohan-japan/introduction/〔二〇二四年二月三日閲覧〕。

（7）筆者は二〇二三年の三月に和食の海外での展開に関する調査のため、ロンドンとマンチェスターに滞在したが、これらの地域で展開される和食では、この二つの例に限らず真正性が前面に打ち出されていた。

（8）真正性に関する議論は哲学、政治学、芸術学など多岐にわたっており、体系的に論じることは本稿の範囲を超えている。メディア、ジャーナリズム研究との関連において整理したものとして、田中瑛による論考が詳しい〔田中、二〇二三〕。

（9）原著の出版は一九六二年で、原題は The Image: A Guide to Pseudo-events in America。

（10）原著の出版は一九七六年で、訳書は一九九九年に出版された第三版を元にしている。原題は The Tourist : A New Theory of the Leisure Class。

〈参考文献〉

浅野千恵『女はなぜやせようとするのか――摂食障害とジェンダー』勁草書房、一九九六年
一般財団法人 日本食生活協会『日本の味 郷土料理めぐり Flavors of Japan A Journey Through Regional Cuisine』ニール、二〇一八年
柄本三代子『健康の語られ方』青弓社、二〇〇二年
尾家建生・高田剛司・杉山尚美『ガストロノミーツーリズム――食文化と観光地域づくり』学芸出版社、二〇二三年
小熊英二『地域をまわって考えたこと』東京書籍、二〇一九年
加藤まどか『拒食と過食の社会学－交差する現代社会の規範』岩波書店、二〇〇四年
ジョゼ・ジョンストン、シャイヨン・バウマン『フーディー――グルメフードスケープにおける民主主義と卓越化』村井重樹、塚田修一、片岡栄美、宮下阿子訳、青弓社、二〇二〇年
スティ・ヤーヴァード『メディア化理論入門』津田正太郎訳、勁草書房、二〇二三年
田中瑛「真正性の政治とジャーナリズム」日本メディア学会編『メディア研究』一〇二号、東京大学出版会、二〇二三年
ダニエル・ブーアスティン『幻影《イメジ》の時代――マスコミが製造する事実』後藤和彦、星野郁美訳、東京創元社、一九六四年
ディーン・マキャーネル『ザ・ツーリスト――高度近代社会の構造分析』安村克己、須藤廣、髙橋雄一郎、堀野正人、遠藤英樹、寺岡伸悟訳、学文社、二〇一二年
ドゥルシラ・コーネル『女たちの絆』岡野八代、牟田和恵訳、みすず書房、二〇〇五年
長山智香子「食のメディア化とフードポルノ論――フード・ネットワークから『映えグルメ』まで」『メディア研究』一〇四号、東京大学出版、二〇二四年
農山漁村文化協会編『聞き書　ふるさとの家庭料理17』農山漁村文化協会、二〇〇三年
藤原辰史『食べることと考えること』共和国、二〇一四年
久野愛『視覚化する味覚』岩波新書、二〇二一年
マーゴ・デメッロ『ボディ・スタディーズ――性、人種、階級、エイジング、健康／病の身体学への招待』田中洋美監訳、晃洋書房、二〇一七年
山尾美香『きょうも料理――お料理番組と主婦　葛藤の歴史』原書房、二〇〇四年
湯澤規子『焼き芋とドーナツ――日米シスターフッド交流秘史』角川書店、二〇二三年
渡部瑞希「観光研究における真正性の再考察――カトマンズの観光市場、タメルで売られる『ヒマラヤ産の宝石』の事例から」『観光学評論』五巻一号、観光学術学会、二〇一七年

Enli, G. *Mediated authenticity*, PETER LANG, 2015.

Forrest, B.M, and de St. Maurice, G(eds). *Food in Memory and Imagination: SPACE, AND TASTE*, BLOOMBURY, 2022.

Guptill, A.E Copelton, D.A and Lucal, B FOOD & SCIETY: polity, 3rd , 2023

Jensen, K. B ., Definitive and sensitizing conceptualizations of mediatization. *Communication theory*, 23, 2013

Leer, J., and Povlsen, K.K(eds). *Food and Media: Distinctions and Heterotopias*, Routledge, 2016.

Said, E. *Culture and Imperialism,* Knopf Doubleday, 1993=2012

第1部 郷土食をめぐる土地と身体の物語

日本の酪農が紡ぐ「ご当地ヨーグルト」の物語

――地域性とクラフト性に根ざした価値形成――

マリア・ヨトヴァ

1. はじめに

現代の日本において、ヨーグルトは日常生活に幅広く浸透している乳製品であり、朝食から健康的なスナックまで、特産品や季節の贈り物に至るまで、多岐にわたる用途で親しまれている。新型コロナウイルス感染症の影響で、その健康効果に対する期待が一層高まり、家庭内での食事の増加によって、ヨーグルトの手作りや料理への活用も広まった。日本のヨーグルト市場は、本場ブルガリアの味とされるものから、ギリシャヨーグルトやコーカサス地域のケフィア、アイスランドのスキール、カスピ海ヨーグルトなど、他国では見られない多様性を見せている。また抹茶や黒豆、梅、サツマイモなど、日本特有の風味や季節感を生かした商品、さらにシャインマスカットや瀬戸内レモン、丹波大納言小豆など地域性と結びつけられた商品も存在し、「ご当地ヨーグルト」として地元の小規模メーカーや牧場から地域限定で提供されている。

こうした商品は、各メーカーの独自なアプローチや経営理念を反映しており、ヨーグルトは健康食品としてだけではなく、地元産品や手作り感、地域ブランドとしての独自性を強調する展開を示している。それは、乳酸菌の機能性を中心とした価値形成から、個々の地域の特色や乳の風味を活かした商品展開へとシフトしている新たな動きである。その背景には、世界的なトレンドとしてクラフトビールや工房チーズ、プレミアムコーヒーなどに対する消費者の関心の高まりが関与していることは言うまでもない。同時に、ご当地ヨーグルトを取り巻く日本独自の酪農事情も、この方向性への転換に大きく寄与していると考えられる。

乳食文化に関するこれまでの研究では、ヨーグルトの起源や歴史、健康効果、発酵技術などに焦点が当てられ、多くの成果が蓄積されてきた。しかし、地域に根ざした「ご当地ヨーグルト」を採りあげ、「乳」の風味を中心にした価値形成という観点からの研究はほとんどおこなわれてこなかった。そこで本研究では、地域性やクラフト性を重視したヨーグルトに着目し、生産者が築きあげる物語を分析しながら、消費者とのつながりを模索する取り組みを明らかにする。

具体的な考察に入る前に、まず文化人類学の視点から食のクラフト性についてどのように議論されてきたのかを整理することから出発する。次に、具体的な事例を基に、生産者の経営理念やストーリー性、ファンづくりへのアプローチを検討する。最後に、ご当地ヨーグルトを通じて育まれる生産者と消費者の関係性や、現在、ボーダレス社会において食の「地域性」や「クラフト性」がもたらす意義について考察する。

本稿の基礎となった調査データは、筆者が二〇二一年一二月から二〇二三年一一月までの約二年間、牧場や乳業メーカー、ご当地ヨーグルトに関連するイベント、さらに一般社団法人ヨグネットの活動についておこなったインタビューや参与観察などの調査結果に基づいている。

2. クラフト食品にまつわる「テロワール物語」

近年、「早い、うまい、安い」というファストフードのスローガンが象徴するように、食の均質化や効率化が地球規模で進展している。このプロセスにおいて、食品の「生産」と「消費」の間に分断が生じる一方で、健康問題や大量の食料廃棄、環境への悪影響など、現代の食システムの見えないコストが問題視されている。そこで、健康や環境に配慮した持続可能な食のあり方を模索する人びとが増加し、サスティナブルなライフスタイルを提案するイベントや、生産者と消費者が直接つながる取り組みが増えつつある。ファーマーズ・マーケットや地産地消などに社会的関心が高まるなかで、手作り感や地域性を重視したクラフトチーズ、地ビール、クラフトチョコレートなどが注目を集めている。

このようなクラフト食品は、従来の量産品とは異なり、伝統的な製法や地域固有の要素を取り入れており、特定の地域や文化に根ざした存在として位置づけられる〔Campbell, 2005〕。また、自然な原材料や添加物を最小限に抑えて作られる傾向があり、健康志向の高い消費者にとって魅力的な選択肢となっている。さらに、地域の資源を活かすことで、地元の農家や生産者を支援するという倫理的消費の流れも反映されている(1)。そこで、多くの文化人類学者は、クラフト食品とその生産地との深い結びつきに焦点を当て、量産食品とは異なる価値観や倫理的な側面、食品生産における地域経済への影響などを明らかにしている。例えば、コンテチーズ〔Bowen, 2011〕、ブルゴーニュワイン〔Demossier, 2018〕、ダージリン紅茶〔Besky, 2013〕などの研究では、それぞれのクラフト的な生産が社会環境や地域の風土と密接に関わり合っており、個人やコミュニティのアイデンティティにとって極めて重要であることを示している。また、クラフト食品は独自性や個性を重視している傾向があるため、消費者にとっては自己表現の機会を提供している〔Campbell, 2005: 38 - 39〕。消費者はその食品に対して愛着を抱きやすいという点も、大量生産では得がたい要素となっているのである。

アメリカのクラフトチーズに関する研究では、文化人類学者のヘザー・パクソンは、生産地の地理的文化的背景だけでなく、生産者の技能や創造性に注目しながら分析している〔Paxson, 2011〕。パクソンによると、クラフトチーズは量産品とは異なり、単に一定の品質を追求するだけでなく、生産者のこだわりや創造性、地域の自然環境や美しい風景、産業化された社会における手作り感など、ストーリー性に価値を見出している。さらに、場所や作り手などの外部環境の変化によって風味が異なり、その違いがチーズの官能的特性にも現れている。このような風味の違いは、作り手の熟練さや創造性、地域の味覚を反映し、「unfinished commodity（未完成の商品）」としての魅力を引き立てる要因となっているという。例えば、乳製品の場合、職人の工夫や技術、乳牛の品種や飼育される牧草地、そして生産地の自然環境や微生物が風味に影響を与える。これらの要素の複合は、アメリカの食文化研究者エイミー・トルベックが提唱した「テロワール（土地の特性）」という概念で説明されている(2)〔Trubek, 2008〕。それは、クラフト食品のストーリーに欠かせない一部であり、生産者や製造方法、地域の景観やコミュニティなど、「テロワールの物語」が味わいに影響を及ぼしているとされている〔DiStefano and Trubek, 2015〕。例えば、熟成された青カビチーズの場合、生産者のストーリーが強い味や挑戦的な風味を、チーズのテロワール物語にかかわるポジティブな体験に変換することに役立つ〔Lahne and Trubek, 2014〕。

このように、多くの文化人類学者は、クラフト食品に関して特定の地域や伝統、生産者のこだわりに焦点を当て、それにまつわるテロワールの物語が消費者に与える影響を明らかにした。本章では、このような文化人類学の視点を基盤に、日本のご当地ヨーグルトに焦点を当て、その価値形成のあり方を探る。また、量産品との比較を通じて、消費者へ提供されるストーリーの特徴やコミュニティ形成に関する取り組みを明らかにし、ご当地ヨーグルトの社会的意味について考察する。

3. 日本における酪農と乳製品の歴史と課題

日本は米食文化圏であり、乳製品が一般に普及したのは二〇世紀に入ってからである。おおよそ飛鳥時代から奈良時代に朝鮮半島から伝わったが、江戸時代初期までの古代の貴族階級の一部による利用例が見られたものの、乳製品の記録はほとんど残されておらず、乳牛の飼育も近代化が進む前は非常に限られていた〔石毛、一九八九〕。明治時代にヨーロッパの畜産技術が伝播したが、第二次世界大戦までの酪農は小規模かつ副業的なものにとどまり、個々の経営は主に畑作との複合体であった。

乳・乳製品の普及は明治時代以降に始まり、日本の近代化が進むなかで国家政策の影響が大きくあった。この過程において特に二つの特徴的な側面が挙げられる〔江原、二〇二〇〕。まず一つ目は、治療食としての受容である。西洋医学の導入に伴い、病院や病気のある家庭では乳・乳製品の効能に期待が寄せられ、ヨーグルトも徐々に受け入れられるようになった。二つ目は母乳の代替品としての利用である。哺乳瓶の普及や乳母の不足により、母乳の代わりとして幅広く利用されるようになった。また、国力向上の一環として、肉類や乳製品の摂取など欧米型の食事が奨励され〔Cwiertka, 2007〕、乳の滋養強壮効果から一般家庭でも消費されるようになった。

しかし、日本における日常的な乳製品の利用は第二次世界大戦以降に始まり、その定着に学校給食が大きな役割を果たした〔宇都宮、二〇二〇〕。一九四五年にＧＨＱ（連合国軍総司令部）によって児童に脱脂粉乳が学校で提供され、後に「パンと牛乳」へと変化した[3]。一九八〇年代に米飯給食が導入された降も、ほぼすべての献立において牛乳（二〇〇ミリ《リットル》）が提供されている。学校給食を支える要因は、生乳の安定供給と効率的な流通にある[4]。

日本の酪農は戦後に大規模かつ集中的な飼育形態に進化した。一九五〇年代には農家への乳牛導入が奨励されたが、一九六〇年代以降、経済成長とともに畜産物の需要が高まり、生乳の大量生産と安定供給が求められた〔清水、本田、二〇〇九〕。そのため、生乳需要の増加に応じて、泌乳量と生産効率が重視され、従来の小規模で粗放な複合経営から、牛舎での多頭飼育と濃縮飼料の大量給与を基本とする集約的な飼育形態へ急速に転換した(5)。さらに、生乳の安定供給のために需給調整や流通効率化が進展した。

生乳は劣化しやすく、流通が難しいため、大規模な加工施設への速やかな搬送や、効率的な流通システムの整備が不可欠であった。この目的を達成するために、生乳生産者組合が一括集荷をおこない、生乳の加工目的に合わせた販売体制を整えた。複数の酪農から生乳をまとめて集め、公正な価格設定に基づく価格交渉や均等な乳代の配分により、安定した生乳供給が確保された。同時に、乳業メーカーは生乳の均質化（ホモジナイズ）や高温殺菌技術（UHT）の導入を通じて、効率的な大量生産を実現した。このような組織的な生乳集荷と効率化技術の導入により、日本の酪農乳業は急速に成長し、安価で品質の高い牛乳やヨーグルトなどの乳製品の供給が確立された。

しかしその一方で、この方法では、集乳時に複数の牧場からの生乳を混ぜて運搬するため、各牧場の乳質に基づいた評価が困難となった。生産者団体が一括で乳価交渉をおこない、統一的な価格を支払うため、牛の放牧や環境に配慮した特別な飼育方法でも価格差が反映されない仕組みとなった。酪農経営は収益を上げるためにコスト削減や乳量増加などの手段を取らざるを得なかった。同様の特性や価値を持つ牛乳の差別化が難しく、結果として価格競争が激化し、スーパーマーケットでの安売りが日常化した。

このように、牛乳価格の低下は、より多くの家畜をより少ないスペースで効率的に管理する実態をもたらした。そして、酪農の大規模化は、輸入飼料への依存や国際的な飼料価格の高騰による経営圧迫、消費者の食の安全性への懸念、多頭飼育に伴う環境負荷やアニマルウェルフェア〔動物福祉〕問題などを引き起こした。現在、それに対処するためには、持続可能な発展に向けた異なるアプローチによる根本的な改革が必要とされている〔小林、二〇一四〕。

4．酪農の新展開から生まれる個性的な乳製品

二〇一五年の国連サミットで、「持続可能で多様性と包摂性のある社会」を目指す取り組みが採択され、それに伴い持続可能な開発目標〔ＳＤＧｓ〕が策定された。これらの目標を二〇三〇年までに達成することを目指し、日本も二〇一六年に「ＳＤＧｓ推進本部」を立ち上げた〔外務省国際協力局、二〇二〇〕。従来の酪農経営は、環境や地域経済、コミュニティ社会の観点から見ると持続可能性に課題を抱えており、特に大規模化に伴う問題に対処しようとする動きが見られている。

そのなかで、環境負荷を減らすための取り組みとして、畜産を資源循環の一部として統合する試みがおこなわれている。具体的には、牧場で発生する有機廃棄物〔家畜の糞尿〕を堆肥化し、地域の土壌に還元することで、環境負荷を軽減し、持続可能な畜産を実現することが可能になる〔栗原、新井、小林、二〇〇六〕。例えば、愛知県西尾市の小笠牧場は、地元の茶農家と連携し、牧場で生成された堆肥を茶園に供給し、その茶園で生産された抹茶を乳製品に利用するなど、地域特産品の促進と循環型農業の実現に努めている。また、地元の食品企業からはパイナップルなどの果物処理の副産物や余剰食品を提供してもらうように調整し、エコフィードとして積極的に活用している。こうした取り組みを採用することで、都市近郊地域の酪農でも輸入飼料の使用を抑え、国際的な価格変動の影響を軽減し、飼料自給による収益性の向上を図ることができる。そのため、近年では食品産業

の副産物や余剰食品、食品残渣などのエコフィードが、コスト削減や環境への配慮から注目を集めている〔小林、二〇〇九〕。

さらに、環境に配慮した酪農手法として、牛の放牧を伴う山地酪農が挙げられる。この手法は、動物福祉の観点からも重要であり、急勾配の山を自由に歩き回ることが安産にもつながるとされている。日本の国土の狭さから、約八〇%の乳牛が牛舎で飼育されているが、岩手県のなかほら牧場は、地域の地理風土を活かし、二四時間三六五日の完全放牧を実践している。その特徴はグラスフェッド（野シバを主に食べる）、自然勾配、自然分娩を含む自然のサイクルに沿った暮らしであり、乳牛が役目を終えた際には自社のカレーやハンバーグなどの肉製品に転用されている。このように、なかほら牧場の山地酪農は、独自のビジョンに基づいて低温殺菌ノンホモ牛乳やドリンクヨーグルトなど、地域に根ざした個性的な乳製品を生み出している。

現在、市場に流通している牛乳の九〇%以上がホモジナイズや高温殺菌処理が施された大量生産品である。そのため、市場に出回る牛乳はほとんどが同じ味わいで、特に個性が感じられない存在となっている〔光成、二〇二〇〕。しかし、このような状況に対抗しようとし、牛乳本来の味を重視する牧場やその経営理念を支持する乳業メーカーが存在している。そこで、低温殺菌ノンホモ牛乳や地域性に根ざしたヨーグルトなど、風味にこだわったプレミアム乳製品の生産・販売がおこなわれている。その背景には、酪農の六次産業化の動きがある。多くの場合、意欲ある牧場は農協や乳業メーカーに委託するのではなく、自ら乳製品部門を起ち上げ、高付加価値の牛乳やヨーグルトを自社ブランドとして展開している。別のパターンとして、複数の酪農家が会社を起ち上げ、自家加工製造をおこなうケースもある〔鵜川、二〇一〇〕。例えば、福岡県糸島の酪農家たちは、自分たちの牛乳を直接お客さんに届けたいという思いから、糸島ミルクプラントを創設した。低温殺菌ノンホモ牛乳や飲むヨーグルトなどを「伊都物語」というブランドで発売し、地元のケーキショップやレストラン、産直店、温泉、道の駅、自動販売機で取り扱っている。糸島ミルクプラントは、地域のネットワークを活かしながら自社の乳製品の可能性を広げ、牛乳焼酎や味噌ヨーグルトなどの特産品を地域ブランドとして展開している。

このような自家加工から生まれる創造的なアイデアや地域性を活かした商品開発は、乳製品の新たな可能性を示すと同時に、地域の魅力と独自性を牛乳や乳製品に込め、地元から発信している。その結果、牛乳やヨーグルトなどの多様性が育まれ、乳製品市場における差別化と競争力が向上し、新たな需要を生み出している。こうした酪農家たちの積極的な取り組みは、酪農乳業の持続的な成長を促進し、新たな展開をもたらしているのである。

5．ご当地ヨーグルトの地域性とクラフト性

最近、酪農家たちの新たな取り組みや特色ある乳製品が注目を集めるなか、ヨーグルト専門店の登場や羽田空港産直館での常設販売、フードフェアでの試食など、ご当地ヨーグルトに触れる機会が増えている。新聞や月刊誌、テレビ番組などさまざまなメディアで採りあげられ、SNS上でも「ヨーグルトマニア」として三〇〇〇種類以上を紹介する投稿など、ご当地ヨーグルトが話題になっている。二〇二三年だけでも新聞および月刊誌での記事が一二回、テレビでの放映が二回、ラジオ一回、ウェブ記事が一回の計一六回もメディアで採りあげられた。これらのメディアでの露出は、地域の乳製品に対する関心を高め、消費者に新しい選択肢を提示している。

ご当地ヨーグルトは、特定の土地特有の風土で育まれ、チーズやビールなどのクラフト食品と同様に、地域性や生産者の背景を強く表現する食品である。ごく限られたエリアの牧場からの生乳を使用するため、製品のパッケージには原料として「生乳（〇〇県産）」と表示されることが多い。一般社団法人ヨグネット[6]によると、ご当地ヨーグルトは、地域密着の中小乳業メーカーや牧場、専門店によって製造され、原料となる生乳の収集範囲が

限定的で、生産量も少なく、主に生産地周辺で販売されている〔向井、二〇二二〕。この定義からも、注目すべきキーワードとして「地域性」が浮かび上がる。これは日本のヨーグルトにおける「テロワール」として捉えられ、そのなかでも最も顕著な特徴だと考えられる。ここでは主に「新鮮な乳の味わい」「クラフト的な製法」「地域に根ざした高付加価値」という要素を中心に採りあげる。

（1）新鮮な乳の味わい

ご当地ヨーグルトの特徴として特筆すべき点は、新鮮な味わいと乳の風味を重視していることである。筆者が酪農家や中小規模乳業メーカーにおこなったインタビューのなかで、この要素が量産品と最も異なるポイントとして、頻繁に挙げられた。大規模な乳業工場では幅広い地域から生乳を収集し、通常は加工まで数日かかるが、ご当地ヨーグルトは小規模な生産体制であり、集乳当日または翌日に加工されることが可能である。乳は酸素に敏感で、時間が経つと鮮度が低下し、その結果として味も変化する。しかし、ご当地ヨーグルトは乳の鮮度を保ったまま加工するため、特有の新鮮な味わいが生まれる。

また、一般的な量産品の製造では、無数の牧場から集められた生乳が混ざり、脱脂粉乳やクリームなども使用されることが多く、個々の風味にかかわらず均一な味となる。それに対して、ご当地ヨーグルトは生乳の割合が非常に高く、乳本来の濃厚な味わいが楽しめる。(7) さらに、乳牛の品種を活かした差別化の取り組みも見られる。乳牛の品種によって、乳の脂肪分や風味が異なり、その特性を活かせるのはご当地ヨーグルトならではの強みである。日本で飼育されている乳牛の大半はホルスタイン種であるが、ジャージー、ブラウンスイス、ガンジーなどの希少な品種の乳を利用することで、乳質や風味の特性を活かし、高付加価値のヨーグルトを生産することが可能である。例えば、蒜山《ひるぜん》ジャージーヨーグルトのように独自の口当たりや味わいが際立つ。また、栃木県の南ヶ丘牧場ではガンジー種、島根県にある木次乳業有限会社の日登牧場ではブラウンスイス種、群馬県の神津牧場ではジャージー種を飼育し、それぞれの品種名を冠したご当地ヨーグルトを生産・販売している〔光成、二〇二〇〕。さらに、北海道のニセコ高橋牧場では、ホルスタインとブラウンスイスの生乳を組み合わせ、牧場独特の風味を引き出しており、これによって生産者の個性が見える酪農特有の価値が生まれるのである。

（２）クラフト的な製法

ご当地ヨーグルトと量産品とのもう一つの大きな違いは、長時間（低温）発酵やノンホモ牛乳を原料とする特有な製法である。通常のヨーグルトの大量生産では、超高温瞬間殺菌（ＵＨＴ）の製造ラインで処理されたホモジナイズ牛乳が使用される。この工程によって、長期保存が可能になり、同時に牛乳中の脂肪球が均一に分散されるという利点がある。通常、牛乳中の脂肪球は大きく自然に浮遊するが、ホモジナイズされると脂肪の分離が抑制され、均等に分布されるため、大量生産において重要な工程となる。しかしながら、この製法ではヨーグルトの質感や風味を一様化し、本来ヨーグルトの表面に現れるクリーム層が形成されず、ホモジナイズの有無が外見からも判断できる。

一方、ヨーグルトの伝統的な製法ではノンホモ牛乳が用いられるため、発酵が進むなかで牛乳中の脂肪が分離し、クリーム層が形成される。この製法では、牛乳の本来の風味と状態を保ちつつ、ノンホモヨーグルト特有の濃厚な口当たりを楽しむことができる。ただし、この手法の特性から長距離輸送が難しく、流通範囲が限定されるため、大手乳業メーカーでは採用されないことが一般的である。ご当地ヨーグルトは主に生産地周辺で販売されるため、自然な状態に近いノンホモ製品が多く存在する。特に、ジャージー種の牛乳は脂肪分が多く、脂肪球も大きいため、ノンホモヨーグルトの製造に適している。外見から量産品との違いが明白であり、例えば筆者の出身地であるブルガリアでは、ヨーグルトのクラフト性を評価する際にはクリーム層の有無が重要な要素とされる。クリーム層のないヨーグルトは本来の味わいとは異なるとみなされ、このようなクラフト的特性がノンホモヨーグルトを求める動機となっている。日本のご当地ヨーグルトも同様に、外見からそのクラフト性を視覚的に感じ取ることができ、製法に基づく独自の魅力を内包している。

(3) 地域性に根ざした高付加価値

ご当地ヨーグルトの特筆すべき点は、地域の特性(テロワール)に基づく付加価値である。日本のヨーグルト市場では、「明治プロビオヨーグルトR1」、「トリプルヨーグルト」、「おなかへGG!」などのように、特定の乳酸菌の機能性に焦点を当てたブランドが多く存在している。主要メーカーのブランド戦略では、特定保健用食品の認証制度を活用して独自の乳酸菌研究に重点を置き、ヨーグルトの健康効果を強調しているが、乳の風味に関してはそれほどアピールされていない傾向が見られる。

他方、牧場や中小規模なメーカーは自社の乳酸菌ではなく、乳酸菌販売会社から購入したものを使用することが大半である。彼らは個々の地域の特色や経営理念、それに合わせた牛の飼育方法、独自の製法や乳の風味に基づいて、自社製品の魅力を打ち出している。つまり、その背景にある牧場の自然環境やサスティナブルな酪農への取り組み、生乳の風味を強調し、ヨーグルトの独自性に反映されるテロワールを中心に、価値形成をおこなっているのである。特に地元農家とのコラボレーションは相乗効果を生み出し、新しい生産施設や乳酸菌研究に依存せず、地域のアイデンティティや自社の特徴を活かした商品開発に取り組んでいるケースが多い。例えば、山形県酒田市の鳥海やわた観光では、地元特産の西洋梨ラ・フランスの果肉を使用したヨーグルトを提供しており、その地域ならではの魅力が詰まった一品である。同様に、静岡県の函南《かんなみ》東部農業協同組合(丹那牛乳)は地元の増田採種場と協力し、有機栽培のマスダケール粉末を使用したヨーグルトを開発した。この製品は野菜ミックス系として珍しいものであり、滑らかな口当たりとケールの深い味わいが特徴である。地元のヨーグルトメーカーと農家とのコラボレーションから生まれた、ご当地ヨーグルトの興味深い一例である。

このように、ご当地ヨーグルト業界は、量産品との差別化を目指し、生乳の風味や生産者のこだわり、酪農への想いが込められた製品を多くの消費者に提供するために、乳のテロワールに焦点を当てた独自の付加価値創造に注力している。その努力は、新鮮な乳の味わいやクラフト的な製法、地域性に根ざした付加価値を中心に展開されている。これらの要素が相互に絡み合いながら、ヨーグルトの特徴や魅力を引き立て、地域独自の価値を生み出しているのである。

6．共感を呼ぶ経営理念とストーリー性

ご当地ヨーグルトは、個々の物語や背景を内包し、特別な価値を持つ商品である。生産者の熱意や地域の特徴がそのなかに凝縮されているが、それをいかに消費者に伝え、支持を得るのかが重要な課題である。現状ではご当地ヨーグルトの売れ行きが芳しくないケースが少なくない。フィールド調査からは、一般的には大手乳業メーカーの製品を購入し、ご当地ヨーグルトはお中元やお歳暮、ふるさと納税の返礼品や贈り物として利用される傾向が見られた。また、生乳と牛乳の違い、そしてそれがヨーグルトの風味に与える影響について、適切に理解されていない実態も浮かび上がった。

二〇二三年一〇月の大学生向けアンケート調査でも同様の結果が示され、ご当地ヨーグルトという製品カテゴリーの重要な側面が十分に理解されていないことが裏付けられた。他の設問では、高価でも「地域特有の風味を

楽しみたい」と考える人が三九・五％、「原料や製法にこだわった特産品だから購入したい」と思う人が三七・二％と、ご当地ヨーグルトに関心を持つ人が大半であった。一方で、ご当地ヨーグルトメーカーやブランド名を知らない人が八一・九％と非常に多く、「生産者を支援したい」という理由から購入したい人が一〇・七％と少ない結果となった。つまり、多くの人がご当地ヨーグルトの味や品質には関心を持っているものの、その特有な価値や生産者に対する意識はまだ低いということである。それは、牧場や小規模な製造業者が人手不足で忙殺され、広報活動や情報発信に十分な時間を割けないことが一因として挙げられる。そのため、優れた製品であるにもかかわらず、ほとんど認知されていないのが現状である。

このような状況下において、消費者や地元住民が酪農に触れる機会を作り、生産者の理念や背景を共有し、ファンを増やそうとする動きが見られる。同時に、近年では消費者側でも環境や動物福祉に配慮した倫理的消費が増えている。ご当地ヨーグルトは、ストーリー性や生産者のこだわりを持った製品が多く、倫理的消費との相性が良い傾向がある。消費者と生産者の距離を縮め共感を得るために、牧場見学やご当地ヨーグルトの試食会を含むセミナーなどの体験型イベントが展開されている。ここでは、生産者と消費者のコミュニティ形成に成功している東京都八王子市の磯沼ミルクファームと熊本県合志《ごうし》市のオオヤブデイリーファームの取り組みを中心に、インタビュー調査に基づいて紹介していく。

（1）地域に密着した酪農文化の物語

一九五二年に設立された磯沼ミルクファームは、東京都八王子市に位置し、新宿から一時間の立地にある。九〇頭の乳牛をフリーバーン牛舎で飼っており[8]、ホルスタインだけでなく、ジャージー、ブラウンスイス、ガンジー、ミルキングショートホーンなどの六種類もの異なる乳牛を飼育している。牛舎は開放型で通気性が良い一方、住宅地に位置しているため臭気対策が重要である。そのため、コーヒーの皮や殻を利用しており、牛舎内にはかすかにコーヒーの香りが漂っている。磯沼ミルクファームは六次産業化を先駆けておこなっており、一九九四年にヨーグルト工房を開設し、独自のヨーグルトなどの乳製品を製造している。そのためには、良質な牛乳が必要であり、牛の健康を最優先に考え、飼料にも徹底的にこだわっている。エコフィードとして、食品工場から出る果物などの副産物や余剰食品を取り入れ、干し草と組み合わせて牛に与えることで、天然のビタミンやミネラルを豊富に摂取できるようにしている。

磯沼正徳さんは酪農家の二代目であり、青年時代にオーストラリア各地の酪農家を訪れる研修を経験した。そのなかで、地域に根付いた酪農文化に触れ、酪農の将来に対する考え方が大きく変わったと振り返っている。地元の牧場が単なる生産の場だけでなく、地域の交流拠点としても機能している様子に感銘を受け、この経験が彼の酪農をおこなううえでの方針や目標、進むべき方向に新たな視点をもたらすことになった。磯沼さんは「地域文化とのつながりがないと酪農に未来性がない」と述べ、自らの牧場を「地域住民が集い、交流し、学び合う場」と位置付けた。このように、彼の物語において、オーストラリアでの海外研修は、多くの発明家や起業家が経験する「ひらめき」や「気づき」と同様に機能しており、物語の転機として、その後の彼の成長や志向性に大きな影響を与える重要な要素となっているのである。

現在、磯沼さんは地域の交流イベントや教育活動を通じて、酪農の本質を見据えた考え方を広く人びとに伝え、酪農を文化として地域社会に根付かせようとしている。例えば、毎週末には乳しぼり教室や子牛の散歩体験などのイベントを開催し、チーズやハム、ミルク鍋の作り方などの体験教室もおこなっている。[9] 牧場の開放感や一般の人が気軽に立ち寄れる雰囲気は、地域コミュニティ形成を後押しし、彼の酪農の理念を実感できるようにしている。その影響もあり、二〇二二年一〇月に開設された牧場カフェには都内周辺から多くの来訪者が押し寄せ、週末は活気に満ちている。家族連れも多く訪れ、牛を眺めながら搾りたてのミルクや高品質な乳製品を楽しめる場所を提供している。特に「ジャージー生乳一〇〇％プレミアムヨーグルト」が売れ筋で、価格は通常のヨーグルトの五倍近い一五一二円であるが、磯沼ミルクファームの理念に魅了された多くの消費者から絶大な人気を博している。

そのストーリーの中心には、磯沼さんの酪農経営のビジョンがある。彼は酪農の活動を単なる「生産現場」というだけでなく、地域コミュニティと結びつく「文化」として捉えている。このビジョンは、酪農家としての強い信念と誇りに基づいており、酪農の未来性を見出す土台となっている。磯沼さんは、酪農で培った人生哲学の恩恵を受け、カリスマ的な語り口で地元住民や消費者の支持を得ると同時に、事業としても軌道に乗っている。そのため、酪農家の大半が苦しんでいる後継者問題も克服しており、現在は娘家族が磯沼さんの創業精神を受け継ぎながら経営を担っている。こうした強固な経営理念や取り組みを通して、磯沼ミルクファームは地域と酪農を結びつけ、独自の乳製品を支える基盤として酪農文化を守り、未来に受け継ぐ役割を果たしているのである。

（2）オオヤブデイリーファームで育まれるふたつの物語

次に、InstagramやＳＮＳの活用を通じて、コアなファンを獲得している熊本県合志市のオオヤブデイリーファームの物語について紹介する。

本牧場は、西日本でも有数の酪農の盛んな地域に位置しており、約一〇〇頭の乳牛を飼育している。ここでは自家産の堆肥を利用し、化学肥料を一切使わずにトウモロコシを栽培し、ヨーグルトを中心にさまざまな乳製品を製造している。そのなかでも特に注目されているのが、二層式の「ミルコロエイジングヨーグルト」である。この製品は乳缶を模したデザインのガラス容器やジャージー牛の生乳、オメガ3脂肪酸を多く含むよう管理された飼料、クリーム層ができる「ノンホモ」製法などが特徴である。東京都内の高所得者層が暮らす地域でよく売れており、一瓶二〇〇グラムで九五〇円前後という価格設定にもかかわらず、定期購入の顧客が絶えないほどの人気商品となっている。

この成功の裏には二つの物語がある。一つは牧場の歴史と商品誕生をめぐる物語であり、もう一つは牧場の平穏な日常や暮らしにフォーカスした物語である。酪農家二代目の大藪裕介さんの物語は、一頭のホルスタイン牛の飼育から始まる。彼の父親が高校生だった頃から乳牛を飼育し、北海道や福岡での実習を経て、一九七五年に牛舎を建てて専業酪農家として事業を始めた。一方、小学校教諭であった裕介さんの母親は、結婚後、地域の宅地化が進むなかで地元の農業や酪農を新しい住民に広く知ってもらうため、地域の農家と連携し、牧場体験や農業イベントを開始した。その後、酪農教育ファームの認証を受け、現在も牧場探検や搾乳体験などを通して、子どもたちが「命の温もり」と「食の循環」を体感できるような活動を続けている。

就農後、裕介さんは牧場の歴史を受け継ぎながら、酪農家として新たな方向性を模索し、牧場直営の乳製品製造部門を立ち上げた。そこで、乳にフルーツなど別の材料を添加して付加価値をつけるのではなく、本牧場の乳の持つ質と風味を最大限に活かすための努力を続けた。また、世界各地の酪農地を巡り、現地での乳製品を試食しながら視野を広げ、自らの成長とともに独自のヨーグルトを開発することに尽力した。この物語は彼の職人としての成長の過程を示しており、さまざまな困難を克服しながら新たな乳製品の開発を描いた商品誕生の物語である。

もう一つの物語は、ＳＮＳやInstagramを通じて共有される牧場の日常に焦点を当てている。投稿からは牧場の日常風景が伝わり、裕介さんの奥さんと子どもたちが中心になっている。奥さんは、オオヤブデイリーファームに嫁いで初めて牧場の生活に携わり、四人の子どもを育てながら酪農家として奮闘している姿が多くの人に共感を呼んでいる。子どもたちの遊びや牛への優しい接し方、子牛の命名など、日々の情報発信を通して、子どもと牛の成長記録が綴られている。そこで、酪農家族のストーリーが注目を集め、牧場の美味しいヨーグルトに感動したコアなファンたちがＳＮＳを通じて情報を広める良い循環が生まれた。この影響もあり、二〇一九年一一月には『ガイアの夜明け』というテレビ番組で酪農家族の暮らしと独自の商品が特集されることになった。

新しい商品開発の過程でファンと協力し、「ミルコロ ラボ」の試作品を提供する一方で、教育活動を展開し、地域コミュニティとの結びつきを重視している。この取り組みは広範なフォロワーだけでなく、地元の人びととの関係性を深めるうえでは重要である。オオヤブデイリーファームも、磯沼ミルクファームの事例と同じように、地元コミュニティとの交流・対話の場として重要な役割を果たしている。こうした牧場で生まれる物語は、商品に付加価値をもたらすだけでなく、生産者と消費者との距離を縮め、共感を深めるきっかけとなっている。このアプローチは大手乳業メーカーのマスメディアでの一方通行なストーリーテリングとは異なり、相互関係で成り立っているため、生産者がより身近な存在となっている。つまり、ご当地ヨーグルトの物語はより対話的で創造的であり、地域に根ざした価値形成をもたらしているのである。

7. まとめ――酪農から育まれるご当地ヨーグルトの物語

本章では、日本の酪農が時代とともに変容するなかで、地域に根ざしたご当地ヨーグルトに焦点を当てて、その背後にある生産者の物語を通して、消費者とのつながりから生まれる価値形成について論じた。

日本において乳製品が一般普及したのは、第二次世界大戦以降であり、その過程で学校給食が大きな役割を果たした。乳製品の栄養価や健康効果への期待からその需要が増加し、安定供給を確保する必要性から、日本の酪農は大規模化と生産流通システムの効率化で発展した。大規模生乳集荷システムや生産者団体による一括乳価交渉が乳製品の特性や価値の差別化を難しくし、牛乳価格の低下や酪農経営のより一層の大規模化を引き起こした。その影響により、環境負荷や動物福祉問題が顕在化し、持続可能な酪農改革の必要性が浮き彫りとなった〔栗原、新井、小林、二〇〇六〕。

その一方で、消費者の意識も変化し、生産者の顔が見える商品や環境に優しい製品を支持する志向が高まり、これにより持続可能な酪農の取り組みが注目を集めるようになった。同時に、ご当地ヨーグルトのように、クラフト的な製法から生まれる乳製品の「本来の味」、そして地域固有の味覚に対する関心も寄せられるようになった。このような変化を反映し、ヨーグルト市場では、乳酸菌の機能性を中心とした価値形成から、地域の特色や乳の風味を活かした商品展開へとシフトした。

新たな動きとして、牧場が六次産業化することによって、高付加価値の乳製品を生み出し、持続可能な酪農へと変貌をとげようとする様相が見られた。そのような牧場では、量産品との差別化を図るべく、乳のテロワールに焦点を当ててさまざまな取り組みをおこなっているが、消費者側では生乳と牛乳の違いやノンホモ製法の風味への影響など、まだ理解が進んでいないという実態が明らかになった。その課題を克服するために、消費者や地元住民が酪農に触れる機会を作り、生産者の理念や背景を共有し、ファンを増やそうとする動きが見られた。

そのなかで、地元住民や消費者の共感を得る重要性を認識し、確固たる人生哲学や経営理念に基づいた成功事例として、磯沼ミルクファームおよびオオヤブデイリーファームの経営理念や取り組みに注目した。インタビュー調査から見えてきたことは、ご当地ヨーグルトに対する認知向上の必要性であり、そのためには消費者の共感を得ることがいかに重要であるかということである。そして、牧場の歴史や日常から生まれる物語がヨーグルトの付加価値形成に影響を与えていることである。磯沼ミルクファームでは、二代目の磯沼正徳さんの人生哲学やビジョンが物語の中心に据えられた。彼は、酪農を文化と見なし、自身の牧場を地域の生活に溶け込ませ、地元の人びとと交流しながら酪農の理想を描く物語を紡いできた。地域住民との交流によって育まれる地域文化と酪農文化の結びつきが、将来に向けた重要な鍵であると確信していた。

オオヤブデイリーファームでは、牧場の歴史と乳製品の開発（創業・誕生物語）、さらに牧場の日常生活の記録を中心とした情報配信（酪農家族の物語）という二つの柱を軸に物語が展開されていた。これらの要素を通じて、酪農家族の物語は多くの人びとから共感を呼び起こし、地域コミュニティや消費者から支持を得る商品を生み出した。特に地元住民との密接な連携が牧場の繁栄に大いに寄与してきた。歴史と成長の物語を背景に、酪農生活を伝えると同時に、大きなコミュニティを形成し、消費者とのつながりを深めてきた。

人びとの日常的な食の選択は、物語や対話によって形作られるため〔Scholliers, 2001: 9〕、私たちが日々口にする食べ物は、それに付随する価値や理念と切り離すことはできない。消費者は、Instagramや牧場体験などを通じて、ご当地ヨーグルトに触れる際に、風味やパッケージの外観だけではなく、その背景にあるストーリーにも影響を受けている。つまり、生産地の酪農風景（地域性）や生産者の物語（クラフト性）がヨーグルトの付加価値となり、単に「健康にいいから」ではなく、独自の風味やそれを取り巻く環境とともに身近な存在となる。なぜなら、食のクラフト性が地域の文化やアイデンティティを支え、消費者と生産者の間に信頼性や心の通うつながりを育むという側面も持ち合わせているからである〔Demossier, 2018〕。また、生産者はクラフト食品をそのストーリー性と一緒に提供することで、消費者の好感度が高まり、よりポジティブな体験につながっているからでもある〔DiStefano and Trubek, 2015〕。

現代、食品は「物語」を通じて販売される時代にある〔Freidberg, 2003〕。この傾向は、クラフト品も量産品も同様であるが、量産品との違いは「場所の味覚」である〔Trubek, 2008〕。ご当地ヨーグルト業界では、牧場やメーカーが地域性とクラフト性に根ざしたテロワールを中心に独自の物語を展開している。それは単なる商品の付加価値創造を超えており、地域の魅力と特異性をヨーグルトに込め、地元から発信されている。酪農家たちは、ヨーグルトのテロワールを基盤に、固有の道を切り開き、日本の酪農を文化として描く新たなビジョンを提供している。実際、「テロワール」という概念は差別化戦略として効果的であり、それは現代のボーダレス時代においても、食の特異性が消費者を特定の場所と結びつける手段として機能していることを示している〔Holtzman, 2006: 367〕。そのため、ご当地ヨーグルトの風味に表れる「場所の味覚」が魅力なのである。例えば、オオヤブデイリーファームの「ミルコロエイジングヨーグルト」を定期購入して日常的に食べることで、その製品が生まれた場所と象徴的につながり、同時にその風味、酪農文化、持続可能性の理念を他のファンたちと共有する感覚を得ることができる。

食は私たちの身体に栄養を提供するだけでなく、個人や集団のアイデンティティを形成している。同時に、歴史、政策、自然環境や社会状況、世界の経済動向、社会運動などと密接に関わり合い、まるで「魔法のように時空を超えて」影響を及ぼす性質がある〔Dunn, 2009: 208〕。地域に根ざしたご当地ヨーグルトも生産者から地元住民、そして外国の研究者まで、多様な背景を持つ人びとを結びつけながら意味を持たせ、地域経済やコミュニティの活性化に貢献している。このように日本の酪農から生まれる数々のヨーグルト物語は、地域の過去、現在、そして未来をつなぐ重要な役割を担っているのである。

〈注〉

（1）　倫理的消費とは、社会問題の解決を目指した消費を指す概念であり〔玉置、二〇一五：一八三〕、消費者の社会的責任（Consumer

Social Responsibility, CSR）とも関係している。日本の社会においてCSRがあまり根付いておらず、消費者の興味や認知度の低さから「生産者を支援できる」商品に魅力を感じる人が欧米と比べて少ない傾向がある〔辻村、二〇一二：一六九〕。

（2）テロワールとは、フランス語で「土地の特性」を意味し、特定の場所や地域に固有の自然環境や文化が、その土地で生産された食品の特性に影響を与えるという考え方である〔Trubek, 2008〕。つまり、土地の特性や文化的背景が、そこで作られる食品の特徴や価値に影響を与え、それが「テロワール」という概念で表現されるのである。

（3）一九五四年に学校給食法が公布され、栄養面を重視した学校給食独自のメニューが提供されるようになり、その三年後に牛乳・乳製品の供給も始まった〔江原、二〇二〇〕。

（4）生乳は文字通りに「生の乳」、つまり未加工の乳である。遠心分離やろ過などの異物除去で微細な不純物を取り除いた後、乳製品の製造許可を持つ工場で加熱殺菌され、初めて牛乳になる。つまり、生乳と牛乳の違いは、加熱殺菌の有無にある。

（5）一九五〇年に三七万トンだった生乳の生産量が、三〇年後の一九八〇年には六五〇万トンへと一八倍に拡大し、酪農経営あたりの平均飼養頭数も急増した。それに伴い、一酪農経営あたりの平均飼育頭数も、一九六〇年に二・〇頭だったものが、一九七〇年には五・九頭、一九八〇年には一八・一頭まで増加した〔清水、本田、二〇〇九〕。

（6）牧場や生産者同士が連携し、二〇二一年四月には、ご当地ヨーグルトの認知向上を目指す一般社団法人「ヨグネット」を起ち上げた。この組織は、セミナーや交流会、イベント出展、オンライン牧場見学など、酪農関連のコンテンツ作りや情報発信を通じて、ご当地ヨーグルトの価値を幅広く伝える方法を模索している。さらに、さまざまな企画を展開することで、ご当地ヨーグルト界全体を盛り上げるだけではなく、持続可能な酪農のあり方を探り、その新たな方向性を広く知らしめる活動もおこなっている。

（7）この濃厚さの背景には、三〇年ほど前に大手メーカーが脱脂粉乳を多用して、さらりとした食感のヨーグルトを多く販売したことがある。その際に、小規模メーカーは差別化を図るため、生乳を多用し濃厚な食感のヨーグルトを開発するようになった。

（8）牛が自由に歩き回れる構造の牛舎のことである。自由な環境により、つなぎ飼いの牛舎と比べてストレスを感じることなく、快適に過ごすことができる。

（9）磯沼ミルクファームは「酪農教育ファーム」として認定されている。この認証制度は、一般向けに酪農体験を提供し、消費者との交流を図り、子どもたちの食や仕事、生命に関する学びを支援することを目指している。二〇〇一年に、認証を受けた牧場数が全国で一一六軒から二〇一七年には三〇一軒へと、約二・五倍以上に増加したと報告されている〔光成、二〇二〇〕。

〈参考文献〉

石毛直道「世界における乳利用の歴史」韓国食文化学会乳文化シンポジウム資料、一九八九年鵜川洋樹「ミニプラント型酪農経営の生産方式と流通実態」『平成21年度畜産物需給関係学術研究情報収集推進事業報告書』一―一九、二〇一〇年
宇都宮由佳「米食文化圏インドシナ半島からみる日本の乳食文化」江原絢子、平田昌弘、和仁皓名（編著）『近代日本の乳食文化：その経緯と定着』中央法規出版、二一九―二五〇、二〇二〇年
江原絢子「日本の食生活における乳の受容と定着に関する一考察―他の食品との比較を通して―」江原絢子、平田昌弘、和仁皓名（編著）『近代日本の乳食文化：その経緯と定着』中央法規出版、一―三四、二〇二〇年
外務省国際協力局地球規模課題総括課「持続可能な開発目標（ＳＤＧｓ）達成に向けて日本が果たす役割」二〇二〇年 https://www.mofa.go.jp/mofaj/gaiko/oda/sdgs/pdf/sdgs_gaiyou_202009.pdf〔二〇二三年一二月一六最終閲覧〕
栗原幸一、新井肇、小林信一『資源循環型畜産の展開条件』農林統計協会、二〇〇六年
小林信一『日本酪農への提言―持続可能な発展のために―』筑波書房、二〇〇九年
小林信一『日本を救う農地の畜産的利用―ＴＰＰと日本畜産の進路』農林統計出版、二〇一四年
玉置了「消費者の共感性が倫理的消費にもたらす影響」『商経学叢』近畿大学商経学会、六一（三）：八一―一九四、二〇一五年
清水徹朗、本田敏裕「酪農・乳業の現状と展望―酪農経営の悪化と乳業再編」『農林金融』農林中金総合研究所、六二（三）六―五一、二〇〇九年
辻村英之『おいしいコーヒーの経済論「キリマンジャロ」の苦い現実』太田出版、二〇一二年
光成有香「日本チーズ工房立ち上げの現状と課題」『畜産の研究』養賢堂七四（五）：三九一―三九八、二〇二〇年
向井智香『ヨーグルトの本』エムディエヌコーポレーション、二〇二二年
Bowen, S. (2011) The importance of place: Re-territorialising embeddedness: Embeddedness in the Comté supply chain. *Sociologia Ruralis*, 51(4): 325-348.
Besky, S. (2013) *The Darjeeling Distinction: Labor and Justice on Fair-Trade Tea Plantations in India*. University of California Press.
Campbell, C. (2005) The craft consumer: Culture, craft and consumption in a postmodern society. *Journal of Consumer Culture*, 5(1): 23-42.
Cwiertka, K. (2007) *Modern Japanese Cuisine Food, Power and National Identity*. Reaktion Books.
Demossier, M. (2018) *Burgundy: The Global Story of Terroir.* Berghahn Books.
DiStefano, R. and Trubek, A. (2015) Cheese stories: Cheesemongers, Vermont artisan cheese and the value of telling stories. *Cuizine*, 6 (1). https://doi.org/10.7202/1032256ar
Dunn, E. (2009). Afterword. Turnips and mangos: power and the edible State in Eastern Europe. *In Food and Everyday Life in the Postsocialist World*, edited by M. Caldwell. Indiana University Press, 206-222.

Freidberg, S. (2003) Not all sweetness and light: new cultural geographies of food. *Social and Cultural Geography*, 4 (1): 3-6.

Holtzman, J. (2006) Food and Memory. *Annal Review of Anthropology*, 35: 361-378.

Lahne, J. and Trubek, A.B. (2014) 'A little information excites us.' Consumer sensory experience of Vermont artisan cheese as active practice. *Appetite*, 78: 129-138.

Paxson, H. (2011) The 'art' and 'science' of handcrafting cheese in the United States. *Endeavour*, 35 (2-3):116-124. doi: 10.1016/j.endeavour.2011.05.004.

Paxson, H. (2013) *The Life of Cheese: Crafting Food and Value in America.* University of California Press.

Scholliers, P. (2001) Meal, food narratives, and sentiments of belonging in past and present. *In Food, Drink and Identity: Meals, Food Narratives, and Sentiments of Belonging in Past and Present,* edited by P. Schollies. Berg, 3-22.

Trubek A. (2008) *The Taste of Place: A Cultural Journey into Terroir*. University of California Press.

個体としてのドメーヌ

――ボジョレ地方のナチュラル・ワイン生産者の言説と実践にみる生産の場と生産物の関係――

内田修一

ワインの原産地の表示に関するフランスの法制度は、この農産物の個性が土壌や気候などの特定の条件に特徴づけられた産地、すなわち「テロワール」と不可分であるという考え方に支えられている。他方で近年、ヨーロッパ、北米、東アジアで需要が高まっているナチュラル・ワインの生産者たちには、この制度に基づいた産地表示をしない一方で、農産物としてのワインとそれが由来する生産地との関係を重視する傾向がある。本章では、生産の場とワインの関係はどのように考えられるか、ボジョレ[1]地方のナチュラル・ワインの生産者の言説と実践の検討をとおして考察する。

1. テロワール、原産地呼称、ナチュラル・ワイン

ワインとの関連で用いられる「テロワール」という言葉については、これまでさまざまな定義が提案されてきた。そのなかには土地に働きかけてこれを改変する人間の努力や社会・文化的側面を重視した定義もみられるが、概してテロワールが語られる際には、人為性よりも自然条件に注目されている場合が多く、「ワインの香味に表

現されてくる土地特性」〔大橋、二〇〇四：二〇〕という語義が広く受け入れられていると思われる。[2]しかし、フランスのワインに関して、この言葉に付与されている意味や、この語が実際に用いられている言説に付随している意味合いについて知るうえで、原産地表示に関する法制度を無視することはできない。

土地の特性にワインの特徴の源泉を求める考え方は、「統制された原産地呼称」（AOC：Appellation d'Origine Contrôlée）などの原産地の表示に関する法制度〔以下、「原産地表示制度」〕の基盤を成していることが知られている[3]〔蛯原、二〇一九：二〇〇〕。またこの制度は、その創設が生産者たちによって求められたものであり、実際に生産者を保護する機能を果たしていることが指摘されている〔同：一二―七〕。「シャブリ」、「ヴォーヌ・ロマネ」、「ボルドー」といったＡＯＣは、各ＡＯＣに典型的な特徴を備えていると判断された、範囲を画定された畑に由来するワインにしか表示が許されない。テロワールが、より具体的に「その地理上、土壌上、気象上の特徴が、他のテロワールに由来するものとは区別される、独自の、典型的なワインの生産を可能にする地理的エリア」〔Lecoutre, 2019: 78〕を指すという定義には、この法制度の利害に絡んだ側面が反映されていると考えられる。[4]

原産地表示制度では、ワインが生産される土地と産地の表示がワインの品質と結びつけられていることも注目される。一九三〇年代以降、ワインの生産過剰を背景に、この制度は量から質への転換を促進する政策とともに発展し、ＡＯＣは増加の一途をたどった〔同：七二―三〕。実際のところ、ブドウが由来する畑、ブドウ品種、収量やアルコール度数などに関して各ＡＯＣについて定められている一定の条件のために、ＡＯＣは一定の品質の保証になっている。またこの制度では、産地に関する表示が階層化されており、あるワインが特定の原産地表示の条件を満たさない場合、下位の原産地表示があり、その条件が満たされていればその表示が用いられ、どの原産地表示の条件にも合致しないワインには、特定の地域を指さない最も格下の表示「フランス・ワイン Vin de France」が用いられる。[5]そのため一般的には、産地についてどの表示が用いられているかには、ワインの品質やテロワールの優劣が反映されていると認識されている。

かくして、原産地表示制度との関連に着目することで、「テロワール」には境界を確定された生産の地理的エリアという意味があり、ワインの風味の典型性や排他的独自性の基盤という意味合いがともなっていること、ならびに、この言葉はワインの品質の優劣を含意しうることを指摘できる。これまでの考察を踏まえて、本章ではワインの個性や質を形づくる特定の「土地特性」が具体化しているとされる「地理的エリア」としてテロワールをとらえる。

産地の表示は、フランスではワインの品質や特徴の判断の根拠、および分類の基準として機能しており、通常、ワインのガイド、レストランのワイン・リスト、スーパーや専門店の棚では、ワインは地域とＡＯＣごとに分類されている。また、知識やテイスティングによって、ワインの特徴を特定のテロワールと結びついた特定のＡＯＣと関連づけられるか否かは、専門的な能力に関わるとみなされている。これらの事実は、原産地表示制度とそれを支えるテロワールの概念が、フランスのワイン関連産業に広く浸透していることを示している。

ワインの世界では一九八〇年代以降、頻繁にテロワールについて語られるようになったこと、および、その背景には、新興産地（いわゆる「新世界」）のワインに対抗して、フランスでは科学的、工業的に品質を追求するワインづくりから、土地の特徴を重視したワインづくりに回帰しようとする傾向があったことが指摘されている〔福田、二〇一三：三五〕。日本の農産物を海外で販売するために、農産物の質と特定の土地との結びつきを強調するフランスのワイン法が参考になりうるという提言がなされ〔蛯原、二〇一九：一二三〕、また近年、日本では地域振興の文脈でテロワールという言葉が用いられているのは、特定の土地に由来する品質や排他的な独自性という観念と結びついたこの言葉を用いた言説が、ワインの世界で一定の説得力を持ち、成功を収めてきたためと考えられる。

しかしその一方で、ワインの質や特徴がテロワールによって決まるという主張に対しては、すでに数多くの批判がなされているのも事実である。そうした批判には、作り手が目指すスタイルや採用する技術のほうがワインの味わいに大きく影響しているという経験的事実に基づいたものや、テロワールの人為的側面を強調するもの〔麻井、二〇一八：五九八—九〕、テロワールの強調が「演出法」に他ならないことを指摘するもの〔山下、二〇〇九：二〇八〕がある。そして、近年、東アジアの国々、ヨーロッパ、北米で需要が大きくなっているナチュラル・ワイン（vin naturel）の生産者たちの間には、後にみるように、原産地表示制度に対して無関心や批判的な姿勢を示す一方で、注目すべきことに、農産物としてのワインと生産の場との結びつきを強調する傾向がみられる。(6)

ナチュラル・ワインは、「有機農法もしくはそれ以上に自然な農法でつくられた葡萄を、そのまま一切の添加物（砂糖、酸、酵母、亜硫酸など）を入れずにつくられたワイン」〔大岡、二〇二一：一六一〕とそれに類するワインの総称である。(7)ある著名な生産者によれば、「ナチュラル・ワインは、自らの出自とヴィンテージを尊重している。このことは、ブドウが自らの由来する場所を自身の内に含んでいること（だからブドウは生きた土壌に由来している）、そして醸造によってこの特徴が変わっていないことを意味している」〔Iommi- Amunategui, 2015: 13〕。こうした考え方は、この種のワインの生産者に一般的なものと思われる。この言葉からは、原産地表示制度に対して無関心や批判的な姿勢を示しつつも、ワインと土地とのつながりを重視する傾向が彼らの間にみられるのは、添加物や人為的介入を極力排した製法のために、彼らのワインには土地の特徴が明瞭に反映されると考えられているためと推察される。しかし、ここで言われているブドウが「由来する場所」や「生きた土壌」は、テロワールという言葉で考えられている「地理的エリア」と同じものを指しているようには思われない。また、概してナチュラル・ワインの生産者は、ワインの味わいに彼らの介入が影響することを否定しない。彼らにとってワインの特徴と密接に結びついた生産の場はどのようなものかを明らかにする作業をとおして、冒頭で提起した問いに答えることが可能であるように思われる。

本章では、ナチュラル・ワイン発祥の地とされ、この種のワインの生産が活発なフランスのボジョレ地方の七名の生産者を対象に実施した調査に基づいて、文化人類学の立場から、冒頭で提示した問いについて考察する(8)。次節ではボジョレ地方の概要を示し、その特徴を論じる。次いで、生産者たちの原産地表示制度に対する姿勢、彼らの生産の場についての認識、ならびにこの認識に関わる実践について論述する。最後の「考察」では、ワインにその特徴が反映される生産の場はどのようなものとして考えられるかについて、一つのモデルを提示する。「モデル」というのは、本研究の提起した問いとの関連で、生産の場がいかなるものかに関して、すべてのインフォーマントの言説と実践に直接に裏付けられた知見を再構成することが困難なためである。本論は、すべての事例を念頭に、妥当性があると考えられるモデルを提示することで提起された問いに答える試みとなる。なお筆者が実施した調査では、ナチュラル・ワインの生産者のなかでも、有機農法の一種であるバイオ・ダイナミック農法（以下、ＢＤ農法）を採用する生産者が、生産の場についてより明瞭に語っていた(9)。そのため本章ではとりわけ最後の考察において、この農法を採用している生産者に注目する。

2. ボジョレ地方——産地の危機と再活性化

ボジョレ地方は、フランスの南東部、第二の都市リヨンの北に位置する丘陵地帯であり、ブドウ畑の栽培面積は一二五二〇ヘクタール（二〇二二年）を数える(10)。多産なブドウ品種ガメを用いた赤ワインが生産量の大部分を占めており、ロゼ・ワインとシャルドネ種を使った白ワインも少量生産されている。歴史的には、一七世紀初頭、宗教戦争の終結後にブドウ畑の面積が拡大し、地域は産業革命で繁栄したリヨンとパリへのワインの供給地として発展した。ボジョレ地方でほぼ排他的にガメが栽培されるようになったのは、一八世紀初頭に寒波による被害からブドウ畑が再興された時期からと考えられている〔Garrier, 2002: 76-78〕。二〇世紀前半、地域はとりわけリヨンへの大衆向けワインの供給地として栄え、その後は新酒ボジョレ・ヌーヴォーで世界的に知られるようになった。かくしてワイン産地としてのボジョレ地方は、全体として単一品種（ガメ）を用いた大衆向けワインの大量生産を特徴として発展し、今日に至っている。

ボジョレ地方のブドウ畑は、一般に三つのカテゴリーに分類される。北側三分の一を占めるＡＯＣ「モルゴン」や「フリーリー」など一〇の「クリュ cru」（銘醸ワイン生産地区）に認定された畑が最上のワインを産すると目されている。主に中央部と北西部に位置するＡＯＣ「ボジョレ・ヴィラージュ」を産出する畑が品質においてそれに次ぐ。三番目に位置するのは、周縁部と南側のＡＯＣ「ボジョレ」と表示されるワインを産出する畑である。ボジョレ地方のブドウ畑の土壌は、とりわけ中部と北部で花崗岩質の土壌を特徴とすることが知られている。

ワイン産地としてのボジョレの国際的な成功と知名度の上昇には、日本でもよく知られたボジョレ・ヌーヴォーが大きく貢献した。一九五一年の大臣の布告で、その年に収穫されたブドウでつくられたＡＯＣワインの解禁日は一二月一五日に定められたが、ボジョレの生産者団体がこの期日よりも早く彼らの新酒を販売できるよう当局に働きかけ、一一月一三日に即日の解禁が認められたことがボジョレ・ヌーヴォーの起源とされる。以後しばらくの間、解禁日はその年ごとに決められていたが、一九六七年の政令（デクレ）により解禁日は一一月一五日に固定された。しかしこの日が週末にあたると輸送の手配が困難になるなどの問題が生じたため、一九八五年に別の政令（デクレ）により、解禁日が現在のように十一月の第三木曜日となった〔同：一六一七〕。

ボジョレ・ヌーヴォーは一九七〇年代にはフランス国内で大きな成功を収め、一九八〇年代に航空輸送が普及するにつれて、国際的に人気を博すようになった。こうした成功とともに、ボジョレ地方のブドウ畑の面積は一九八〇年代初頭には二万ヘクタルを超え、地域の平均年間生産量は一二〇～一四〇万ヘクトリットルに、そのうちボジョレ・ヌーヴォーの生産量は四〇万ヘクトリットルに達した。フランスにおけるワインの消費量の低下と生産過剰傾向にもかかわらず、好調な輸出にも後押しされて、こうした生産量はおおむね一九九〇年代も維持された〔同：二三〕。

しかし二〇〇〇年代に、事態は深刻となる。ボジョレ・ヌーヴォーの販売不振は二〇〇五年には危機的水準となり、あるインフォーマントによれば、生産者たちは引き取り手のないワインを投げ売りせざるをえなかったという。この時期から地域が経験した困難は、さまざまな数値に現れている。例えば、一九九〇年代には地域全体の生産量とボジョレ・ヌーヴォーの生産量の平均は、一三〇万ヘクトリットルとその約三分の一に相当する四五万ヘクトリットルだったが、二〇二二年はそれぞれ五一万ヘクトリットルおよび一四万ヘクトリットルにまで落ち込んでいる。また、一九九〇年代のボジョレ地方の栽培面積は二二〇〇〇ヘクタル程度だったのに対して、前述のように二〇二二年時点での同面積は一二五二〇ヘクタルにまで大幅に減少している(11)。かくしてこれらの数値からは、この二〇年ほどの間に、ボジョレ地方の栽培面積と生産量はほぼ半減しており、とりわけボジョレ・ヌーヴォーの生産量は三分の一程度にまで減少していることがわかる。また一部のインフォーマントは、その黄金期には解禁日に間に合うように作られた粗悪な新酒が市場に大量に出回ったために、低品質のワインの産地というイメージがボジョレに定着し、地域のワインの販売不振に拍車をかけたことを指摘していた。ボジョレ・ヌーヴォーの大きな成功が品質に関する消費者の認識の悪化につ

ブドウ畑の広がるボジョレの風景（筆者撮影）

ながったとすれば、この成功は地域に負の遺産も残したと言えよう。

こうした状況において最も甚大な影響を被ったのは、クリュの畑を持つ生産者ではなく、ボジョレ・ヌーヴォーの供給地であるＡＯＣ「ボジョレ」と「ボジョレ・ヴィラージュ」の畑の生産者たちだった。これらの畑からは、一九九〇年代には生産量の半分以上がボジョレ・ヌーヴォーとして販売されており、今日でも生産量の半分程度を新酒が占めている。彼らの苦境は、一九九八〜二〇一二年にかけてクリュの畑の栽培面積の合計が六三九四〜五七二五ヘクタルに推移しているのに対して、同時期の「ボジョレ」の畑の同数値は一〇一八三〜三八四五ヘクタルに、「ボジョレ・ヴィラージュ」の畑の同数値は六一〇七〜三〇〇五ヘクタルにまで激減している事実に端的に現れている。[12]

インフォーマントのＡ氏の事例は、こうした地域を見舞った大きな変化を如実に物語っている。Ａ氏は一九八〇年代後半に銀行から融資をうけてブドウ畑を購入し、独り立ちしてブドウの栽培とワインの生産を始めた。しかし彼によれば、結果的に当時は地域のブドウ畑の値段が最も高い時期だった。その後、ボジョレ地方のワインの販売不振と生産過剰のために、ネゴシアン（生産者からブドウやワインを購入し、瓶詰めされたワインを販売する業者）の買取り価格が大きく下がり、Ａ氏は経済的に行き詰まった。救済措置の後に手元に残ったブドウ畑で生産を続けるなかで、あるナチュラル・ワインの生産者と出会ったことが転機になり、状況は改善し始めた。Ａ氏は以前から有機農法でブドウを栽培していたが、醸造は「慣行的な」方法で行っていた。[13]この生産者の助力を得て、Ａ氏は二〇〇〇年代から自分でもこの種のワインを生産し、今日に至っている。

ナチュラル・ワインの生産を始めたことがＡ氏にとって重要な転機となったのは、ナチュラル・ワインが慣行的ワインよりも高い価格で販売でき、またこの種のワインが市場で受け入れられている国々に輸出しやすくなったためである。Ａ氏の生産するワインのうち、輸出が占める割合は八〇％にのぼる。[14]Ａ氏の事例は、ボジョレ地方の生産者たちが陥った苦境の端的な例であるだけでなく、使用している畑がＡＯＣ「ボジョレ」と「ボジョレ・ヴィラージュ」に限られている点で、本研究のインフォーマントである生産者たちの特徴を典型的に示している。実際のところ、ほぼすべての本研究のインフォーマントたち（一名を除く）のすべての畑が位置しているのは、ボジョレ・ヌーヴォーの不振の影響を最も深刻に受けたこれらのエリアである。[15] ワインの生産を始めてから一〇年に満たないインフォーマントのＢ氏は、「慣行的ワインを作っていたら、大変な思いをしているだろう」と述べていた。一般的に言って、ボジョレ地方ではナチュラル・ワイン生産の動機の一つとして、経済的要因は無視できないと思われる。

他方でボジョレ地方は、ナチュラル・ワイン発祥の地と目されている産地でもあり、今日、この種のワインの生産が活発な地域でもある。概してナチュラル・ワインの歴史は、微生物学の素養のあるボジョレのネゴシアン、ジュール・ショヴェ（Jules Chauvet）が亜硫酸を添加しないワインづくりを始めた一九七〇年代に遡り、この種のワインは彼の教えを受けた地域の生産者マルセル・ラピエール（Marcel Lapierre）らの功績によって広まったとされている。本研究のインフォーマントたちは、必ずしも彼らから影響をうけてナチュラル・ワインの生産を始めたわけではない。しかしこの地方では、数多くのナチュラル・ワインの生産者たちがさまざまなグループを組織して試飲会の開催などの活動を共にしており、こうした環境はインフォーマントたちのワインづくりに影響していると推測される。そして近年のボジョレ地方が、新しいナチュラル・ワインの生産者が次々に現れて活況を呈している背景には、この種のワインの国際的な需要の高まりに加えて、地域では新参者にとってもブドウ畑を購入したり借りたりするのが容易という事情がある。

生産者Ｃ氏の事例は、こうした地域の動態を示す好例である。Ｃ氏はフランスのワインが生産されていない地域の出身だが、大学ではブドウの栽培とブドウ園の経営を学び、さまざまな生産者のもとで研修をした後に、ボジョレ地方でブドウの栽培に関連した仕事をみつけた。その仕事をつうじて出会った生産者たちに、栽培と醸造に関してかねて抱いていたさまざまなアイデアを話すうちに、「畑を貸してやるから自分でやってみてはどうだ」と提案され、使われていない醸造所をみつけて、兼業でワインの生産を始めた。調査当時は、兼業を続けながら、同世代の若いナチュラル・ワインの生産者たちとグループを形成して、一緒に試飲会を催したり、情報交換や相互扶助を行ったりしていた。

かくして、ボジョレ地方には二つの対照的な特徴を指摘できる。フランスにおけるワインの消費量の減少、およびボジョレ・ヌーヴォーの流行の終焉により、大衆向けワインを大量生産する産地としてのボジョレ地方は二〇〇〇年代半ば以降、深刻な危機を経験し、ブドウ畑の面積とワインの生産量は大きく減少した。こうした地域の苦境は今日まで解消されておらず、最も評価の低いＡＯＣ「ボジョレ」と「ボジョレ・ヴィラージュ」のワイン、すなわち最も商業的価値の低い原産地呼称のワインに関してとりわけ顕著である。しかし、こうした危機的状況を経たがゆえに、ボジョレ地方はナチュラル・ワインの生産が活発な産地にもなっている。

3. ナチュラル・ワインの生産者たちの生産の場に関する認識・実践

既述のように、ナチュラル・ワインの生産者の間には原産地をラベルに表示しない傾向があることを指摘できる。例えば、ナチュラル・ワイン専門のワイン・ガイド『グル・ギッド（Glou Guide）』では、掲載されているワインのうち原産地が表示されているものは全体の三分の一に満たず、そのため産地別、ＡＯＣ別の分類方法を採用する従来のガイドとは異なり、価格順にワインが紹介されている〔Iommi-Amunategui et al., 2020: 12〕。この傾向は本研究の事例にも確認され、生産者たちはほとんどのワインのラベルに「フランス・ワイン」とのみ表示し、ＡＯＣの表示に必要な申請をしていない(16)。

筆者が彼らにＡＯＣを表示しない理由を尋ねたところ、回答に最も頻繁に表れていたのは、彼らの生産方法ゆえに、容易に認証を獲得できないために生じうる手続き上の負担や煩雑さへの不満、および制度に対する無関心だった。例えばＤ氏によれば、彼のワインは瓶詰め後に大きく変化するが、味わいが良くなるのに時間がかかるため、出荷の時期に官能審査をするのは早すぎるが、その時に認可が下りなければ、自費で再審査を申請しなければならず大変なので、「フランス・ワイン」と表示することにした。Ｅ氏によれば、ブドウ畑の植生の多様化のために植樹したところ、認可が下りなくなったので、それ以降は申請をしていない。他の複数のインフォーマントは、揮発酸の高さなど、往々にしてナチュラル・ワインの製法に由来する特徴のために、申請が認められない可能性を危惧していた。

Ｄ氏は、彼の顧客がＡＯＣを重視していないために、販売上の問題が生じないことも申請をしない理由に挙げており、基本的にこの理由は他の生産者たちにも該当している。単に「フランス・ワイン」として販売しても実質的には問題が生じない以上、ＡＯＣの表示にこだわる意味はないと言える。また、原産地表示制度を支えるテロワールの概念に関しては、「ボジョレのテロワールはどのようなものか」という筆者の質問に対して、後述のＦ氏の場合を例外として、すべてのインフォーマントは花崗岩質を特徴とする地域の土壌について語っていた。そのため、彼らにとってこの言葉は主に土壌に関するものであり、ワインに唯一無二の特徴や質を付与している土地特性が具体化されている地理的エリアという意味は重要性を有していないと考えられる。

一部の生産者はさらに、原産地表示制度とテロワールの概念をよりはっきりと批判していた。Ｂ氏によれば、この制度は従来の慣行的ワインを基準にＡＯＣの典型的な味わいを想定しているために、ナチュラル・ワインに特徴的な風味を適切に評価できないのだから、現状に合わなくなっている。Ｆ氏にとっては、似たような自然条件を共有している隣接する生産者同士の間でワインの味がはっきり違うのだから、ワインの特徴はテロワールによって決定されるわけではなく、テロワールを強調する言説は「マーケティング」、すなわち商業的な言説にすぎない。

生産者たちの原産地表示制度への無関心は、病害への耐性のある品種の採用にも現れていた。ナチュラル・ワインの生産者たちは、概して有機農法で使用が認められているボルドー液[17]やエッセンシャル・オイルなどを用いてうどん粉病やべと病などの病害に対処している。[18]こうした病害への耐性を持つように改良されたブドウ品種を用いれば、こうした処置をせずに済み、より自然なブドウの生産が可能になるが、こうした品種はＡＯＣの規定では使用が認められていない。しかしＡＯＣの表示にこだわらない本研究のインフォーマントたちにとって、このことは問題にならない。Ｅ氏とＦ氏はすでにこうした病害に耐性のある品種を植えており、他のほとんどの生産者もこうした品種に関心がある、あるいは次に植樹する際にはこうした品種を選ぶと述べていた。

こうしたインフォーマントたちの原産地表示に対する姿勢を理解するうえで、彼らが表示できるＡＯＣが高い名声を享受しているとは言いがたい「ボジョレ」と「ボジョレ・ヴィラージュ」に（Ｅ氏の一部の畑を例外として）限られているという事実は無視できないと思われる。人為的介入や薬剤の使用を減らすのに有望な地域で、従来用いられてこなかったブドウ品種の導入という先進的な試みに関して言えば、この制度に従うことで得られる見返りの少なさのために、実施が容易になっていると推察される。

しかし他方で、この種のワインの擁護者の間で、ナチュラル・ワインは農業における「カウンター・カルチャー」あるいは「対抗的農業」を表していると主張されているように〔Iommi-Amunategui, 2015: 10〕、前述の生産者たちの姿勢は、原産地表示制度のみならず、この制度に立脚した既存のワイン生産のあり方への批判的認識が反映されたものでもあることは見逃せない。彼らにとって、ＡＯＣ表示の認証取得の困難は、主として彼らが考える自然なワインを生産するために採用した生産方法に起因していた。また、彼らの多くは有機栽培やナチュラル・ワインの生産を始めた動機として食の安全や環境保護に関する問題を挙げている。かくして原産地表示制度に対する彼らの姿勢は、この制度から自由な生産活動の実践の一環として、そして彼らの倫理的な問題意識に動機づけられたものとしても理解できる。

こうした彼らの問題意識が、生産の場に関与するさまざまな生物への配慮、および生産に関して採用されている手法や工夫に最も明瞭に表れているのが、ＢＤ農法を実践している生産者の事例だった。

ＢＤ農法は、オカルティズムの系譜に位置づけられるルドルフ・シュタイナー（Rudolf Steiner：一八六一〜一九二五）の人智学に基づいた有機農法の一種であり、さまざまな生物が活動する農園を天体の運行が影響する全体としてとらえる点を特徴としている。[19]この農法の最も良く知られた実践として、具体的には五〇〇番と五〇一番と呼ばれる調合剤の使用、および独自の暦の適用が挙げられる。五〇〇番の調合剤は雌牛の角に牛糞

ジュラ地方のナチュラル・ワインのラベル。フランス各地のさまざまな品種のブドウを用いて造られたこのワインは、著名な自転車競技と同名の「ツール・ド・フランス」（フランス一回り）と名付けられて、「フランス・ワイン」として販売された。（画像：生産者提供）

ボジョレ地方のナチュラル・ワインのラベル。壮麗なブドウ園の建築物のシャトー（邸館、城館）が描かれた慣行的ワインのものとは対照的に、「走るシャトー」と名付けられたこのワインのラベルには、キャンピングカーとその前で寛ぐ生産者の姿が描かれている。（画像：筆者が撮影し、生産者の許可を得て掲載）

（その農場で飼われている牛の糞が推奨されている）を詰めて、五〇一番の調合剤はシリカを同様に雌牛の角に詰めて、一定の期間、地中で寝かせて作られる。これらの調合剤を用いる際は、極少量を水に希釈して時計回りと反時計回りに攪拌し、この作業をつうじて活力を与えられた液体を畑に散布する。かくして、天体が作用する「エネルギー」の媒体として機能することで、五〇〇番は土中で、五〇一番は地表で作物の健全な生育を助けるとされる。また、天体の運行に基づいて作成された暦では、すべての日が「根の日」、「葉の日」、「花の日」、「実の日」に分類されており、この暦を参照して特定の作業を特定の日に行うことで、前述の「エネルギー」を有効に活用できるとされる[20]（トゥーン、二〇一〇：二）。これらの実践は、天体が関与する「エネルギー」の農作物への作用、および全体としての農場の内部での物質（肥料）の循環を重視している点で、BD農法の特徴を示すものである。

本研究のインフォーマントのなかで、BD農法を実践していたのはD氏、E氏、F氏の三名だったが、他の生産者たちもこの農法に関心を持っていた[21]。ワインの生産の場では生きた存在としてのブドウ樹や微生物などが重要な役割を果たしており、また天体の運行がワインの生産に影響するという認識はすべてのインフォーマントに共有されていたが[22]、こうした認識はこれら三名の説明に最も明瞭に認められた。BD農法では、農園が一つの「有機体」とみなされること、そしてポリカルチャーが推奨されていることを強調するD氏にとって、この農法は土中の微生物やブドウ樹を含む「生きたものを育むこと」に他ならず、彼はワインの生産の他に養牛を営んでおり、それによって得られる牛糞を肥料に用いていた。また、BD農法では農園を「生きたシステム」ととらえることが重要と語るG氏は、この農法の効用は「土壌の生命力」を回復することにあると考え、所有地で穀物を生産し、養鶏と養蜂を営み、またそこに池や森を残すことで、生態系に多様性を確保しようとしていた。E氏の場合は、ポリカルチャーを実践していないが、牛を飼い、その糞を用いた調合剤を使用しており、また畑に植樹し、そこにさまざまな草やカバークロップを茂らせて植生の多様性を維持していた。彼にとっては、この農法では植物および地表と地中のさまざまな生物を世話し、これらが「調和」するように努めることが必要である。かくしてこれら三名は、この農法をとおして、さまざまな動植物や微生物が連関した全体としてのブドウ園を理想的な生産の場として実現しようとしているのである。

こうした生産の場の実現には、生産の経済性や生産物の品質には還元しえない意味がともなっている。E氏にとって、そもそもBD農法を用いるのはワインの品質のためではなく、消費者の「魂のため」であり、品質の向上は結果にすぎない。彼によれば、良質な農産物の摂取は、より多くの「エネルギー」の摂取やより良い思考につながり、ひいては良い人間関係につながる。あくまでこの農法の「技術的な側面」ではなく、「スピリチュアルな側面」に関心があるE氏の語る「エネルギー」は、BD農法で考えられている天体が作用する「エネルギー」であると思われる。ブドウ園における生物への配慮とそこで実現する生物間の「調和」には、こうした「エネルギー」の作用がともなっており、最終的にこのブドウ園の「調和」は消費者の「魂」に望ましい作用を及ぼす。彼にとってBD農法の実践は、消費者に肯定的な影響を及ぼす倫理的な実践でもある。

E氏と同様に、F氏もこの農法に関して「調和」を重視している。彼にとってBD農法の実践は「自然のなかの調和」を「システム」としての自分の農園で実現することであり、彼はこの「調和（ハーモニー）」を「ポエジー（詩情）」とも表現する。「ポエジー」は、例えばブドウの収穫時に彼が畑で音楽を演奏する際に生じ、収穫人たちのみならずブドウに肯定的な作用を及ぼす。彼によれば、音楽によって労働は喜びに満ちた意欲に促進され、こうした意欲はブドウに良い影響を与えるはずだからである。[23]つまり、「調和」は農園の内部の要素の間に生じる肯定的な作用や関係性を指し、「ポエジー」はその審美的側面を強調した表現と考えられる。そして、この農法ではブドウ畑は生態系のみならず、天体の運行とも関連づけられているため、「調和」あるいは「ポエジー」はブドウ畑への天体の運行のリズムの作用にも見出されうるものと考えられる。この観点からは、ＢＤ農法における天体の運行に基づいた暦の適用には、宇宙（コスモス）の秩序に人間の活動を一致ないし調和させることで、望ましい秩序を「いまここ」に導入しようとする論理、すなわち人類学が儀礼研究で明らかにしてきたものと同種の論理が垣間見られる〔ベル、二〇一七：六〕。

このように考えると、「調和（ハーモニー）」や「ポエジー」という審美的観念は、ワインの生産の場の理想的な状態を表象し、そこで生じていることを認識したり、その認識に基づいて畑や労働する人間などに働きかけたりするのを可能にする役割を果たしていると推察される。本研究のＢＤ農法の実践の事例からは、生産者にとっては農場（ブドウ園）という生産の場を調和した全体としてしかるべく運営することが重要であり、この実践は他者（消費者）への配慮に現れた倫理的次元に加えて、認識論的次元と結びついた審美的次元における意義にも動機づけられていると言えよう。

生産の場にさまざまな生物が関与しており、またそうであるべきという認識、消費者と環境に対する倫理的な姿勢、ならびに天体を含めた生産の場に関わる諸要素の関係性の重視は、全員が有機農法を実践し、またその多くが太陰暦を参照して作業の時期を決めているＢＤ農法を実践していないインフォーマントにも概して該当する傾向と言える。ＢＤ農法は、天体が影響する「エネルギー」を重視し、農場を全体としてとらえる理論によって、これらの傾向を生産者各自が実践において独自に発展させるのを可能にしていると考えられる。

４．考察——個体としてのドメーヌ

ところでシュタイナーは、農産物が生産される場である農場を、「有機体」と「個体」という言葉で表現していた。彼の説明では、これらの言葉によって、とりわけその内部で生産された厩肥が循環する農園の相対的な閉鎖性と、農場内部のさまざまな要素の関係性が含意されていると思われる〔シュタイナー、二〇〇〇：五八、藤原、二〇一二：一八〕。しかし、ワインという農産物とその生産の場との関係に関する本研究の問い、ならびに、前節で確認した生命に関わる実践としてのワインの生産というインフォーマントたちの認識を考慮すると、農場の相対的閉鎖性と諸要素の関係性には還元しえない個体の性質が注目される。すなわち、生産の場が生産物に個性を付与し、この生産の場をさまざまな生きたアクターが構成するという事態を把握するには、個体の特異性（置換不可能な個性）と自律性（行為・活動する能力）という特質に着目することが有用であると思われる。[24]

本研究の事例では、ブドウ園の内部にある生きた要素として、具体的にはブドウ樹を含むさまざまな植物（雑草、木、カバークロップ）、野生酵母や菌根菌などのさまざまな微生物、一部の生産者がその糞を施肥に用いる牛、一部の生産者が耕作に用いる馬、ブドウ樹の受粉に貢献する蜜蜂、労働する人間などが考えられる。これらの要素の存在あるいは不在、組み合わせは事例によって異なり、そうした違いは事例の個性につながっているはずであり、他方ではこれらの要素も厳密には同一ではないため、それぞれが個性を有していると考えられる。E氏は有機農業の実践ではブドウ樹それぞれの個性に合わせて世話をすることが必要であることを強調していた。また生産者の多くは（BD農法を採用していない生産者を含めて）、畑や醸造所の微生物叢はそれぞれの畑や醸造所ごとに異なり、これらの場所での仕事の仕方によっても変化すること、ならびに、微生物叢の違いはワインの味わいに影響することを指摘していた。[25] そして、生産する人間によっても、ワインの味わいは異なる。

このように考えて、ブドウ園を構成する生きた要素に特異性と自律性を認めるならば、これらの性質を個体の特性とみる見地からは、これら生きた要素のそれぞれを個体としてとらえられる。そして同じ特性を生きた要素とものが形成する集合体にも認めると、同じ見地から、個体である生きた諸要素と特定の土地および醸造所が形成する集合体も個体としてとらえられる。一般に、醸造所を含むブドウ園は「ドメーヌ domaine」と言われる。そのため、この集合体を自律性と特異性を備えた個体としてのドメーヌと考えることができる。本研究の結論としては、生産者の実践と言説から考えうるワインが生産され、ワインに個性を付与する場は、制度によって特定のAOCに特有の「土地特性」を具現しているとみなされ、境界を画定された「地理的エリア」ではなく、こうしたさまざまな要素が構成する個体としてのドメーヌである。

ワインという農産物が生産地との強い結びつきを特徴としていることは、これまでにさまざまな論者によって指摘されてきた。例えば麻井宇介は、「文明化」(工業化、生産への科学技術の導入)が早くから進んだビールなどに対して、ワインを「文化の酒」や「地酒」としての性質、すなわちローカルな性質が強いアルコール飲料として特徴づけている〔麻井、二〇一八:七〇二―一四〕。こうした議論と考え合わせると、ワインの特徴や質はテロワールよりもドメーヌの個体性に由来するという本章の結論からは、ナチュラル・ワインはこの農産物に特徴的なローカルな性質がとりわけ顕著に現れた種類のワインであると言えよう。そして本章が描き出したのは、特定の土壌や地形などが構成する自然条件のみならず、自律性と個性を備えた人、動植物、微生物がその形成において無視しえない役割を担っているローカル性のあり方である。こうした生産の場とワインの関係は、テロワールの概念と相関的な原産地表示制度が生産物の商品価値に資するよりも、むしろ生産者にとって拘束となりうるという産地の特徴、および生産者たちが採用している製法のために、明瞭になったと考えられる。

〈注〉

(1) "Beaujolais" の日本語での表記には「ボジョレー」、「ボージョレ」、「ボージョレー」、「ボジョレ」が用いられており、どの表記が最も一般的かは判断が困難なため、本章ではフランス語の発音に最も近いと思われる「ボジョレ」を採用する。

（2）　ワインの原産地の表示に関するフランスの法制度は、この農産物の個性が土壌や気候などの特定の条件に特徴づけられた産地、すなわち「テロワール」と不可分であるという考え方に支えられている。

（3）　二〇〇八年の欧州連合（ＥＵ）のワイン法の改定の際に導入された分類により、以降は〝ＡＯＰ〟（Appellation d'Origine Protégée 保護された原産地呼称）という地理表示の統一名称が用いられるようになったが、フランスでワインに関する原産地呼称の保護に関する法律が一九三五年に制定されて以降用いられてきた〝ＡＯＣ〟の使用も認められている〔蛯原、二〇一九：一七九―八一〕。本章での論述には、前述の改定より前の時代の状況も含まれているため、ＡＯＣで統一する。なお、ＡＯＣの下位の原産地表示である従来の「地酒 Vin de Pays」やそれに対応するＥＵワイン法の〝ＩＧＰ〟（Indication Géographique Protégée 保護された地理的表示）は、本論の事例には関係しないため、本文では言及しない。

（4）　フランスの原産地呼称を管理しているＩＮＡＯ（国立原産地・品質機関 Institut national de l'origine et de la qualité）による定義は、より人為的要素を考慮しているが、同様に「テロワール」を生産物の独自性と典型性の源泉としての具体的な地理的ないしは空間的範囲ととらえている。「その内部において人的コミュニティが歴史をつうじて集団的な生産のノウハウを構築する、境界を定められた空間であるテロワールは、物理的および生物学的環境と人的要因の総体の間の相互作用のシステムに立脚している。生産物の独自性と典型性はそこに見出される」（https://www.inao.gouv.fr/Les-signes-officiels-de-la-qualite-et-de-l-origine-SIQO/Appellation-d-origine-protegee-controlee-AOP-AOC）〔二〇二四年二月四日閲覧〕。

（5）　「フランス・ワイン」は、従来のフランスの制度における「テーブル・ワイン Vin de Table」に相当する。

（6）　一九九〇年代からナチュラル・ワインが数多く輸入されてきた日本は、フランスのこの種のワインの生産者たちにとって重要な市場となってきた。

（7）　一般的には、亜硫酸を少量添加したものもナチュラル・ワインに含められている。この種のワインを指すのに、日本では「自然派ワイン」、フランス語を片仮名で表記した「ヴァン・ナチュール vin nature」（混じりけのないワイン）も用いられている（形容詞「ナチュール nature」を用いた類似した表現に、例えば「プレーン・ヨーグルト yaourt nature」や「白飯 riz nature」などがある）。近年、日本では「ナチュラル・ワイン」という表現が広まっていると思われるため、本章ではこれを採用する。

（8）　これらインフォーマントは、前述の意味でのナチュラル・ワインを生産していること、および調査の実行可能性を基準に、ある程度広い世代を含めること、ならびに第3節でとりあげるバイオ・ダイナミック農法の実践者を含めることを考慮して選んだ。現地調査では、それぞれの生産者を訪問して、畑と醸造所を見学し、インタビューを実施した。

（9）　こうした傾向がみられたのは、この農法で用いられている用語や説明が、ワインが生産される場について思考し、発話するのに役立つイディオムのように機能しうるためと推察される。詳しくは、本章の第3節後半と第4節での議論を参照されたい。

（10）　ボジョレ地方の二〇二一年のワイン生産に関するデータは、地域の業界団体 Inter Beaujolais が発行する電子媒体の冊子 *Le Beaujolais, expression d'un vignoble* を参照した。

（11）　これら一九九〇年代に関する数値は、Garrier〔二〇〇二〕を参照した〔同：一一三―四〕。

（12）　UIVB（Inter Beaujolais の旧名）発行の資料と前述の Inter Beaujolais 発行の資料を元に、筆者が集計した数値による〔UIVB, 199; Inter Beaujolais〕。

（13）　ナチュラル・ワインおよびその製法と対照して、従来の農薬や添加物を用いて生産されたワインとその製法は「慣行的な conventionnel」と形容される。

（14）　本研究のインフォーマントの事例（生産量が極めて少なく、輸出していないC氏の事例を除く）では、全生産量のうち輸出の占める割合は五〇％～九〇％だった。生産量の九〇％を輸出しているG氏によれば、国外での需要は大きく、ワインは常に不足しているという。なお、ボジョレ地方全体では二〇二一年に輸出が占めた割合は三五％である〔Inter Beaujolais〕。

（15）　インフォーマントを選定する際に、筆者はAOCを考慮しなかったが、結果的に一名を除く全員が「ボジョレ」と「ボジョレ・ヴィラージュ」の畑のみを用いる生産者となった。この偏りに関しては、現地調査において最初のインフォーマントの居住地がこれらAOCのエリアに位置していたために、その付近が筆者の調査の起点になったことが、その後のインフォーマントの選定に影響した可能性が考えられる。しかし、その周辺にもクリュの畑が存在していたこと、ナチュラル・ワインの生産は概してボルドーやブルゴーニュといった国際的に名声の高い産地よりもマイナーな産地で発展してきたこと、ならびにこの種のワインの生産を始めたことが転機になったA氏の事例を考え合わせると、前述のナチュラル・ワインの定義に合致する生産者という基準のために、地域のなかで商業的価値の低いAOCの生産者が多くなったとも推測される。

（16）　例外は兼業でワインを生産しているC氏であり、彼の場合は生産量が極めて少ないために、認証の取得は容易であるという。

（17）　硫酸銅と石灰の混合によりつくられる、殺菌効果のある農薬。

（18）　ほとんどのインフォーマントは、「AB（Agriculture Biologique）」や「デメター（Demeter）」などの有機農法の認証を取得している。

（19）　本章でのBD農法の説明は、現地調査で得られた情報の理解を目的としている。概してフランスにおけるワイン生産の文脈では、この農法の普及に貢献した人物として、マリア・トゥーン（Maria Thun）、ピエール・マッソン（Pierre Masson）、ニコラ・ジョリー（Nicolas Joly）が知られている。本研究のインフォーマントたちは、シュタイナーの著作の他に、これら紹介者の著作や研修、および地域の組合の活動をとおして、この農法を学んでいた。

（20）　BD農法の有効性は科学的に十分に実証されているわけではない。フランスのローヌ地方でのナチュラル・ワイン生産の実績があり、現在は岡山県でこの種のワインを生産している大岡弘武は、「果実の日」とそれ以外の日に瓶詰めをした場合では明らかにワインの味に違いがあったため、「月や天体の動きを見て」この作業を行う日を決めているという。他方で彼によれば、こうした違いが天体の影響によるものかは実証できず、ワイン生産への科学的アプローチには限界がある。ワインの味と人の身体は変化し続けており、またワインの生産にはさまざまな微生物が関与しているために、同一の過程を再現することは不可能だからである〔大岡、二〇二一：二〇八―九〕。

（21）　フランスにおけるワイン生産の文脈では、ＢＤ農法は有機農法をさらに押し進めた農法としてとらえられる傾向がある。ＢＤ農法を批判的に論じた日刊紙『ル・フィガロ』の記事（二〇二一年九月一七日付）の「往々にして『オーガニックよりもオーガニック』と認識されているが、ＢＤ農法は実際には科学よりも魔術に近い」という論評は、こうした傾向の存在を裏づけている（https://www.lefigaro.fr/sciences/forces-cosmiques-rituels-esoteriques-et-etres-surnaturels-ce-qui-se-cache-derriere-les-vins-biodynamiques-20210917〔二〇二三年一〇月二九日閲覧〕）。

（22）　ＢＤ農法を採用していないほとんどの生産者も太陰暦を参照し、月の満ち欠けを考慮して作業の日取りを決めていた。

（23）　人の意思や感情がブドウに影響するというＦ氏の考えは、水や水を含むものは言葉や意思に反応するという江本勝の主張に影響を受けている〔江本、二〇一一〕。著作がフランス語に翻訳されている江本の主張は、植物への音楽の影響を説くジョエル・ステルネメール（Joël Sternheimer）の「プロテオディ」の理論とともに、多くのインフォーマント（ＢＤ農法を採用していない生産者を含む）の間で知られており、ブドウ樹やワインに音楽やラジオを聞かせる実験を試みる生産者も確認された。こうした主張や理論への生産者たちの関心は、ブドウやブドウ樹、さらには醸造中あるいは熟成中のワインに対しても生き物あるいはそれに類する存在として接する彼らの姿勢を反映していると考えられる。実際のところ、ナチュラル・ワインは生産者と愛好家から「生きたワイン vin vivant」と言われることがある。Ｄ氏は好んでこの表現を用いており、その理由を尋ねたところ、ナチュラル・ワインが瓶詰め後も慣行的ワインより大きく変化することを挙げていた。

（24）　個体性の概念については、個体を動的過程にあるものとしてとらえるフランスの哲学者バリバール（Etienne Balibar）のスピノザ論における議論を参照した〔Balibar、一九九六〕。

（25）　こうした影響の指摘は、発酵のコントロールのために殺菌効果のある亜硫酸を使用せず、培養酵母を添加しない彼らの醸造法と無関係ではないであろう。

〈参考文献〉

麻井宇介『麻井宇介著作選』、イカロス出版、二〇一八年
江本勝『水は答えを知っている』、サンマーク出版、二〇一一年
蛯原健介『ワイン法』、講談社、二〇一九年
大岡弘武『大岡弘武のワインづくり』、エクスナレッジ、二〇二一年
大橋建一『自然派ワイン』、柴田書店、二〇〇四年

シュタイナー、ルドルフ『農業講座』新田義之他訳、イザラ書房、二〇〇〇年
トゥーン、マリア『マリア・トゥーンの天体エネルギー栽培法——進化したバイオダイナミック農法実践本（新装版）』前原みどり訳、ホメオパシー出版、二〇一〇年
福田育弘『自然派ワインを求めて——日本ワインの文化学』、教育評論社、二〇二三年
藤原辰史『ナチス・ドイツの有機農業』（新装版）、柏書房、二〇一二年
ベル、キャサリン『儀礼学概論』（木村敏明・早川敦訳）、仏教出版、二〇一七年
山下範久『ワインで考えるグローバリゼーション』、ＮＴＴ出版、二〇〇九年

Balibar, E. «Individualité et transindividualité chez Spinoza », *Architectures de la raison*, François Moreau (éd.), EMS édition, pp. 35-46, 1996

Garrier, G. *L'étonnante histoire du Beaujolais nouveau*, Larousse, 2002

Inter Beaujolais, *Le Beaujolais, expression d'un vignoble.* https://carnet.beaujolais.com/fr/〔二〇二三年一〇月九日閲覧〕

Iommi-Amunategui A. *Manifeste pour le vin naturel,* Éditions de l'Épure, 2015

Iommi-Amunategui A. *et al., Glou guide 3 : 150 nouveaux vins naturels exquis à 15 euros maxi,* Cambourakis, 2020

Lecoutre, M. *Atlas historique du vin en France - de l'Antiquité à nos jours*, Autrement, 2019

UIVB (Union Interprofessionnelle des Vins du Beaujolais) *Beaujolais : données d'économie 99*, UIVB, 1999

有機農業と出会うとは――「さんだオーガニックアクション」の実践――

縄手望未

1. 日本における有機農業

地球温暖化や生態系の破壊などさまざまな環境問題が深刻化する近年、有機農業が持続可能な農業として有望視されている。国際有機農業運動連盟（IFOAM）によると、「有機農業は、土壌・自然生態系・人々の健康を持続させる農業生産システムである。それは、地域の自然生態系の営み、生物多様性と循環に根ざすものであり、これに悪影響を及ぼす投入物の使用を避けて行われる。有機農業は、伝統と革新と科学を結び付け、自然環境と共生してその恵みを分かち合い、そして、関係するすべての生物と人間の間に公正な関係を築くと共に生命（いのち）・生活（くらし）の質を高める」〔IFOAM、二〇一八〕と定義される。これは、有機農業者が大切にしてきた理念と農法の両面に触れられており、真に持続可能な社会の実現をめざす有機農業の定義として現時点での到達点を示したものとされる〔澤登、二〇一九：一四―一七〕。本章では、有機農業の定義としてこれを用いると共に、「オーガニック」など有機農業に類似した言葉に関しても、共通する意味があると捉えられる場合は有機農業と同一あるいは同類とみなす。

日本においては、一九六〇年代より農薬公害問題を背景に安全な農産物が求められるようになり〔西村、二〇一六：二九〕、一九七一年、食品公害や農業の近代化（化学農薬、化学肥料、機械の導入など）への問題意識から日本有機農業研究会が成立された。一般的にこれが日本の有機農業運動の萌芽とされるが、戦前からの食養生の系譜やヒッピーカルチャーの影響、宗教的理念を背景とした独自の活動などが間接的かつ相互に影響し合いながら有機農業の流れを形成してきたと捉えられる〔波夛野、二〇一九：二一―二二〕。こうした農業および農法転換に向けた運動は、近代的社会システムを根底から問い直す視点を得て、生産現場と消費をつなぐ仕組みの変革を求める農業者と消費者の相互変革運動へと高められていく〔桝潟、二〇一九：一八〕。一九七〇年代初頭からは、生産者と消費者が直接的に結びついて農産物の売買をおこなう産消提携の活動が始まる。一九七八年には、日本有機農業研究会が「提携の一〇か条」を確立し、当初都市部で展開していた活動が一九八〇年代中ごろから全国に広がっていった。当時の産消提携の実践は三〇〇事例前後であろうと推測されている〔波夛野、二〇一九：二二〕。このように、日本の有機農業運動はその草創期に、「安全な食べもの」を手に入れるために農産物を「商品化」せず共同購入する市場外流通の形を選んだ。しかし、このころはまだ有機農業の定義や原理、農法について明らかにされないまま、提携を旗印に有機農業運動が広がったため、一般流通では「有機農産物」表示が氾濫し社会問題にもなった[1]。二〇〇〇年には、有機農産物流通における表示の混乱に対処するため、食品認証と表示規制をはかることを第一義とした検査認証制度（以下、有機ＪＡＳ認証）がＪＡＳ法改定によって導入される。こうして有機農産物流通の市場化および多様化が促進され、不特定多数の消費者がスーパーなどでも有機農産物を購入できるようになった。また二〇〇六年には有機農業推進法が施行され、国レベルの有機農業関連政策、制度の整備が進んだ〔桝潟、二〇一九：一八―二〇〕。

一方、二〇〇九年度から二〇二〇年度までの有機ＪＡＳ認証を取得した[2]農家戸数をみると、二〇一一年度には四〇〇〇戸を超えたものの、その後は三六〇〇〜三八〇〇戸の間を行き来しており、全体としてほぼ横ばいである〔農林水産省、二〇二二ａ〕。また有機農業の取組面積は、有機ＪＡＳ認証を取得している農地と取得していない農地を合わせると、二〇一一年度の一九、四〇〇ヘクタールから二〇二一年度は二六、六〇〇ヘクタールに増加しているが、日本の耕地面積全体に占める割合でみると〇・四％から〇・六％へと微増したにすぎず、日本における有機農業の停滞を示している〔農林水産省、二〇二三〕。

この現状の背景については、地域条件や捉え方によってさまざま議論されており一概にはいえないが、生産者、消費者を問わず有機農業に関わる人がいまだ少ないことが大きく影響していると考えられる。二〇二一年度に農林水産省が実施したアンケート調査結果からは、有機農業者が取組面積を縮小する際の理由について、「人手が足りない」が最大であり、次いで「栽培管理に手間がかかる」が多くなっていると共に、調査対象者の約半数がこれらの理由を選択していることがわかる〔農林水産省、二〇二二ｂ〕。また、同省が二〇一七年度に国内の一般消費者を対象におこなった有機食品マーケットに関する調査（以下、有機マーケット調査）では、消費者の五四・八％が有機食品をほとんど利用（購入および外食）しておらず、週一回以上利用する者は一七・五％であることが明らかとなっている〔農林水産省、二〇一八〕。有機農業に取り組む生産者が少ない要因としては、農薬、除草剤、化学肥料を使用しないために除草や害虫駆除などが必要となり、農作業に対する負担が大きいことや、高齢化、生産技術の習得が困難であることなどがあげられる。消費者については、まず有機やオーガニックという言葉の具体的内容などに関する理解が十分に浸透していない可能性がある。[3] また有機農業に関する知識を有していたとしても、不安定な経済状態におかれている人々は、比較的価格の高い有機農産物を購入することが難しいだろう。[4] 消費者は、有機食品に対し「安全・安心」で「健康によい」「環境にやさしい」とのイメージを抱いているものの、「適正な値段と思うが、自分の予算と比較して値段が高い」と捉えている場合が多い様子もうかがえる。(5) これらをふまえると、有機食品はいわゆる「一部の経済的に余裕のある意識の高い人たち」〔望月、二〇二一：一四三〕のものとみなされているといえよう。こうした日本における有機農業の拡大を制約している要因の中には、生産者のみが有機農産物栽培に携わり、消費者は生産者を買い支える存在であるという、資本主義的概念を前提としたものが多く見受けられる。持続可能な食と農の未来に向け、日本において有機農業を広げていくためには、生産者と消費者という区分にとらわれることなく、有機農業に関心を持ち、関わろうとする人を増やしていく必要がある。また人が行動を変える際には、何らかのきっかけによる価値観の転換が伴うと考えられる。人々が有機農業と多様な形で出会い、それが人間と自然の関係に関する価値観の転換〔以下、「価値転換」〕を促すことや、地域において有機農業が広がっていく草創期に、「初発のキーパーソン」ともいうべき人物が「価値転換」による広がりを生み出していったことが指摘されている〔谷口、二〇二三：三二〕。このことから、現代社会における有機農業の展開を考察するに際し、人々が有機農業といかに出会い、それが人々の価値観をどのように転換しているのかを検討する必要があるといえる。

本章では、兵庫県三田市《さんだ》〔以下、三田市〕を中心に有機農業の普及を目的としたさまざまな活動をおこなっている団体「さんだオーガニックアクション」〔以下、本文中で用いる場合のみ、さんだOA〕を対象とする。そして彼らの実践と言説をふまえ、人々と有機農業が関わりを持つ過程に言及したうえで、有機農業が人々の価値観に及ぼしうる影響を明らかにする。またこの試みを通して、現代日本社会における有機農業の新しい展開について考察していきたい。

本論で用いるデータは、二〇二三年三月ならびに七～八月におこなった、三田市職員への聞き取り調査、さんだOAの活動への参与観察、さんだOA初代代表、現代表および副代表者〔以下、代表者ら〕への聞き取り調査によって得たものである。さんだＯＡは二〇二一年より活動を開始したことから、活動拠点である三田市は現在有機農業普及の過渡期を迎えていると推察される。また、聞き取り調査を実施した代表者らは、半農半Ｘとして自給自足的な生活を営みつつ、生産者・消費者を問わず幅広い対象に向けた有機農業普及活動をおこなっている。以上より、当該団体を調査対象とすることで、資本主義が生みだした「生産」と「消費」という区分のみにあてはまらない、有機農業展開の最近の動態をより鮮明に把握できると考えられる。

2. さんだオーガニックアクションの活動

さんだＯＡの活動拠点である三田市は、兵庫県南東部に位置し、人口約一〇七、七三〇人、総面積約二一〇・三二平方キロ《メートル》の市である（二〇二三年四月現在）（図２―１）。神戸市市街地より約二五キロ《メートル》、大阪市より三五キロ《メートル》と近畿圏の都心から五〇キロ《メートル》圏内にあり、郊外都市としての側面を持つ。市域は三田盆地に位置し、北西から南東に貫流する武庫《むこ》川やその支流の河川流域には農用地帯、武庫川南端には中心市街地が広がり、武庫川右岸の丘陵地には新興住宅地が形成された田園都市である。気候は瀬戸内海性気候に属し温暖であるが、盆地状の地形から内陸的な特性が強く、最低気温が低い、昼夜の寒暖差や霧が発生しやすいという特徴を持つ（三田市、二〇二三ａｂｃ、二〇二三ａｂ）。こうした独特の気候、六甲山系の澄んだ水と空気、清流がもたらす肥沃な土に恵まれ、市ではさまざまな農産物が育てられている。中でも米は、市の総面積の約一割に相当する約一二〇〇《ヘクタール》の田で年間約五九〇〇〇《トン》生産されており、兵庫六甲農業協同組合（以下、ＪＡ兵庫六甲）地域内（神

図２―１　三田市の位置（Map-It マップイット（c）をもとに筆者作成）

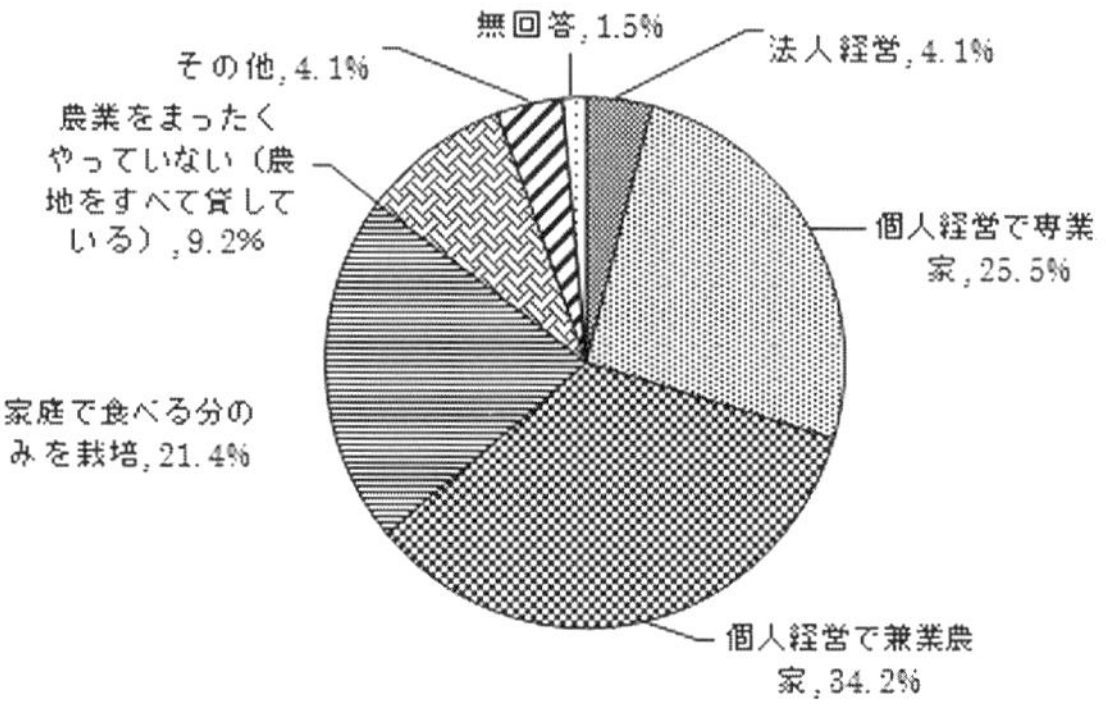

図2―2　三田市農業者農業経営の形態（三田市（2022b）（『第5次三田市農業基本計画』をもとに筆者作成）

戸市、芦屋市、西宮市、尼崎市、伊丹市、川西市、宝塚市、三田市、猪名川町）で最も高い生産量を誇る。米以外にも、牛肉やうど、山の芋など多くの特産品の産地となっている。その他、イチゴやブルーベリー、黒大豆枝豆の観光農園や北部には「母子茶」を生産する茶畑がある（三田市、二〇二二a、JA兵庫六甲、二〇二三）。農業経営体の特徴として、一ヘクタール未満の小規模農家が全体の約六割を占め、経営形態については「個人経営で兼業農家」が全体の約三分の一を超えていることがあげられる（図2―2）。

三田市では、これまで有機農業の取り組みがまったくみられなかったというわけではない。一九九一年、有機農業に取り組む生産者と安全な食べ物を求める消費者により「食生活を考える会」が発足された。会員（約七〇名、このうち生産者が一〇名）は、入会金や商品セット代金などを支払うことで週に一度から野菜などを宅配にて受け取れると共に、畑見学や収穫祭などの年間行事にも参加することができる（二〇二二年時点）。さらに二〇〇〇年以降、有機JAS認証を取得して野菜や果樹をつくったり、CSA[6]を実施したりする農業者らが現れるなど、有機農業普及に向けた基盤は構築されてきたといえる。一方、市が公表している統計によると、二〇二〇年時点では農業経営体の経営耕地面積一六一六ヘクタールに対し、環境保全型農業[7]の有機農業取組面積（以下、取組面積）は五・三ヘクタールであり、全経営耕地面積の約〇・三%となっている（三田市、二〇二三b：五、一七）。これはあくまで統計データであり、多様な有機農業の実態を正確に表すものではないが、市において有機農業が浸透しているとは言いがたい。この状況をふまえ、市は二〇三一年度に取組面積を五〇㌶とすることを目標に、二〇二二年度より「第五次三田市農業基本計画」を策定した。しかし、これに基づく具体的な農業者向け補助事業の対象は、「有機ＪＡＳ認証を受け、農地面積を拡大（する者）」（二〇二二年時点）と極めて限定的に設定されており（三田市提供資料）、有機農業の農業生産の量的拡大を目的とした支援体制にとどまっている。

本調査対象のさんだＯＡは、初代代表（聞き取り調査時は相談役）の塚口裕子氏（以下、塚口氏）、代表の前田渉氏（以下、渉氏）、副代表の前田奈穂氏（以下、奈穂氏）が中心となり、三田市を拠点として有機農業普及活動をおこなう団体である。

初代代表を務めた塚口氏は、有機農業の推進にあたり、学校給食への有機農産物導入（以下、有機給食）が有効であると考えていた。そこで自身がシニアマネージャーを務める洋菓子店の三三周年記念イベントとして、二〇二一年一月、有機給食に関わる支援活動をおこなっている元農林水産大臣の山田正彦氏を招き、氏がプロデュースした映画の上映会と講演会を開催する。その際、「三田市をオーガニックな街にしたい、有機給食を実現したい」という志をもとに市民団体を立ち上げることを宣言した。このイベントに参加していた渉氏と奈穂氏（以下、前田夫妻）がイベント終了直後、僕たちもできることがあれば協力したいと塚口氏に声をかけたことがさんだＯＡ誕生のきっかけとなった[8]。

さんだＯＡの組織構成の特徴として、前田夫妻の「人を囲い込むということに違和感があり、各々がやりたいことに取り組み、応援し合い、互いに目を配り合う自主性・自律性を重視したい」という考えのもと、会員を設けず会費も徴収していない点があげられる。基本的に各プロジェクトやイベントごとに、関心のある人が誰でも自由に参加できる。なお、公式Facebook上のグループメンバーは約一六〇人、主軸としている「田んぼプロジェクト」（以下、本文中では田プロ）連絡用ＬＩＮＥのグループメンバーは約六五人である（二〇二三年八月時点）。

実施年月	取り組み内容など
2021 年	●田んぼプロジェクト開始
11 月	●さんだ地域食堂開始
2022 年	●畑で大豆から味噌づくりプロジェクト開始
5 月	さんだ未来の食トーク連続講座第 1 回：元気な心と体のために知っておきたい「食」の真実 ＊ネオニコ研究最前線＊ 開催
7 月	さんだ未来の食トーク連続講座第 2 回：地域の“農”とこどものために三田だからできること ＊コウノトリがつなぐ未来＊ 開催
10 月	さんだオーガニックフォーラム：映画『食の安全を守る人々』上映会兼山田正彦氏講演会開催
11 月	●三田地域に適した有機米栽培を学ぶ 西村いつき氏の有機米栽培講座開催
2023 年	
3 月	●さんだ地域食堂休止 ●三田地域に適した有機米栽培を学ぶ 西村いつき氏の有機米栽培講座開催 ●さんだオーガニック給食 DAY! 開催

表 2—1　さんだオーガニックアクション活動内容
(聞き取り調査結果およびさんだ OA ホームページより筆者作成)

活動資金は、プロジェクトやイベントで得た参加費および募金などの収益と、助成団体からの補助金でまかなわれている(9)。

さんだOAでは、これまで主に①田プロ、②「畑で大豆から味噌づくりプロジェクト」、③「さんだ地域食堂」(二〇二三年八月時点では休止中)、④講演会や映画上映会、⑤有機米栽培講座、⑥「オーガニック給食DAY!」の六つの活動をおこなってきた(表2—1)。まず、さんだOAの中心的な取り組みとして、有機稲作体験を提供する①がある。具体的な取り組みは、前田夫妻が地域の農家より借り受けた約六・一アールの田において六月の田植えや一〇月の稲刈りをはじめ、年間予定(表2—2)にそって週に一度の頻度で参加者を募り作業をおこなうものである。収穫した米は収量と参加者数に応じて分配される。参加費用などの仕組みについて、初年度と二年目は田植えと稲刈りのみ五〇〇円徴収し、その他の活動は自由に参加できるようにしていたが、草取りなど週に一度の作業への参加者が少なかった。そこで三年目となる二〇二三年度は、年会費一世帯三〇〇〇円とし、田植えと稲刈りだけでなく年間を通して各人が参加可能な作業に取り組みやすいようにしている。また、テントを建てて日陰をつくったり、音楽を流したり、駐車場や飲食物を準備するなど、農作業に馴染みのない都市住民でも楽しみながら参加できるよう工夫がなされている(図2—3、九八ページ)。宣伝は公式HP

やFacebookなどのＳＮＳでおこなう他、市の観光協会やカフェなどにチラシを設置しておこなっている。イベント参加者数は初年度から三年目にかけて約二〇名増加しており、二〇二三年度田植え時には〇歳から小学校低学年までの子どもとその保護者を中心に約六〇名が集まった。また初年度は三田市内からの参加が多かったが、三年目となる二〇二三年度田植え時は、神戸市西区や西宮市など近隣地域からの参加が半数を占めた（表2―3）。このことから、三年間の活動を通し、活動に対する認知度上昇と地域における有機農業の普及が着実に進行している様子がうかがえる。また、通年でおおむね週に一度おこなわれている代表者らと参加者共同での農作業時には、子どもたちが泥だらけになりながら遊び、生き物とたわむれたり、年齢や性別、目的のさまざまな参加者同士が個人の悩みごとから市政に関する事柄まで多様な話題について語り合う姿がみられた（図2―4、九八ページ）。②は、大豆の有機栽培から米麹の製造、それらを合わせた味噌仕込みまでの工程を参加者と共同で実施するものである。参加費は、味噌三キログラム分の材料費を含み年間四〇〇〇円となっている。③は、地元産野菜や廃棄食料の活用を通し、人々の心身の健康に貢献することを目的として、毎月最終日曜日に開催されていた。田プロで育てた米、三田市の放置竹林整備活動で生産された竹炭パウダー、地域のスーパーおよび直売所で廃棄される食材を活用した定食を提供すると共に、子ども向けの紙芝居などで食育や環境教

実施月	活動内容
3月	耕運・緑肥播種
4月	ぼかし堆肥づくり
5月	代掻き・あぜ塗り
6月	田植え・水管理
7月	草取り・草刈り
8月	中干し・草刈り
9月	稲木準備・草刈り
10月	稲刈り・はざ掛け・脱穀
11月	収穫祭

表2―2　田んぼプロジェクト年間予定
（さんだOA提供資料より筆者作成）

	2021年	2022年	2023年
参加者数（田植えおよび稲刈り時）	30～40名	40～50名	60名
参加者出身地	三田市中心	三田市50％近隣地域（神戸市・西宮市・宝塚市など）50%	三田市50％近隣地域（神戸市・西宮市・宝塚市など）50%
収穫量	約120 kg	約300 kg	――

表2－3　田んぼプロジェクト参加者および収穫量の変遷
（聞き取り調査結果より筆者作成。2023年は、田植え時のみの数値を示す）

図2―3　活動風景（さんだOA提供資料）

図2―4　泥遊びをする子どもたち（さんだOA提供資料）

育をおこなってきた。料金は各人が決定する募金制である。高齢者から子どもまで毎回約三〇名の地域住民が集い、常連となった子どもたちは食器運びやお茶くみなど食事の支度を積極的に手伝っていたという。④は、各分野の専門家を招き三回にわたって開催された。それぞれ、神戸大学農学研究科教授としてネオニコチノイド系農薬[10]の研究をおこなう星信彦氏や、「コウノトリ育む農法[11]」を確立し、兵庫県但馬地域においてその普及を先導した西村いつき氏らが登壇し、農業における生物多様性の機能的役割、有機稲作技術、食の安全、農薬による環境汚染などについて、研究結果や事例紹介をふまえてわかりやすく解説した。また映画上映会の際にはマルシェが同時開催されるなど、幅広いイベント参加者が楽しめる工夫が盛り込まれた。⑤は、西村氏を講師に迎え、農家や稲作実践者を対象に実施している[12]。参加費については各講演会および講座とも五〇〇円～一二〇〇円程度である。各会定員に迫る参加者が集まり、地域における有機農業への関心の高まりが示唆された。⑥は、三田市内の保育園において、〇～五歳児約六〇名および職員約二〇名を対象とし、オーガニック食材を導入した給食の提供や、田んぼにおける生物多様性および土壌中の微生物をテーマとした紙芝居、クイズなどの食育プログラムを実施したものである。市で初となるこの有機給食イベントは、地域の有機農家をはじめ、流通業者や加工業者、保育園職員らの協力をもとに実現された。

こうしたさんだOAの活動への参加を通し、参加者らが有機農業と出会ったことで、彼らの農、食および自然と人間の関係に関する価値観に変化があらわれている。まず、⑥「オーガニック給食DAY!」の際には、嫌いな食材や米粒一粒をも残さず完食する子どもたちの姿がみられ、またイベント終了後には保育所職員から「（ある食材を）以前に同じメニューとして出したときは残食が多かったのに、今回は残食が少なくてびっくりした」との感想が聞かれたという。こうした食育プログラムが、子どもたちに食物がさまざまな生物の営みの連鎖によって育まれた命の結晶であるとの認識を芽生えさせ、食物を大切にすることへの理解を促すきっかけとなりうることは、これまでの食育を推進する活動においても重視されてきた点である。また、実食によって有機農作物のおいしさを感じとったことで、嫌いな食物をも受け入れてみようという価値観の転換が促されたとも考えることができる。次に、①田プロの参加者には、農作業によって自然と触れ合うことで子どもの反応が変わるため、また連れていきたいと話す保護者が多いという。この点について前田夫妻は、田んぼで生き生きと活動する子どもの様子が、保護者に自然の重要性をみつめなおすきっかけを与えてくれているのではないかと指摘する。つまり、食を入り口に有機農業を五感で感じとれる体験活動を通して子どもたちがみせる本能的な反応が、周囲の大人の自然と農に関する価値観を変容させたのである。このことは、子どもたちの保護者である四〇〜五〇歳代の参加者による、「初めて田んぼに入った」、「毎日食べているお米だけど、それができる過程は意識することもなかったが、田植えや稲刈り、除草などの仕事を経ていたなんて驚きだ」との感想からも読みとれる。このように、子どものための学習機会を求め同伴者として参加した保護者らは、活動を共にする中でまなざしを変化させ、生産の現場へと思いを馳せるなど、食や農についてより立体的に思考を深めようとしていることがわかる。そしてこれらの価値観の転換は、地域における具体的な有機農業の広がりへとつながっている。例えば、田プロに開始初年度から参加していた西宮市在住のA氏は、田んぼで子どもたちと過ごす時間に幸福感を抱いたことから、二〇二三年度より三田市内で米作りを開始した。地主が寝たきりの状態となってしまった土地を二四アール借り受け、塚口氏と共同で有機稲作をおこなっているという。

　このような実践活動とは別に実施される④講演会は、持続可能な農業のあり方および環境保全についての知識共有を目的としている。これにより成人を対象とした価値観の転換に影響を与えると共に、その変化が地方自治体への有機農業の浸透を促している。これまでおこなわれてきた講演会には、毎回各会派より一〇名前後の市、県、国会議員などの参加があった。その結果、講演会に参加した議員らが、市議会の一般質問において有機給食の導入や農薬の使用方法などについて複数回採りあげている。その質問内容[13]より彼らは、有機農業および特にネオニコチノイド系農薬に関する最新の研究知見に触れたことで、国の農薬規制に対する現状や有機農業普及に向けた取り組みについての問題意識を持ったことがわかる。そして、生産者支援や消費者理解の推進、有機学校給食の必要性を切実に受け止め、より緊迫感を持ってこれらの実現に取り組もうと発言している姿勢が認められた。こうしたなか、二〇二三年四月には、三田市学校給食運営協議会によって「三田市学校給食のあり方について」（答申）がまとめられている[14]。そこには、市負担で学校給食への有機食材を導入する方針が明記され、市をあげて学校給食への有機食材導入に向けて取り組む必要性が指摘されている〔三田市学校給食運営協議会、二〇二三a〕。その他、市が一〇年後にめざす姿とその実現のために市民や事業者および団体など、行政の実践を示した「第五次三田市総合計画」において、「里山・自然の保全」、「持続可能な環境づくり」が掲げられた。また「食育の推進」の項目では、「環境にやさしい農業への理解を深め、食が持続可能なものとなるよう啓発を行う」と明言されている〔三田市、二〇二三c〕。これらの動きと、さんだOA活動参加者にみられる人々の価値観の変容との相関を指摘することはできないが、三田市周辺地域において有機農業推進に向けた気運が高まってきている様子はうかがえる。

以上より、まずさんだＯＡの活動の特徴として、有機稲作体験の提供を核とし、講演会や地域食堂の開催、有機給食の実践など多様な形で活動を展開している点と、会員制度を設けず、理念や活動内容に共感する誰もが比較的安価な費用で参加可能な点があげられる。これにより、年齢や性別、所得などを問わず、生産者、消費者、子どもとその保護者を中心にそれを取り巻く多様な関係者の関心を呼ぶことを可能にしたと考えられる。さらに講座以外の活動内容に関しては、食にまつわる実践（食べる、調理する、食卓の準備をする、作物を育てるなど）をふまえて、人々が自然、農業、農村の現場と親しみながら有機農業と出会うことのできる場が整えられている点に特徴がみられる。そして、多様な人たちがそれぞれの目的を満たすため、自由に選択してさんだＯＡの活動へ参加し有機農業と出会うことで、彼らは食や農、自然と人間に関するさまざまに新たな発見を得て価値観を転換させると共に、有機農業を肯定的に受け入れていた。このような幅広い個人による価値観の転換が、時に連鎖しつつ農業の現場から地方自治体など地域のさまざまな場において有機農業の展開を促しているといえる。

3. 健やかな世界をめざして

それでは、これまでみてきたような有機農業普及活動の企画・運営を担う代表者らは、いかに有機農業と出会い、活動をおこなうに至ったのか。彼らにそのいきさつを尋ねたところ、有機農業との出会いと実践のきっかけは、消費者への倫理的配慮（塚口氏）と心身の不調（前田夫妻）であることがわかった。

洋菓子職人である夫の独立を機に三田市で洋菓子店を開いた塚口氏は、もともと食べ物に関心がなかったが、夫の影響で食品添加物（以下、添加物）など原材料への知識を深める。添加物などを用いて安価に口あたりの良い菓子を作り、高い利益を得ることもできるが、それらの安全性は不透明でさまざまな健康被害を引き起こす懸念があるともいわれている。消費者の未来のことを思うと、添加物などを使用した「不健康になることがわかっている」食べ物を作ることは絶対にできなかった。また製造業者は、農産物の生産者がいてこそ商品を作ることができるため、彼らに対して尊大な態度をとるのではなく、自身も彼らの気持ちや苦労を体感したいと考えていた。そうした思いのなか、店では黒豆を使用した菓子を数多く販売し評判を得ていたため、そこで使用する黒豆を無農薬・無化学肥料で有機栽培してみようと決意する。

次に、神戸市の中心街で生まれ育った奈穂氏は、高校時代に子宮内膜症と診断される。医師によると、子宮内膜やそれに類似した組織（以下、組織）が子宮内のみならず腸など他の臓器に生じる病気であり、徐々に悪化しひどい場合は生理痛で起き上がることもできなくなるが、現代の西洋医学では原因不明とのことであった。治療方法として手術の選択肢もあるものの、組織を取り除ききれないことや再発する場合があるという。手術に抵抗があった奈穂氏は薬を飲みながら治療方法を模索。東洋医学や自然療法を学び、自分がいままで食べていたものの多くに添加物や残留農薬が含まれていたことを知る。これが有機農業の存在を認識する契機となり、持続可能な生産方法を用いた食物を積極的に選択していくきっかけとなった[15]。大学入学後、講義にて多国籍大企業が経営するバナナ・プランテーションでの問題（農薬散布とそれに伴う地域住民の健康被害、深刻な労働問題など）をはじめ、グローバル化社会における国際的な諸問題について学び、衝撃を受ける。その後書籍などを通じ自身が日常的に利用していた安価で便利な商品が製造される過程で、多くの人々の命や健康が脅かされると共に農地や森などの環境破壊がおこなわれていたことを知った。こうしてさまざまな犠牲のうえに自分の生活が成り立っていたことに気がつき、この現状を見過ごせず今後どのように生きていくか悩んでいたところ、唯一やってみたいと思ったことが有機農業などの「持続可能性のある農業」であった。

最後に、環境問題に関心の高い両親のもとで生まれ育った渉氏は、幼少期から田んぼなどに親しんでいた。中学校に進学すると、「環境と平和のための国際ＮＧＯ　ネットワーク『地球村』」（以下、「地球村」）が販売するカセットテープを教材として与えられ、砂漠化、地球温暖化、食料問題などについて学ぶ。将来は「地球村」のようなＮＧＯで働きたいと考えていた。大学入学後の就職活動中に、名もない小さな店が心を込めて作った商品を、インターネットで世界相手に販売することでそれらを大事にしていきたい、という社長の言葉に希望を抱き、インターネット販売システム会社に入社。そこで二年間、ホームページ作成により農家の商品を世界中に紹介するなどし、業務を通じてインターネットでのマーケティングを習得するが、長時間労働と過酷な勤務環境下におかれ、食べ物の味がわからなくなるなど身体的・精神的不調をきたしたため働き続けることができなくなった。その頃、「地球村」のホームページにてＰＣスキルを有する人材が募集されており、すぐに面接を受けて転職を決める。半年後、東日本大震災が発生し被災地支援などの社会運動をおこなう。その後編集記者として、国内外の農家や自然環境保護活動に携わる人々を訪問する機会を得る。そこで出会った人々は、みな身体がたくましく心も強いように思え、彼らに宿る生きる力に憧れを抱いた。そうした人々の中には有機農業を実践している人が多く、化学肥料や農薬を使用せず営む農業が個人や社会を健康にすることに気づき、自分でもやってみたいと考えるようになる。

以上より調査対象者らは、現代社会が経済効率性を重視し、人間の身体と食を利益獲得のための道具とみなして工業化してきたことに対し、生命としての身体が発した拒絶反応と向き合うことにより有機農業との出会いにつながった点で共通している。具体的にいうと、それは病気や不調など受け入れがたい身体感覚を伴って表れてきていると考えられ、そしてこれを治癒および予防すること、すなわち健康な身体を求めて生き方を模索する中で食と農のあり方を問いなおした結果、有機農業の実践に行きついたと解釈できる。

また実践のみにとどまらず、有機農業の推進活動をおこなうきっかけとなったのは、尊敬できる有機農業者らとの出会いや、グローバルに展開する環境保全運動への参加、および国内外の有機農業実践者との交流であった。

塚口氏は、知人から畑一畝を借りて黒豆の有機栽培を始めたところ、大きな実がたくさん収穫できたものの、農薬が散布された隣の畝と比較すると収量は半数程度であった。この経験から本格的に有機農業を勉強したいと考え、有機農業教室に入学する。そこでは、農学博士で日本有機農業学会元会長の保田《やすだ》茂氏らに師事し、有機農業の歴史と具体的な栽培方法を学んだ。なかでも、保田氏による日本での有機農業の展開過程や有機農業の精神に関する講話に感銘を受け、当時七〇歳代後半であった氏が存命中に有機農業を社会に広く定着させたいと考えるようになり、普及活動を始めたという。有機農業普及、活動の足掛かりとして二〇一八年より開催している自然食品マルシェは、現在まで月に一度の頻度でおこなわれている。その他、二〇二二年には市内の有機農家と合同会社を起ち上げて有機米栽培に着手。二〇二三年からは、有機野菜および有機米作りの講習会や、有機給食実現に向けた活動を各地でおこなうＮＰＯ法人の設立準備を進めるなど、積極的に有機農業の普及活動に携わっている。

一方学生時代から海外に興味のあった奈穂氏は、有機農業の実践に向けて国内外の有機農家を訪ね、農作業を手伝いながら会話をするうち、世界の平和を実現するために自分のできることとして有機農業に取り組んでいるという人が数多くいることを知る。また、太陽を浴びて汗を流すことでおいしい農作物が採れ、それを人々と一緒にいただくことに癒しを感じた。こうして、自分も「持続可能性のある農業」を生活の基盤とすることで、思い描く世界の具現化に寄与できるような暮らしをしていこうと決意する。大学卒業後、農業関係のベンチャー企業勤務を経て本格的に有機農業の勉強をするため、二〇一九年より一年半有機農場で研修生として勤める。そこでは農園主により定期的に勉強会が開かれており、有機農産物の生産および出荷過程だけでなく、有機農業の理念や関連する社会状況などを学んだ。二〇二〇年、曾祖母宅がある三田市に移住し自給自足的な暮らしを開始する。八百屋などでアルバイトをしたり、地域の農家のもとで農作業をしたりしながら、現在は借り受けた五〜六アールの畑、約六・一アールの田と自宅の庭〇・五アールにて野菜と米の有機栽培をおこなっている。

『地球村』編集長となった渉氏は、二〇一二年、「国連持続可能な開発会議（リオ＋20）」へ参加し、脱原子力発電を訴え世界中のメディアから取材を受けた。しかし、日本でその様子はほとんど報道されることなく、帰国直後には東日本大震災後初の原発再稼働が決定していた。そこで職を辞して本格的に原子力発電反対運動をおこなうが再稼働を止めることはできず、この経験からまったく異なる方向性で社会問題解決に向き合うことを決め、できるだけ身体に優しい食材を使用して飲食店を営む。大工仕事などを経た後、社会起業家として生活していきたいと考えていたところ、自然栽培に取り組む農家での農作業アルバイトをきっかけに奈穂氏と出会い意気投合した。その後奈穂氏と共に三田市へ移住し、自給的な有機農業と大工・飲食業・庭仕事などの自営業により、近隣の地域住民と関係性を構築しながら有機農業普及活動に取り組んでいる。

こうした経験から得た農業観が彼らの活動の根幹をなしている。特に活動の企画・運営を担う前田夫妻は、環境保全運動などを通じて多くの国内外の有機農業実践者と出会い、「搾取につながらない農業」のあり方を発見したという。それは、生態系の破壊などさまざまな環境問題を招く恐れがあると共に、農業者の心身を顧みずまるで機械の一部であるかのように扱い、自然を産業的・工業的に捉える大規模慣行農業とは異なる。人も自然の一員となり、多様な生物たちを尊重しながら協同で取り組む農業である。また、日本においてこうした農業のあり方を普及させていくことで、欧米化してきた食を日本人に合ったものへと取り戻し、人々の健やかな身体づくりにつなげたいと考えている。さらに、彼らにとって有機農業とその普及活動を実践することは、「平和な社会の創造」に寄与する営みでもある。輸入が途絶えたりインフラが止まったりした際に食物を確保できる環境を整えておくことは重要であり、世界中で各々が自らの手によってこの仕組みを実現することで、皆が満ち足り安心して生活できるようになるはずだからである。このように、さんだＯＡ代表者らの活動実践動機からは、彼らが人間の心身への倫理的配慮に基づいて工業的社会構造に対する問題意識を持ったことを契機とし、有機農業と出会ったことにより、食、農業など人間と自然の関係に関する価値観の転換が促されたことが指摘できる。

4. ひらかれた有機農業への歩み

以上、人々と有機農業との出会いと、その出会いが人々の価値観に及ぼす影響についてさんだＯＡの事例をもとにみてきた。さんだＯＡ代表者らは心身の健康を求めて有機農業と出会い、その後国内外の有機農業実践者らとの関わりを深めるなかで、有機農業の理念に共鳴して食や農業に関する価値観を転換させながら、有機農業と共に生きる歓びや心地よさを見出していた。そしてその自らが実感した有機農業の魅力を幅広い人々と共有すると共に、持続可能かつ平和で豊かな社会を実現するため、各個人が効果的に有機農業と出会える場をコーディネートしている。その際彼らは、会員制度を設けず、可能な限り楽しみを伴った多彩な活動を提案することを重視していた。その実践結果として、参加者は自らの生活に合わせて自由かつ気楽に活動へ参加することができるようになると共に、有機農業をより身近な存在として捉え始めていた。こうして主体的に有機農業と関わった多様な人々が、個々の年齢、性別、立場によって各々に食や農、自然と人間に関する新たな発見を得て価値観を転換させていく。そして、暮らしのなかにおける自然環境（人間を含む）とのつながりを意識し、それらとの関係を育みながら有機農業を受け入れていく様子が示された。

このようにみると、有機農業と出会った人々が、自然・食・農に関する価値観を転換させることによって行動を変革し、時にその個々の変化が周囲の人々の価値観に影響を及ぼすことで、有機農業は社会に波及しているといえる。また本章で採りあげたさんだＯＡは、誰もが個人の生活に合わせて楽しみながら有機農業と関われる場や仕組みを整え、有機農業を人々に開かれたものへと再編することにより、そうした価値観と行動転換の連鎖を創出および拡大する役割を果たしていると考えられる。それが可能となったのは、生産者かつ消費者である彼らが、人々が自然環境と共生し互いを思いやり、支え合うことで生命と暮らしの質を高めていくという有機農業の考え方を重んじながら、多様な参加者の視点に立って活動のあり方を追求してきたからであろう。本調査を通してみえてきたのは、幅広い人々が有機農業と親しみながら価値観と行動を転換し、その連鎖によって広がりゆく有機農業の新たな展開と、それを支える人々の確かな歩みである。

〈注〉

（1）　これをうけ、一九八八年には日本有機農業研究会が有機農産物の定義を公表した。また、一九九九年に同会は生産方法に関する独自基準を制定している〔澤登、二〇一九：一四―一五〕。

（2）　有機ＪＡＳ制度の導入に伴い、「農薬と化学肥料を三年間（果樹など多年生のものは三年）使わなかった農地から収穫された農産物」を「有機農産物」と表示してよいとされた（有機ＪＡＳ認証）。ただし、この認証を得るにあたっては、「第三者認証機関による認証」という条件が設けられているため、農家の自己申告だけでは認められず、専門の認証機関に費用を払って書類を作成し、栽培環境などに関する審査を受ける必要がある〔桝潟、二〇一九、谷口、二〇二三、農林水産省、二〇二二a〕。

（3）　有機マーケット調査結果によると、有機やオーガニックという言葉を知っていると答えた消費者は九〇・九％にのぼるものの、その内訳をみると「言葉は知っていたが、表示に関する規制があるとは知らなかった」が五八・一％、「大体知っていた」が二九・一％を占めており、「正確に知っていた」と答えた消費者はわずか三・七％であったとされる〔農林水産省、二〇一八〕。

（4） 一九九〇年代に進んだ終身雇用制の崩壊により、特に若い世代は非正規雇用など不安定な経済状態に置かれるようになったことで、価格が高い有機農産物を安定して購入する経済力を持てなくなっていると指摘されている〔谷口、二〇二三：一三八〕。

（5） 農林水産省の消費者モニター調査（二〇一六）によれば、「有機（オーガニック）」という言葉から浮かぶイメージは、「安全・安心」と回答された割合が七六・四%と最も高く、次いで「健康によい」（六三・四%）、「環境にやさしい」（五五・〇%）の順であった。また、オーガニック農産物などの購入意向については、「購入したいと思う」と回答された割合が六四・六%と最も高く、次いで「現在、購入している」（一八・〇%）、「購入したいとは思わない」（一七・四%）の順であった。さらに、「オーガニック農産物などを購入したいとは思わない」理由として、五二・三%の回答者が「値段が高いから（適正な値段と思うが、自分の予算と比較して高い）」をあげている。

（6） CSA（Community Supported Agriculture）は、生産者と消費者が連携し、主に前払いによる農産物の契約を通じて相互に支え合う仕組みをいう。産消提携と近い概念であるが、消費者が代金を前払いすることで、天候不順などによる不作のリスクを消費者と生産者の双方が共有する点で異なる。さらに、消費者も援農などにより農場経営に積極的に参加し、互いの暮らしや活動を支え合う点に大きな特徴がある〔唐崎ほか、二〇一二：二五―三七、波夛野、二〇一九〕。

（7） 環境保全型農業とは、農業の持つ物質循環機能を生かし、生産性との調和などに留意しつつ、土づくりなどを通して化学肥料や農薬の使用などによる環境負荷の軽減に配慮した持続的な農業を指す〔三田市二〇二二b：一七〕。

（8） ここでの「オーガニック」とは、以下のように定義される。「生命を育み循環している有機的なつながりを指す言葉であり、農薬や化学肥料を使わず、土の中の小さな生き物たちと力を合わせて作る農業。安心安全で持続可能な農業の呼び方として使用しており、必ずしも特定の認証基準とは一致しない」（さんだOA提供資料およびさんだOAホームページ）

（9） 二〇二二年度は、「一般社団法人アクト・ビヨンド・トラスト」より約五〇万円、二〇二三年度は、「公益財団法人ひょうご環境創造協会」より一八万円の補助金を得て活動している。

（10） ネオニコチノイド系農薬は、主に農産物につく害虫の殺虫を目的として使用されているが、ミツバチの死や神経系への悪影響をもたらすことが明らかとなっている。また、ミツバチのみならず他の昆虫を含めた生態系への悪影響や、人間の神経系への悪影響も懸念されている〔水野、二〇一四：一一一―一二六〕。

（11） 「コウノトリ育む農法」とは、「おいしい農産物と多様な生きものを育み、コウノトリも住める豊かな文化、地域、環境づくりを目指すための農法」を指す〔兵庫県、二〇二二〕。

（12） 但馬地域は、特定の農薬や化学肥料を使用しない注（11）の農法での稲作を通じて、コウノトリがみられるまで生物多様性が生み出されたことにより地域ブランドを確立した。この農法を用いてつくられた米は高値で取り引きされるため、若手農家を中心に同農法に取り組む農家が増加しており、その結果豊岡市では、二〇二五年度より学校給食米を全量有機米に転換することが表明されるほど有機稲作が波及している。三田市においても、但馬地域の事例に学び、有機農業の推進や有機給食の実現につなげることを目的として本講座は開催された。

（13）講演会に参加した議員らによる市議会での質疑の様子は、さんだＯＡホームページより閲覧することができる。

（14）この答申作成にあたっては、三田市立幼稚園、小学校、中学校、特別支援学校の園児・児童・生徒の保護者を対象としたアンケート調査が実施され、その結果をもとに学校栄養教諭など関係者による議論が重ねられている。

（15）奈穂氏はこれを機に食事に気を配り始めた。その後、八年間飲み続けていた薬の服用を中止し、それから五年以上経つ現在痛みはなく、二〇二三年には第一子を出産している。

〈参考文献〉

ＩＦＯＡＭ「Definition of Organic Agriculture」（https://archive.ifoam.bio/sites/default/files/page/files/dooa_japanese.pdf）〔二〇二三年九月一八日閲覧〕二〇一八年

唐崎卓也・福与徳文・坂根勇・石田憲治「ＣＳＡが地域に及ぼす多面的効果と定着の可能性」『農村生活研究』五六―一、二〇一二年

澤登早苗「定義と原則」澤登早苗・小松崎将一編著『有機農業大全――持続可能な農の技術と思想』コモンズ、二〇一九年

三田市「三田米の豆知識」（https://www.city.sanda.lg.jp/soshiki/19/gyomu/4/kanko_joho/3582.html）〔二〇二三年九月一九日閲覧〕二〇二二年ａ

三田市『第五次三田市農業基本計画』、二〇二二年ｂ

三田市「市の概要」『三田の都市計画』（https://www.city.sanda.lg.jp/soshiki/34/gyomu/seisaku_keikaku/toshi_keikaku/3255.html）〔二〇二三年九月一九日閲覧〕二〇二二年ｃ

三田市「三田市の情報（位置、面積、人口）」（https://www.city.sanda.lg.jp/soshiki/2/gyomu/kids/127.html）〔二〇二三年九月二八日閲覧〕二〇二三年ａ

三田市「（1）三田市の特徴【ア】地理的・自然的特性」『第五次三田市総合計画』三田市、一四、二〇二三年ｂ

三田市『第五次三田市総合計画』（http://sv_pc.ecocat-cloud.com/lib/ecolab/export/d57916d4_62554139/book.html?bid=2673&startpage=1&url=http://sv_pc.ecocat-cloud.com/&key=fe71e4bff71c812b1b2d151dc48ef6c5&callback=afterComp）〔二〇二三年九月二〇日閲覧〕二〇二三年ｃ

三田市学校給食運営協議会「三田市学校給食のあり方について（答申）」（https://www.city.sanda.lg.jp/material/files/group/69/toushinsyo.pdf）〔二〇二三年九月二〇日閲覧〕二〇二三年ａ

ＪＡ兵庫六甲「特産品」（https://www.jarokko.or.jp/food/speciality/）〔二〇二三年九月一九日閲覧〕二〇二三年

関根佳恵「国連の『家族農業の一〇年』がめざすもの」小規模・家族農業ネットワーク・ジャパン（ＳＦＦＮＪ）編『よくわかる 国連「家族農業の一〇年」と「小農の権利宣言」』農山漁村文化協会、二〇一九年

谷口吉光編著『有機農業はこうして広がった 人から地域へ、地域から自治体へ』コモンズ、二〇二三年
西村いつき「有機農業の担い手形成に関する一考察——H県TG地方における事例研究から」神戸大学大学院人間発達環境学研究科博士論文、二〇一六年
農林水産省「平成27年度 農林水産情報交流ネットワーク事業全国調査 有機農業を含む環境に配慮した農産物に関する意識・意向調査」(https://www.maff.go.jp/j/finding/mind/pdf/gyoukai_27.pdf)〔二〇二三年一一月三日閲覧〕二〇一六年
農林水産省「平成29年度 有機食品マーケットに関する調査結果」(https://www.maff.go.jp/j/seisan/kankyo/yuuki/attach/pdf/sesaku-6.pdf)〔二〇二三年一一月三日閲覧〕二〇一八年
農林水産省「有機農業をめぐる事情」(https://www.maff.go.jp/j/seisan/kankyo/yuuki/attach/pdf/meguji-full.pdf)〔二〇二三年九月一九日閲覧〕二〇二二年a
農林水産省「令和3年度 食料・農林水産業・農山漁村に関する意識・意向調査 有機農業などの取組に関する意識・意向調査結果」(https://www.maff.go.jp/j/finding/mind/attach/pdf/index-75.pdf)〔二〇二三年一一月三日閲覧〕二〇二二年b
農林水産省「日本の有機農業の取組面積について」(https://www.maff.go.jp/j/seisan/kankyo/yuuki/attach/pdf/index-23.pdf)〔二〇二三年九月一九日閲覧〕二〇二三年
波夛野豪「CSAという方法の源流と原型」波夛野豪・唐崎卓也編著(二〇一九)『分かち合う農業CSA——日欧米の取り組みから—』創森社、二〇一九年
兵庫県「『コウノトリ育む農法』とは」(https://web.pref.hyogo.lg.jp/org/toyookanorin/kounotori_hagukumu_nouho.html)〔二〇二三年九月一九日閲覧〕二〇二二年
桝潟俊子「持続可能な本来農業に向けた歩み」澤登早苗・小松崎将一編著『有機農業大全——持続可能な農の技術と思想』コモンズ、二〇一九年
水野玲子「農薬開発——ネオニコチノイド系農薬を事例として」『食と農の社会学——生命と地域の視点から』ミネルヴァ書房、二〇一四年
望月健『豊かな暮らしと〝小さな農業〟 安心・安全な食料を小規模で生産する人たち』論創社、二〇二二年

空腹とケーキ――戦後沖縄における小さなお店の軌跡――

玉城　毅

本章の目的は、大きな社会変動のなかで新しく始められた食の実践（食べる、つくる、売る、買う）が定着していったプロセスを描き出すことである。具体的には、戦後沖縄で展開したジミー（最初はグロサリー、後にベーカリー×ケーキ×レストラン×グロサリーとして展開）に着目し、創業者のライフヒストリーとその背景を分析する。

ジミー創業者の稲嶺盛保さん（一九三〇―二〇一二年）は、沖縄戦、住民収容所、米軍基地と目まぐるしく変化する場をくぐり抜けて生きてきた。彼の生活経験は、ジミーの創業（一九五六年）とその後の展開につながっていった。本章では、以前の秩序と習慣や慣習が破壊された後、新たに生活を立て直していった盛保さんの歴史経験を食に焦点を当てて記述し、それによって新しい食の実践が定着するプロセスの特徴を明らかにする。

なお本章は、奈良県立大学で開催された日本メディア学会春季大会におけるシンポジウム「メディア化された食の文化と政治」（二〇二三年六月二五日）で発表した内容が元になっている。シンポジウムではお二人の討論者から質問とコメントをいただいた。いずれも、筆者の論点をより明確にする方向に導くものであった。そこで結論部では、お二人の質問とコメントに応える形で考察を進める。大きな政治・経済・社会的構造変動のただなかで、食の実践者は抗いがたい状況にどう対応しうるのか。これが本章の核心の問いである。

1. 沖縄戦、北部避難、住民収容地区

盛保さんのライフヒストリーを理解するために、彼が経験した沖縄戦と沖縄島北部の収容所の状況を概観しておきたい。沖縄島南部が激戦地であったことはよく知られている。これに対して山がちな沖縄島北部は、一九四五年の早い時期に収容所が設置された場所であり、戦争被害のイメージは比較的薄かった。これを覆したのは二〇〇〇年代に刊行された『読谷村《よみたんそん》史　戦時編』であった。読谷村史編集室の豊田純志は、「読谷村戦没者名簿」(1)に基づいて戦争被害の状況を分析し、表1のように整理している。

注目すべきことは、一九四五年七月以降の戦没状況と「病死（栄養失調）」の項目である。一般的に沖縄戦が終わったのは、一九四五年六月二三日だと言われている。その根拠は、沖縄戦における陸軍の最高責任者、牛島巌中将が沖縄島南端の摩文仁《まぶに》で自死し、組織的戦闘が終わったことによる。ところが、読谷村民の戦没状況を見ると、七月の戦没者が最も多い。さらに、戦没状況の中で「病死（栄養失調）」による被害者の数が最も多くなっていることは注目すべき点である。これらの数字

	1945年（人）										
	2月	3月	4月	5月	6月	7月	8月	9月	10月	11月	12月	合計
爆撃などによる死亡		1	41	43	15	18	7	4	1	2	3	135
病死			13	25	15	5		3	5	6	4	76
病死（マラリア）			1	1	3	8	3	2	2	2	4	26
病死（栄養失調）	3	7	41	64	73	84	48	14	14	8	17	373
複数の原因			2	6	1	2						11
行方不明			3		2	1			1			7
不明			4	2	1	11	2	3	1	4	1	29
合計	3	8	105	141	110	129	60	26	24	22	29	657

表1　北部地域での戦没者数・原因別〔豊田、2004：219〕

は、住民が戦闘に巻き込まれたことによる直接的な被害よりも、戦争状況で生じた間接的な要因による被害が大きかったことを意味する。

　読谷村民の戦没者の特徴は次のように整理できる。

①読谷村では、人口一万五八三三人（一九四〇年）のうち三九六八人（二五・〇％）が犠牲になった。

②米軍上陸により読谷村内で犠牲になった人は五二八人。全犠牲者の三・三％。

③沖縄島北部に避難した住民五四二九人のうち六五七人（全体の四・一％、避難者の一二・一％）が犠牲になった。

図１　本章に出てくる主要な場所

　つまり、戦闘に巻き込まれた犠牲者よりも「避難」した人の犠牲者が多く、「避難者」の中では栄養失調による死者が最も多かった。その舞台となったのは沖縄島北部である。そこは、盛保さんが経験した戦争と収容所の場所であった。

2. ジミー開業まで[2]

本節ではジミー開業までの盛保さんのライフヒストリーを辿り、次節ではジミー開業後の特徴を記述する。それによって盛保さんの食体験の特徴を浮き彫りにしたい。

（1） 生家のイモ

盛保さんは、一九三〇年に首里崎山で六人兄弟の三男として生まれた。両親の畑仕事を手伝いながら育った。当時を振り返り、戦前の食事はイモが中心でぜいたくをした覚えはないという。

このような状況が沖縄の多くの場所に共通していたことは、沖縄の経済史研究者が指摘していることである。例えば、仲原善忠は、戦前の沖縄の人々の生活が「芋を作って食べ更に砂糖を売って米その他を買うという太い線につらぬかれている」と指摘し〔仲原、一九七七：四八五―五二九〕、向井清史は、近代沖縄の経済構造の特徴を「甘藷モノカルチャー」と呼んだ〔向井、一九八八：一四―一五〕。筆者も、日常食としてのイモが近世から一九五〇年代まで続いたことを確認しており〔玉城、二〇二一：二二六―二二七〕、イモ食の歴史が長く続いたことは明らかである。それが大きく変化する契機となったのは沖縄戦とそれに続く米軍統治であった。

（2） やんばる[3]「避難」と収容所

盛保さんが一五歳のとき、沖縄は戦場になった。一九四五年三月下旬、家族でやんばる〔沖縄島北部〕に「避難」したが、読谷村のケースで見たように、住民の北部への移動は「避難」とも呼べる状況ではなかった。それでも盛保さんは戦闘に直接巻き込まれることなく、羽地《はねじ》の収容所で生活するようになった。羽地は当時、田井等《たいら》収容所と呼ばれていた。彼が戦闘に巻き込まれなかったというのは、早い時期に収容所での生活を始めたことを意味する。収容所と言っても、山間に避難した住民の家屋をそのまま利用したものであった。やんばるの旧羽地村〔現名護市〕は、四月初旬に数千人の住民が米軍の管理の下で生活を始めた一方で〔仲宗根、一九七三：一二三〕、山中では避難生活を続ける地元住民や沖縄島中南部から避難してきた住民の他、敗残兵やゲリラ部隊の兵士が混在していた〔玉城、二〇一六〕。

戦中と戦後が近い場所で同時進行するなかで、「収容所」の人口は増加し、日本軍の組織的戦闘が終わる六月までに、やんばるは住民収容地区としての生活が強化され、それ以降も人口は増え続けた。一九四五年八月時点の「収容所」人口は表2のとおりである。

北　部		中南部および周辺の島	
収容地区	人口（人）	収容地区	人口（人）
桃原	37,537	具志川	5,656
田井等	64,415	古謝キャンプ	11,762
久志	8,096	野嵩	2,014
瀬嵩	19,263	平安座	8,031
汀間	19,619	新里	464
大浦崎	22,470	田名（伊平屋島）	7,687
古知屋	19,327	浜（粟国島）	3,488
宜野座	11,968	慶良間列島	4,241
福山	23,170	久米島	1,1557
漢那	11,531		
銀原	16,996		
石川	25,137		
合計	279,529	合計	54,900
割合	83.60%	割合	16.40%
総計	334,429		

表2　1945年8月の収容地区別人口

沖縄島北部〔石川以北〕に住民八三・六％が集められ、山がちなやんばるは人口過密の地域となった。そのなかでも最も人口が集中した田井等は、盛保さんが「戦後」生活を始めた場所であった。

その時期にやんばるにいた住民のうち、山中での生活を長く続けた人は飢餓の危機にあった。筆者の調査によると、ヤギが食べる草を探して食べる、ヘビ、トカゲ、カエルを食べる、夜、畑に下りてイモを盗って食べるなどをして、なんとか過ごした人が少なくなかった〔玉城・磯崎、二〇〇七〕。「アメリカ兵につかまると殺される」という噂が広まっていた一方、収容所には食べ物があるという噂も聞くようにもなった。実際、収容所生活を始めた多くの人が出会ったのはこれまでに食べたことのない食べ物だった。

（3）収容所のレーション

ここで盛保さんのライフヒストリーを離れて、収容所の食を見ておきたい。四月初旬に山を下りて収容所生活を始めた人々が口にしたのはレーションであった。レーションとは軍隊の野戦糧食であり、沖縄の収容所で配給されたものではCレーションとKレーションの二種類があった〔cf. Mason, Meyer and Klicka, 1982〕。

一二歳のとき、家族でやんばるの山中に「避難」した読谷村の波平次枝さんは次のように証言している。

山の中では、捕虜になったら御馳走がたくさんあるとか、いろんな情報が流れました。捕虜になったら一日一合の米の配給があるというのを母は聞いたらしく、敏子のことが気がかりだったので捕虜になることを決心したといいます。だんだん痩せ細っていくのを見て「ウマウティ　シナスシヤカー　クミヌムンヌチュチブ　ヤティン　カマチカラ　アメリカーガ　イヌンカイクィーンリチ　ソーティイケーカラー　アンナティンシムサ（ここで死なせるよりも米の一粒でも食べさせて、それから犬の餌にするというのならそれでもかまわない）」とまで思い詰めていたそうです。……

安波から宇良に下りて来た所に陣地があって、アメリカー達は川のほとりにいました。アメリカーはCレーションをくれたので、それを開けて食べました。なんとも言えずおいしかった。こんなおいしい物を食べて後《ママ》だったら死んでもいいと思ったほどでした。

〔読谷村史編集委員会、二〇〇四：八〇〇—八〇一〕

三月末から四月初めにかけた八日間、読谷村内の自然洞窟（シムクガマ）に避難し、米軍が上陸した四月一日に投降した与那覇吉秋さん（当時一〇歳）は、次のように述べている。


海岸から陸地に上がって、夜になっていたので畑で野宿をして一夜を明かしました。翌日からは、米軍が三間くらいのテントなどを持ってきて、そこで他の家族も一緒に暮らしました。米軍の船にたくさん積まれた食料を運ぶため、健康な人たちが声をかけられて、父と兄も手伝いに行きました。住民から班長のようなものを選んで、その人が船から運ばれた食料を住民に分配しました。

食料はいっぱいありました。アメリカ軍は準備万端で来ているんだなあとびっくりしましたよ。Cレーションは一つの箱の中にタバコ、マッチ、缶詰、缶切までもがセットになっていたんです。これを見たときに「ああ、日本はこんな贅沢なアメリカと戦争していたんだな、だまされた」と思いました。

〔読谷村史編集委員会、二〇〇四：七六三〕

読谷村の楚辺収容所で過ごした元日本兵の赤松廣さんは、レーションの中身について詳しく記している。

作業から帰って毎夕五時以降に翌日分の食糧としてKレーション三個（朝、昼、夕）が支給されました。昼食はこのうちの一食を作業に携行しました。他にCレーションの支給を受けたことが一、二回あり、A缶はビーンズか肉、B缶がビスケット、インスタントコーヒー、レモンなどでした。アメリカ製とオーストラリア製があり、後者はまずいと米兵は敬遠していました。昭和二十一年になって、昼食は本部で焼いた直径二〇センチほどのパンに改善されました。

食事は基本的にKレーションでしたが、夜になるとそこここで空カンを利用した調理風景が見られるのです。イモの葉を持ちこみKレーションのビーフ・アンド・エッグやコンビーフを煮るのです。缶詰がない場合はイモの葉だけ煮込んでいました。ビーフ・アンド・エッグやコンビーフは米軍兵が戦闘中に使用した食器（楕円形の鍋状のもの）で炒めればよいのですが、やはり汁にしていました。持ち込んだ生の牛肉やハム、ソーセージ、生卵を煮込んだりもしていたのですが、レモン、オレンジ、パイン、ジュースもあったのですから、収容者の生活力は旺盛なものです。

〔読谷村史編集委員会、二〇〇四：三六四〕

（4）職を転々と――一六歳から二六歳

盛保さんのライフヒストリーに戻ろう。戦後、彼はさまざまな職を転々とすることになる。『ジミー創業物語』から彼が経験した仕事の概要を知ることができる。その点について息子でありジミー現社長でもある稲嶺盛一郎さんに尋ねたが、『ジミー創業物語』以上の詳細な事実は得られなかった。それでも、戦争直後からジミー・グロサリーを開業するまでの一六歳から二六歳までの間に盛保さんが経験した仕事と食についての特徴を知ることができる。

盛保さんは田井等収容所から故郷の首里にいったん戻った後、一九四六年には北中城《なかぐすく》の米軍基地で働くことになった。基地ではさまざまな仕事をした。食器洗いや雑用、司令官の運転手、将校相手のバーテンダーなどである。英語は習ったわけではないが職場で自然と覚えた。周りの人によく可愛がられ、いつしか、アメリカ兵たちに「ジミー」というニックネームで呼ばれるようになった。基地で出会ったアメリカ兵の食生活が後の「ジミー・グロサリー」開業へとつながった。「私の事業の出発点は、終戦後、米軍基地内で見た豊かなアメリカの食文化を、沖縄の人々にも味わって欲しいという夢だった」（『ジミー創業物語』）。

盛保さんは米軍基地で働いていた一六歳のときにすでに「自分で何か仕事を立ち上げたい」という思いをもっていた。その数年後に彼が最初に立ち上げた事業は、アメリカ人相手の洗車場だった。瑞慶覧《ずけらん》（現北中城村）に「ジミーズ・カーウォッシュ」をオープンした。洗車とワックスがけは一回につき五セントから一〇セントで行った。仕事は順調だったが二年ほど経った頃、洗車場の場所から立ち退かなければならなくなった。立ち退きの理由について盛保さんは何も語っていないが、洗車の仕事をしていた時期と場所から推測すると、新たな米軍基地建設のための立ち退きだった可能性が高い。

その後、盛保さんは真玉橋（現豊見城市真玉橋）にあった食肉卸業の会社に勤めることにした。後の「琉球ミート」である。その頃に結婚し、その後一男五女を設けることになる。そこで二年ほど働いた後、次に盛保さんが働いたのは浦添にあった商社「バークレイ」であった。仕事の内容は食材の卸売に関わる営業で、この仕事が盛保さんを「ジミー」開業に向かわせる直接のきっかけとなった。

バークレイの取引先の一つにドイツ人夫妻が営むパン屋があった。盛保さんはそのパン屋にメリケン粉を納品するために通っていた。そのときの経験を次のように語っている。

店に入った時に漂うパンの香り。そしてあのふんわりした膨れ方を見て、将来自分のパンを売りたいと思った。……パン屋に行く度にパンの切れ端を味見した。あの時の味や香りは今でも忘れられない。その時のドイツ人夫妻との偶然の出会いが、後にパンを製造、販売するきっかけになったのは間違いない。

（『ジミー創業物語』一六ページ）

一六歳のときに起業を考え、洗車場起業の経験を経た盛保さんの気持ちが固まった。バークレーを辞め、一九五六年五月、宜野湾・大山に「ジミー・グロサリー」をオープンした。二六歳のときであった。

あのころ周辺はすべて外人住宅。現在の国道五八号線沿い全体が非常に繁盛しており、大山付近は「沖縄におけるアメリカ文化発祥地」とまで言われたものだった。だからこそその場所を選び、店を開いた。……私は新しい食文化を世に送り出すスタート地点に立った。それがジミーの原点である。

（『ジミー創業物語』一六ジペー）

3. ジミーの原型と展開――一九五六年―現在

（1）マチヤグヮーとしての出発

ジミー・グロサリーは、食品から日用品まで幅広く扱う小売商店で、沖縄各地によくある「マチヤグヮー」だったと現社長の稲嶺盛一郎さんは言う。

近代沖縄における商業区域と商店の形成過程を跡づけた朝岡康二によると、近世に現れた「自然発生的な露天市」が、内実的に同じ特徴を備えたままで近代以降も持続し、それが「マチ」と呼ばれるようになったという。「マチ」とは市場を指し、売り手と買い手が行き交う場所を意味する。例えば、那覇の「東町市場」は一九一八年に商品の種類ごとに区画され「公設化」されたが、露天市としての基本的な性質は変わらなかった。露天市が大きく広がると「マチ」になり、小規模に発達した場合には「マチグヮー」と呼ばれる。いずれもその担い手は女性たちであった〔朝岡、一九九六：三六〇―三六二〕。

「マチ」と「マチグヮー」の違いと同様に、「マチヤ」と「マチヤグヮー」の違いは規模の大小である。「マチヤ」は比較的大きな商店を指し、「マチヤグヮー」は小さな商店を指す。「マチヤ」が主に近代の本土出身の寄留商人による「ヤマトゥマチヤ」が先駆けとなったことに対して、「マチヤグヮー」の出現は近世に遡り、近代以降沖縄各地につくられた。それは、住宅の一部を店として利用したもので「住宅地のなかや道端にぽつぽつと散在している」。一般的には「雑貨屋（食料品・酒・タバコ・雑貨などを扱う）」を指す〔同、一九九六：三六八〕。

露天売りと買い物客が行き交う雑然とした「マチ」や「マチグヮー」、そして人が住む場所ならばどこにでもあり生活必需品が揃っている「マチヤグヮー」は、筆者が高校生の頃（一九八〇年代初め）、沖縄のあたりまえの風景の一部であった。稲嶺盛一郎さんが創業当時のジミーを「マチヤグヮー」と呼んだことには、このような歴史的背景があった。ただし、他のマチヤグヮーと違っていたのはアメリカの商品を中心に扱っていたことだった。

（2）ジミーの原型と展開

創業からほどなく、盛保さんは店内でパンの製造販売を始めた。そして一九五八年に店名をジミー・グロサリーからジミー・ベーカリーに変更した。グロサリー部門を残しつつベーカリーを加えたのである。パンやケーキを中心とした小売りに加え、卸売業も始めた。商品の配達用にフォルクスワーゲンのワゴン車を二〇台購入し、沖縄島南端の糸満から北部の名護まで移動して各地のマチヤグヮーに商品を卸した。しかし卸売りは長く続けなかった。当時の道路事情が悪かったことや目の届かないところでの商売に不安を感じたからである。

その後盛保さんは、それまで以上に小売りに注力し、店内での自社製造販売を始めた。そこで彼がモデルとしたのは「アメリカ」だった。沖縄からの海外渡航者が少なかった一九六〇年代に、彼は三ヶ月をかけてアメリカのほとんどの州を回った。特に多くのヒントを得たのはハワイだった。

ハワイに行った時、実際に動いているクッキーマシンを見て、「これは当たる」と予感した。機械がオーストラリア製だと聞いて、現地のオーストラリア大使館を通じて連絡を取り、ハワイからオーストラリアに直行。その足で機械メーカーを訪問し、購入を決めた。〔『ジミー創業物語』一六ページ〕

機械を買っただけではなく、オーストラリアのメーカーから技術者を派遣してもらい、機械のメンテナンスの他にレシピの整理や商品開発の協力を求めた。こうしてジミーの店内にはクッキーの甘い香りが漂うようになった。その後も頻繁にハワイに通った。クッキーの製造機だけでなく、パンやパウンドケーキやマフィン、バイキング方式のレストラン、サラダバーは、この時期にハワイで着想を得たものである。店にとって駐車場が重要であることについても一九六〇年代のまだ車が少なかった時期に気づいていた。

その後一九七六年に大山店を新築し店を大きくし、従業員は五〇人ほどに増えた。創業当時の一〇倍である。商品の自社製造販売に加えてレストランをオープンしたのもそのすぐ後のことであった。ベーカリー×ケーキ×レストラン×グロサリーという現在のジミーの輪郭はこの時につくられた。その後ジミーは複数店舗の開店へと展開していくことになるが、その過程で盛保さんは海外から多くを学んだ。例えば、一九八九年にはドイツからブッチャー（肉屋）を招きソーセージの製造販売を始めた。一九九二年にはイタリア人のパティシエを招き、パネトーネというお菓子の作り方を習った。一九九五年にはオーストラリア在住のスイス人のハンス・ピーター・

ミラー氏を招き、その後四年間にわたってベーカリーを手伝ってもらった。一九九八年には台湾からシェフを招き、中華料理の種類を増やした。

（３）現在のジミー

一九八二年に那覇二号店を開いた後、現在までに沖縄島で二二店舗まで広げている。筆者が高校生の頃、オープンしたばかりの那覇店を除けば私が住む南部にジミーはなかった。それでも私は、ジミーのパウンドケーキをよく知っていた。高校の合格祝いの定番の贈り物だったからだ。それ以外にもジミーのバタークリームケーキも懐かしい味である。近くに店舗がなかったのに、なぜジミーのケーキを知っていたのか自分でも疑問に思っていたことを、現社長の稲嶺盛一郎さんに話すと、大山店しかなかった頃でも、沖縄の北部からも南部からも車でお客さんがよく来ていた、それが理由ではないかと言う。

パウンドケーキが合格祝いの贈り物の定番になったのがいつ頃なのかよくわからないが、盛一郎さんの話や筆者の経験からすれば、少なくとも一九八〇年前後には広く浸透していたように思われる。ジミーの広報担当者によると、ジミーの販売方針として三つのカレンダーを考慮しているという。クリスマスなどのアメリカ的カレンダー、清明節などの沖縄的カレンダー、卒業式や入学式などの日本的カレンダーである。商品としてはクリスマスケーキや七面鳥の丸焼き、墓のお供え用の重箱セット、そして合格祝いのケーキがカレンダーに合わせて特売されるというわけである。

筆者は、世代の異なる人にジミーのイメージを聞いてみた。ある七〇代の女性はジミーは「庶民的」だと言った。値段が安いということだ。例えば、売れ筋のジャーマンケーキは七号サイズ（八―一〇人分）で一六八〇円である（二〇一三年九月現在）。高校生にも聞いてみた。彼女によると「小学生がクッキーを買いに行く店」だと言う。沖縄の小学生にとってジミーはアメリカ的駄菓子屋なのかもしれない。ジミーについての二人のイメージを合わせるると、原点としての「マチヤグヮー」的特徴がいまも残っているともいえる。

このように、沖縄で生活する幅広い世代の人がジミーを知っている。その一方でジミーで買い物をする観光客は多くはないと筆者は思った。これについては盛保さんも自覚していた。

沖縄県内の地元客をターゲットとするあまり、観光客への取り組みに遅れをとっていた感がある。しかし、二〇〇四年からＤＦＳ（免税品店）ギャラリア・沖縄への出店を機に、遅ればせながら県外の方々を視野に入れた商品開発にも取り組んでいる。

（『ジミー創業物語』一一ページ）

二〇〇〇年代に至るまで観光化した環境に積極的に対応してこなかったという盛保さんに、筆者は少し驚いた。沖縄では、本土復帰の一九七二年に五五万九〇〇〇人だった観光客が、二〇一九年には九四六万九〇〇〇人と一六・九倍に増加し、観光収入で見ると三二四億円（一九七二年）から七〇四七億円（二〇一九年）に増加している（内閣府沖縄総合事務局）。現在、年間で沖縄の人口の数倍の観光客が訪れている。沖縄各地のジミーの店舗の前ではレンタカーに乗った多くの観光客が通っているに違いない。それでもジミーは、観光客に積極的に対応してこなかったというのだ。この点もジミーの一つの特徴である。

4．食をめぐる身体性と象徴性

（1）盛保さんの身体経験

イモ中心の戦前の食生活、戦中の北部山中の食料事情、収容所で出会った米軍の缶詰やレーション、米軍基地で見たアメリカ人の食事、そしてドイツ人夫婦のパン屋に漂っていたパンの香り、ジミーの創業者の経験は身体性を伴っている。一九四〇～五〇年代に盛保さんが出会ったパンやケーキは、彼の身体が求めたものに違いない。

その時その時の政治経済的構造に制約された選択肢のなかで食は実践されるしかない（食べる、つくる、売る、買う、山中では採る、捕る、盗る）。その一方で、人は身体的な要求によって食べるため、食の実践は構造的な制約からはみ出る契機が常にある。さらに構造が変動すると、以前の食習慣は消滅するか変化を余儀なくされる。

筆者が注目したのは、一方では戦争、収容所、基地へと政治経済的構造が変動し、他方では飢餓的状況が広がる社会状況を生きたジミー創業者の生活経験であった。同時代の他の資料と合わせると、盛保さんの身体と構造の関係が見えてくる。それは、身体が構造に従属するのではなく、身体がその時々の環境から得られるものを利用しながら生活した姿である。

創業者のそのような姿勢は、その後の柔軟でハイブリッド性に富むジミーの展開を方向づけているように思われる。現在のジミーの店内では、ハイブリッドな沖縄の歴史と文化をストレートに感じることができる。それは、よく見かける「沖縄的」な商業空間と対照的である。例えば、沖縄民謡、シーサー、衣装、その他沖縄的なモノの配置で沖縄が演出されている空間である。そこでは単一の沖縄イメージ（沖縄はこんなところ）が象徴的に表現されている。創業者の生活経験はもちろんのこと、六七年に及ぶジミーの歴史は、そのような単一の沖縄イメージとは無縁なところで展開したように思われる。観光を視野に入れてこなかったのは、ジミーの経営が創業者の身体性を伴う歴史経験を基点にしているからであり、それゆえに身体性から離れた象徴操作を伴う販売方針に向かわなかったからではないだろうか。

(2) 食をめぐる身体と戦術的実践——討論者への応答

ジミー創業者のライフヒストリーから析出した以上のような解釈を、筆者は日本メディア学会のシンポジウムで発表した(二〇二三年六月二五日)。これに対して、シンポジウムの二人の討論者から質問とコメントをいただいた。それに応えてみたい。

次の質問は、名古屋大学の長山智香子氏からいただいた、貧困や飢えの経験や記憶を語り起こす重要性に関する質問である。

質問1 一九七二年(いわゆる本土復帰の年)に、日本に併合されることに抵抗して沖縄を離れ、カナダに集団移住したという人に、たまたま食事をしながら話を聞く機会があった。また近年の本州からの移住者など、集合的記憶を共有しない沖縄在住者も(とくに那覇には?)多いと聞く。ディアスポラや新移住者がいて、それぞれの移動の理由に政治経済的な背景があり、同時に「沖縄の人」が誰を指すのか境目が流動的になっている中で、貧困も含めた戦後史について語り起こす重要性は何か?

質問2 飢えの記憶を掘り起こすこと、また(飢えや甘味を含めた)人々の身体感覚を歴史的に研究する際、それを読み手に伝えようとする際に、方法論的なチャレンジや工夫、その中で発見したことがあるか?

質問1への応答

沖縄で移住者が交錯したのは近年に限ったことではない。アメリカ人兵士やシビリアンとの接触、アメラジアンの誕生、沖縄からハワイやブラジルへ移民した人、ハワイやブラジルから帰ってきた人、移民二世や三世など、育ってきた文化的環境の異なる人の交錯は沖縄近代史においてよく見られる。そのような状況のなかで、ポークランチョンミート、コンビーフハッシュ、トゥーナー缶詰（ツナ缶）が日常食として定着し、その後、タコライスなども登場した。このようなハイブリッド性が沖縄の歴史の特徴である。このような文化的な状況を「チャンプルー文化」と呼ばれることがある。これは、ハイブリッド性やマルチカルチュラリズム（多文化主義）こそが「沖縄文化」の特徴だと主張する表現である。ジミーの展開と現在の店舗にもそれが表れている。

質問２への応答

筆者は、身体感覚を歴史的に研究しようとしたわけではないが、以前に行った戦争体験の聞き取り調査で、身体感覚の重要性に気づいたことはある。戦争、収容所、基地を経験した人々の「ヘビを食べた、カエルを食べた、山中で一かけらの黒砂糖を食べた」などの語りから、彼・彼女たちの「身体感覚」が伝わってきた。同様に、ジミー創業者の経験の語りからも身体感覚が読み取れた。ここでは、身体感覚を捉えたり伝えるうえで特別な工夫をしたわけではない。語りを経験のコンテキストにおいて捉えようとしただけである。ただ、筆者も読者も身体を持つ存在なので、身体感覚の語りに多くの説明をつけなくても伝わるのではないかと楽観している。

二人目の討論者、東京国際大学の柄本三代子氏のコメントは、食を政治的状況との関連で捉える視点からのものであり、食の実践に関わる主体性と創造性を描き出そうとした筆者の研究の意義を引き出すコメントであった。

質問　食の実践において政治経済的外部がありうるのか？　材料はどこから来たのか？　消費者の誕生は？　ハイブリッド性がいかに可能になったのか？　食は構造と切り離して考えることはできない。古き良き豊かなアメリカの食文化を懐かしむ時代がくるのではないか。

柄本氏のコメントの核心には、権力の作用によってつくられる環境（政治経済的構造）が、人々の食の実践を完全に拘束しているという見方がある。この視点からすれば、食材も消費者もハイブリッド性も構造が規定することになる。これについて筆者は半ば同意する。とくに戦場における構造の拘束力は強大であった。本章で見てきたように、沖縄島北部山中で食べ物がなくなり多くの餓死者が出たことは、戦時体制の権力構造が引き起こした悲劇である。しかし、食の実践において政治経済的外部がありえないとまで言い切ることは、権力構造に取り囲まれた人々には主体性や創造性を発揮する余地がないと見ることになり、これについては同意しかねる。抗いがたい権力構造に取り囲まれた状況において、人の主体性や創造性がいかに発揮されるのかという問題こそが筆者の問題意識の核にあり、ジミー創業者のライフヒストリーに着目した理由もそこにあるからだ。

大権力に揺さぶられる経験は、琉球・沖縄史の中で何度も見られたことである。筆者はそのような歴史過程に着目し、権力からはじき出されたりこぼれ落ちたりした人々の主体性と創造性に焦点を当てた研究を行ったことがある〔玉城、二〇二二〕。そこで気づいたのは、そのような人々が取りえたのは、「戦略」ではなく「戦術」であり、そこに主体性と創造性が現れるということだった。

「戦略」と「戦術」の区別は、ミシェル・ド・セルトーに依っている。ド・セルトーはそれぞれを用いることができる主体の違いについて次のように述べている。

わたしが「戦略」とよぶのは、意志と権力の主体（所有者、企業、都市、学術制度など）が周囲の「環境」から身をひきはなし、独立を保ってはじめて可能になるような力関係の計算のことである。こうした戦略は、おのれに固有のものとして境界線をひけるような一定の場所を前提としており、それゆえ、はっきり敵とわかっているもの（競争相手、敵方、客、研究の「目標」ないし「対象」）にたいするさまざまな関係を管理できるような場所を前提にしている。政治的、経済的、科学的な合理性というのは、このような戦略モデルの上に成り立っている。

これにたいしてわたしが「戦術」とよぶのは、これといってなにか自分に固有のものがあるわけでもなく、したがって相手の全体を見おさめ、自分と区別できるような境界線があるわけでもないのに、計算をはかることである。戦術にそなわる場は他者の場でしかないのだ。それは、相手の持ち場の全貌もしらず、距離をとることもできないままに、ひょいとそこにしのびこむ。戦術には、おのれの優勢をかため、拡張をはかり、情況に左右されない独立性を保てるような基地がそなわっていないのである。

〔ド・セルトー、一九八七：二五―二六〕

このフレームは、ジミー創業者のライフヒストリーを理解するうえでも有効である。先に引用した「私の事業の出発点は、終戦後、米軍基地内で見た豊かなアメリカの食文化を、沖縄の人々にも味わってほしいという夢だった」（『ジミー創業物語』）と言った盛保さんのことばは重い。飢餓的状況のなかからのことばだからである。戦場・収容所・米軍基地といった他者に管理された場所での生活経験が彼の事業の基点となり、そして彼の夢は実行に移された。抗いがたい権力構造は、彼の主体性のすべてを奪ったわけではなかった。

最初に着手したジミーズ・カーウォッシュが立ち退きを余儀なくされたことは、米軍統治が否応なしに強力だったことを示している。それでもアメリカ人は客であったし、アメリカの食料品は商品になった。その後、オーストラリア製のクッキーマシンの導入、ハワイで着想したレシピやバイキングスタイルのレストラン、ドイツ人ブッチャー、イタリア人パティシエ、台湾人シェフなど、彼の事業は国境を超え「アメリカ」も超えていった。それと並行して、清明節などの「沖縄」的な慣習や、入学式や卒業式などの「日本」の制度的カレンダーを考慮した商品展開も行うようになった。それは、コスモポリタン的ブリコラージュによって統治者／被統治者の対立構造を超えていくような展開だった。「豊かなアメリカの食文化」はその一部にすぎない。

大きな構造変動のなかで始められたジミーの事業は、創業者の身体感覚にナビゲートされ、同時代の人々に共感されることによって展開したと、私は解釈している。であったがゆえに、身体性を離れて過度に演出するような食の象徴的次元が入り込む余地が少なかった。観光客に対応してこなかったジミーの販売方針がそれを示している。現在のジミーを、七〇代の女性は「庶民的」と呼び、高校生は「小学生がクッキーを買いに行く店」と言っていた。このことは、輸入食品が沖縄的食材と並列し、その全体が沖縄の「庶民」の食となっていることを示しているのと同時に、ジミーが人々の生活と身体に近い店だということも示している。本章で見出したことは、身体性を伴う食の実践がもつ創造性である。私たちの身体は食べなければ空腹になる。そして、空腹との向き合い方によっては、新たな食慣習が創造されたり共有されることも可能となる。ジミー創業者のライフヒストリーにそれが見事に現れている。

〈注〉

（1）「読谷村戦没者名簿」は、『読谷村史　戦時記録』編集のために同村全世帯を対象に行われた戦災実態調査（一九八九年に開始）と「平和の礎」戦没者刻銘のための戦没者調査（一九九三年に開始）に基づいて作成された。二つの調査によって三九二四人の戦争犠牲者の戦没状況が明らかとなった〔豊田二〇〇四：二一〇〕。

（２）㈱ジミーが編集した『ジミー創業者物語』（二〇〇六年発行）、および、現社長の稲嶺盛一郎さん（創業者の息子）、取締役の稲嶺盛哉さん（創業者の孫）、広報担当者へのインタビューに基づいてライフヒストリーを構成した。

（３）沖縄島北部はやんばるとも呼ばれる。この名称は北部の山がちな地形の特徴を表している。

〈参考文献〉

株式会社ジミー編『ジミー創業者物語』、株式会社ジミー、二〇〇六年

玉城毅「避難民と収容地区―田井等収容所」『名護市史本編３　名護・やんばるの沖縄戦』沖縄県名護市役所：三九四―四二二、二〇一六年

――『琉球・沖縄寄留民の歴史人類学―移住者たちの生活戦術』、共和国、二〇二二年

玉城裕美子・磯崎主佳『いただきます』、沖縄時事出版、二〇〇七年

ド・セルトー、ミシェル、山田登世子訳『日常的実践のポエティーク』、国文社、一九八七年

豊田純志「『読谷村戦没者名簿』からみた戦没状況」『読谷村史　戦時記録　下巻』（https://yomitan-sonsi.jp/sonsi/index.htm）読谷村役場：二一〇―二三三、二〇〇四年

内閣府沖縄総合事務局「沖縄観光の現状と課題」（https://www.ogb.go.jp/-/media/Files/OGB/Unyu/kankou/shinkou/2020_11_2.pdf）

仲宗根源和『沖縄から琉球へ――米軍制混乱期の政治事件史』、月刊沖縄社、一九七三年

仲原善忠「沖縄現代産業・経済史」『仲原善忠全集』一巻沖縄、沖縄タイムス社、一九七七年

向井清史『沖縄近代経済史――資本主義の発達と辺境地農業』、日本経済評論社、一九八八年

読谷村史編集室編『読谷村史　戦時記録　下巻』（https://yomitan-sonsi.jp/sonsi/index.htm）、読谷村教育委員、二〇〇四年

Mson, Vera C., Meyer, Alice I. and Klicka, Mary V. *Summary of Operational Rations*. Food Engineering Laboratory, 1982.

第2部

郷土食をめぐる継承の物語

カツオ産業のグローバル化に揺れるローカルのカツオ文化
――沖縄県における鰹節加工――

吉村健司

1.「和食」のユネスコ登録

二〇一三年一二月にユネスコ無形文化遺産に「和食：日本人の伝統的な食文化」（以下、「和食」とする）が登録された。農林水産省によると「和食」の特徴として、（1）多様で新鮮な食材とその持ち味の尊重、（2）栄養バランスに優れた健康的な食生活、（3）自然の美しさや季節の移ろいの表現、（4）年中行事との密接な関わり、を挙げている。

「和食」のユネスコ登録は、日本の食文化のグローバル化を推し進める大きな契機といえよう。我々の食文化が世界に認められるという点は、誇らしいことではあるが、ポジティブに受け入れるだけで済む問題なのだろうか。食文化のグローバル化については、地域の食文化に対してメリットやデメリットが議論されてきた。例えば、「地域の食文化」として考えたとき、地産地消をめぐる、地域の食材を使った食文化が議論される。食のグローバル化は海外から地域に安価な食材の流通をもたらす。これにより地元産の商材が売れなくなる、という問題が発生する可能性がある。一方で、地域で消費されていた食材が海外に多く流通するというケースも考えられる。こうした問題の先には、地域文化の収斂や多様性の消失といった問題も懸念される。

ところで、「和食」を調理科学的な視点で見た場合、「鰹節」の存在は非常に重要な要素である。「鰹節」との関わりは、「和食」にとっては、非常に重要な視点といえよう。鰹節は「和食」のユネスコ登録も追い風となり、一層、グローバルな展開を見せている。その一方で、日本各地のローカルなカツオ文化には少なからず負の影響を与えていることは否めない。また、近年、魚食文化の維持・継承が困難な事例が散見される。こうした背景には日本漁業の衰退、担い手不足、資源の減少、社会環境の変化など種々の要因が挙げられる。では、こうした問題を地域はいかに捉え、対峙しているのだろうか。本章では、鰹節の消費量が日本一の沖縄県における鰹節加工の事例を紹介する。

（1）歴史書のなかの鰹節

日本人と鰹節とのつながりは古い。『古事記』には、「堅魚」というものが紹介されており、これが鰹節の起源とされている。また、『延喜式』では、堅魚とは「乾曝せば極めて堅硬くなるところからこう名づける」とある。江戸時代の本草書である『本朝食鑑』において、鰹節とは日用のもので、中心的な調味料であるため、廟堂から田舎に至るまで、日々欠かせないものと評されている。それほど日常に溶け込んだ食材であることがうかがえる。

堅魚は租税品目として徴収されてきた歴史ももつ。『延喜式』には、カツオの煮汁を煮詰めた調味料である「堅魚煎汁」が租税品目として定められていたことが記されている。また、江戸時代の藩の紳士録である『武鑑』にも、時献上と呼ばれる季節ごとの献上品に「鰹節」が定められている記録が残っている。時献上は各藩の名産を示す以外にも、各藩の在地支配を江戸に示す政治的な意味もあわせ持っていたとされる〔吉村ら、二〇一九〕。

江戸時代以前の鰹節は、日干しによる製法で現在よりも保存可能期間が短かった。日干しのため、雨天時に乾燥させることができないという問題もあった。寛政年間に発行された『日本山海名産図会』には、「乾かすにあめふれば、藁火をもって籠の下より水気去るなり」とある。発明者などについては不明とされているが、これが、鰹節製造における火乾のはじまりとされる〔伊豆川、一九六九〕。現在の鰹節の原型が登場するのが江戸時代の高知県とされている。紀州印南（現在の和歌山県印南町）の角屋甚太郎が土佐の宇佐浦（現在の高知県土佐市）に定着し、現地で開発したのが、現在の鰹節と同じ燻煙によるカツオの加工方法（燻乾法）とされる〔若林、二〇〇四〕。当初はこの製法は秘伝にされていたが、土佐の与市という紀州印南出身の漁師によって、江戸時代後期には、安房（現在の千葉県）や伊豆へと伝わり、伊豆節が生まれ、伊豆節から焼津節が生まれた。また、薩摩藩も土佐節の改良に関わった人物からその手法を入手し、薩摩節が生まれた〔長谷川、二〇一七〕。その後、太平洋沿岸地域を中心に、製法が伝播した。一八二二（文政五）年に大坂で公表された「諸国鰹節番附表」では、青森県八戸から鹿児島県屋久島に至る計一二二の産地の鰹節の順位付けがなされており、この時にはすでに日本の広範な地域で鰹節が製造されていたことがうかがえる。なお番附に記載されている地域を上位から見てみると、土佐、薩摩、伊予、紀伊、伊勢、伊豆、駿河、安房、上総、銚子（下総）、仙台・磐城（陸奥）、水戸（常陸）、南部（陸奥）といった順番になる。

鰹節は縁起の良い食材として珍重されてきた歴史を持つ。例えば鎌倉期にはカツオは「勝つ魚」とされ、戦国時代には「勝男武士」という縁起の良い語呂から贈答物として珍重された。また、江戸時代以降、現在に至るまで結婚や結納の引出物にも添えられる。カツオ節はその製造過程で背側の身で作られるものを「雄節」、腹側の身で作られるものを「雌節」と分けられる。これらを合わせると夫婦一対となり、夫婦の象徴とされるようになった。そのほかにも、雄節と雌節を合わせると長寿を連想させるカメの甲羅のように見えるため、健康長寿の象徴として扱われてきたり、鰹節の切り口が松の年輪に似ており（鰹節を「松魚節」と呼ばれることもある）、樹齢の長い松から長寿を連想させるものとして扱われてきたりした歴史をもつ。

（2）鰹節とはいかなる食材か

一般社団法人日本鰹節協会では、鰹節を「カツオを原魚とし、頭部・内臓などを除去する原魚処理、および煮熟を施し、タンパク質を凝固させた後に、焙乾（くん乾）を繰り返して水分が26％以下のもの」と定義している。

表1は、二種の鰹節商品の一般的な表示内容を示したものであるが、「名称」と「原材料名」が異なる。この二つは、同じ「鰹節」であるが、製造段階が異なる。〈商品1〉の「かつおのかれぶし」となっているのが、「本枯節」と呼ばれるもので、〈商品2〉の「かつおのふし」となっているのが、「荒節」と呼ばれるものである。鰹節には、その他にも、「亀節」や「なまり節」「裸節」など、「鰹節」といってもさまざまな呼称（形態）が存在する。また、鹿児島県枕崎市を中心に製造されているのを「薩摩節」、静岡県焼津市を中心に製造されているものを「焼津節」と、産地によって異なる名称をもつ。

鰹節の製造工程の詳細は後述するが、一般的には図1のとおりである。「焙乾」の

	〈商品1〉	〈商品2〉
名称	かつおかれぶし削り節	かつお削り節
原材料名	かつおのかれぶし（●●産）	かつおのふし（●●産）
密封の方法	不活性ガス充てん、気密容器入り	不活性ガス充てん、気密容器入り
内容量	100グラム	100グラム
賞味期限	枠外下部に記載	枠外下部に記載
保存方法	直射日光、高温多湿を避け保存	直射日光、高温多湿を避け保存
製造者	●●商事	●●商事

表1　鰹節の商品表示

方式に地域ごとの違いが見られる。「焙乾」とは、木（薪）を燻し、その熱を使ってカツオの身の水分を減らしていく作業で、品質に大きく関わる重要な工程である。この工程を経ることで、カツオは非常に堅い保存食品へと変貌をとげる。焙乾は、焚納屋式、手火山式、焼津式の三種の方法が見られる。

焚納屋式は主に鹿児島県指宿市や枕崎市などで使用されている方式で、「急造庫式」などとも呼ばれる。これは、複数層の納屋で焙乾を行う方式である。最下層（一階、地階）で薪を焚き、その熱を上層（二～四層）に、煮熟したカツオを載せたセイロを並べる。脱水の加減を見ながら、熱の弱い上層にセイロを移動させていく。手火山式は、最も古い焙乾方法とされる。竈に薪を入れ、その上にセイロを並べる。薪と火が近いため、カツオが焦げないように、火加減の調整など注意が必要となる。効率の悪さから、西伊豆を中心に、日本でもわずかな企業しか行っていない。焼津式は、静岡県焼津市で生まれた製法である。焼津式では、焙乾室と呼ばれる空間にまとめてセイロを並べる。そして、焙乾室の横にある小部屋で薪を燃やし、そこで発生した熱を強制的に焙乾室に流す。焚納屋式とならび、現代の鰹節製造の主流である。焙乾には、薪が用いられるが、使用される薪も地域によって品種が異なる点も興味深い。そのほかにも、各工程には地域によって細かな工夫がなされている。

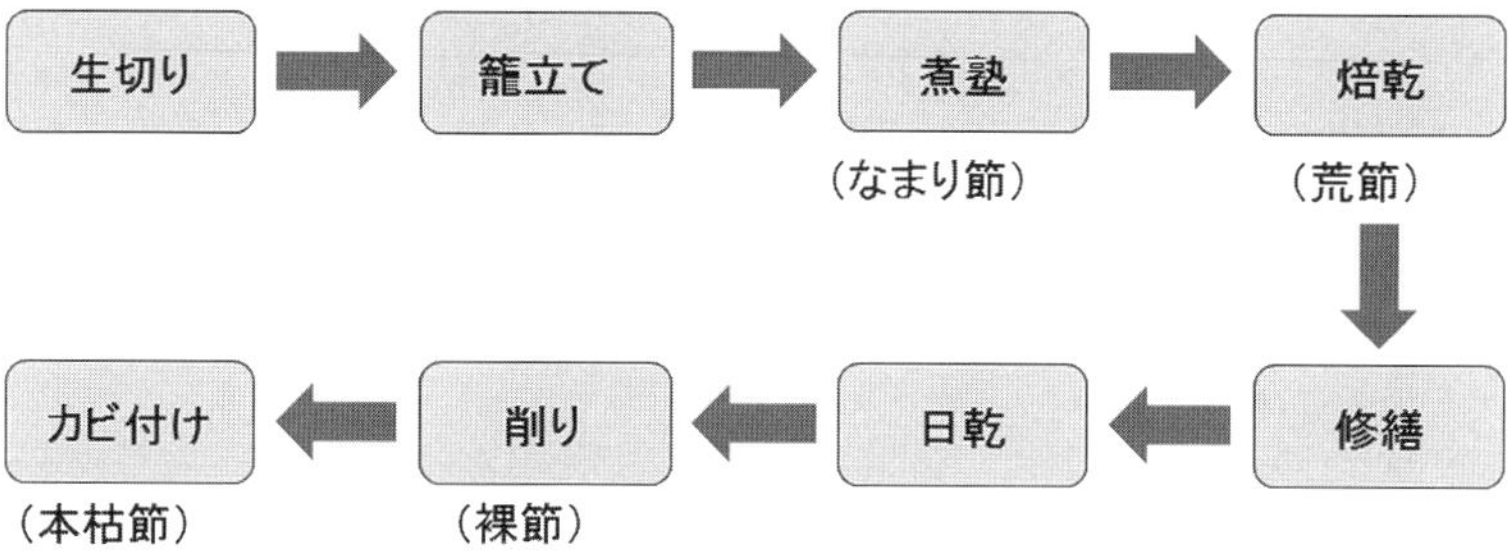

図１　鰹節の製造工程（カッコ内は出来上がりの節の名称）

（3）鰹節の生産量

先述のとおり、鰹節はかつては太平洋沿岸の広い地域で製造されていた。二〇一八年現在では一八府県で製造されている。しかし、生産量で見れば、鹿児島県枕崎市、鹿児島県指宿市、静岡県焼津市で国内生産量の九九％を担っている（表2）。近年、生産量は微減しているが、その一方で、食品メーカーは、二次加工製品にあたる「麺つゆ」や「風味調味料」などに加工している（図2）。調理の簡便さが求められている現代において、これからの鰹節産業では、鰹節を原料とした調味料の需要が今後高まる〔久賀、二〇一四〕。

地域	生産量(t)	割合(%)
鹿児島県	21,436	74.7
静岡県	6,994	24.4
高知県	83	0.3
三重県	72	0.3
千葉件	49	0.2
和歌山県	37	0.1
愛媛県	16	0.1
宮城県	x	x
茨城県	x	x
栃木県	x	x
群馬県	x	x
京都府	x	x
兵庫県	x	x
福岡県	x	x
熊本県	x	x
宮崎県	x	x
沖縄県	x	x
合計	28,712	100%

表2 日本国内における鰹節生産量（2018年）
資料：農林水産省「水産加工統計調査」より

また、鰹節は海外でも製造されている。日本国内の事業者は、海外で製造されたカツオ節（荒節）を輸入、販売をしている。図3は、鰹節（荒節）の国別の輸入量の推移を示したものである。インドネシアやフィリピンといった東南アジアからの輸入が多いことがわかる。

鰹節製造業は、一九七〇年代から大量生産時代を経て、九〇年代半ば頃からグローバル化の波に覆われたという。大量生産時代には海外からの安価で大量のカツオが供給されてきた。また、「かつおパック」の開発による市場の急拡大が起こった。グローバル化時代には、原料のカツオの輸入、荒節の輸入、缶詰加工との国際競合などが行われた。また、二次加工製品「麺つゆ」などに移行したことで、低品質＝低価格の荒節の輸入が増加した。このことが、海外からの荒節輸入元がインドネシアやフィリピンなどの低コスト国に移行した要因とされる〔片岡ら、二〇〇八〕。片岡らは、鰹節生産コストの削減が、現代の鰹節製造業の至上命題としている。荒節の大量生産や製造工程の外部委託、機械化、労賃の引き下げ（中国人雇用の拡大）、海外生産などの動きがある[1]。

鰹節の需要はいまや世界的な広がりをみせている。鰹節の製造において焙乾工程では、薪を焚く工程を経る。その際に発生する「ベンゾピレン」と呼ばれる化学物質の含有量がヨーロッパの衛生・食品規制基準の基準値に適合しないため、日本からの輸出ができない。そのため、枕崎水産加工業協同組合などの出資によりフランスに工場を設立し、ヨーロッパの衛生・食品規制基準の基準値に適合する鰹節の製造を行っている。

このように和食の重要な要素である鰹節とは、古くから日本人の生活と結びついてきたことがわかる。そして、いまや世界的に製造され、我が国の食文化を支えている。しかし、鰹節のグローバルな展開は、日本国内のカツオ産業にも影響を与えている。

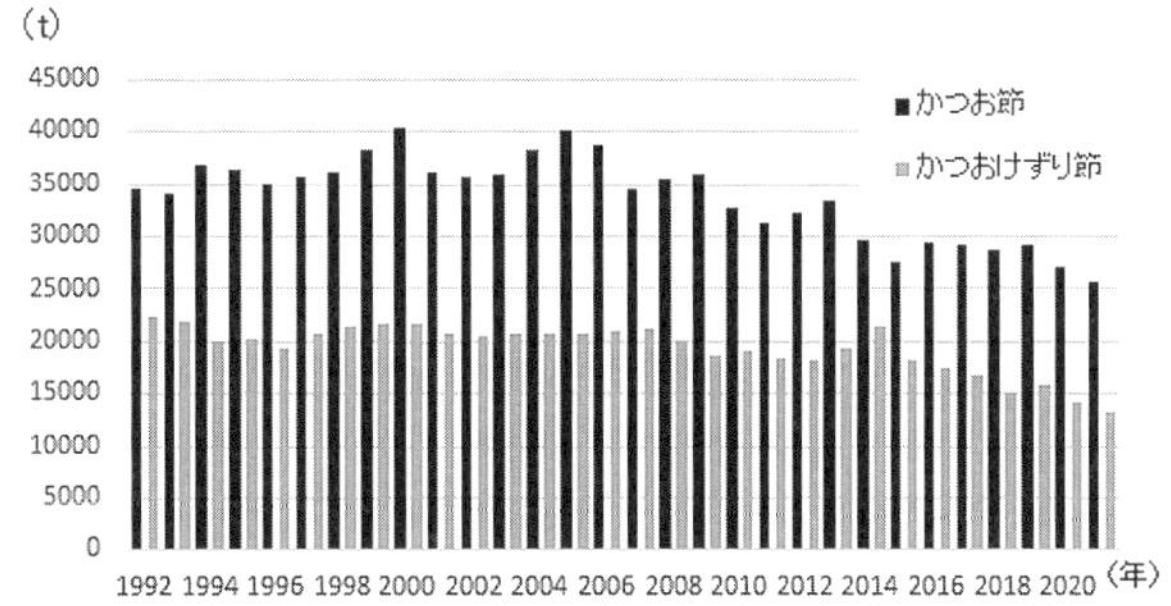

図２　鰹節・けずり節の生産量推移
資料：農林水産省 水産物流通統計年報より作成

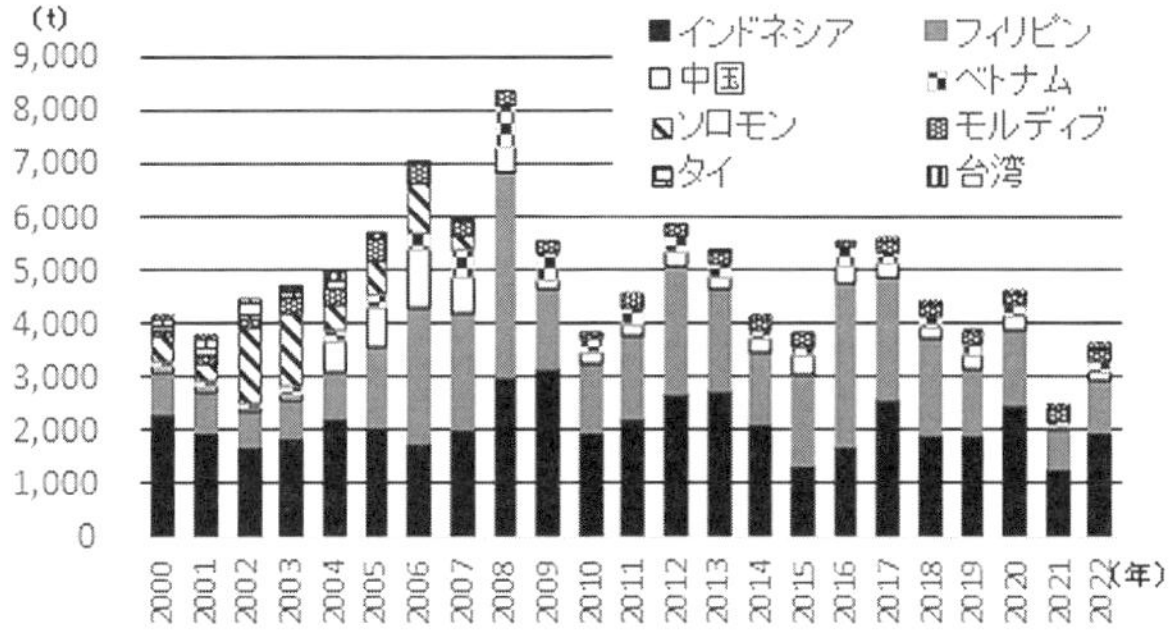

図３. カツオ節輸入量の推移
資料：貿易統計より作成

2. 沖縄県における鰹節加工

（1）鰹節産業の盛衰

総務省の家計調査（二〇二〇～二〇二二年平均）によると、那覇市における鰹節の支出金額は、二三六六円（全国平均八四〇円）、消費量は八八六グラム（全国平均二〇六グラム）で、ともに全国一位となっている。二位が浜松市で消費金額が一二六二円、消費量が三〇九グラムとなっていることから、沖縄の支出金額・消費量が突出していることがわかる。沖縄における食には鰹節を多量に使用する。例えば、いまや観光客にも馴染み深い、沖縄そばには鰹節でとった出汁が使われたり、さまざまな汁物の料理にも鰹節が使われたりする。また、鰹節に少量の味噌を入れて湯でといた「カチューユ」は、風邪を引いた時に飲まれる食事として知られている。このように沖縄の食事と縁深い鰹節は沖縄においてどのような歴史を辿ってきたのだろうか。

日本近海におけるカツオの分布域は南西諸島から三陸沖と広大である。こうした広い分布域を持つことから、多くの地域で、眼前で獲れるカツオが利用されてきた。昭和五（一九三〇）年の記録によれば北海道から沖縄にかけての二八都府県で鰹節は製造されていた。例えば、岩手県では現在、鰹節の製造はされていないが、かつては、「鰹節製造伝習所」と呼ばれる、鰹節生産の職人育成の取り組みを、県を挙げて行っていた。そうした背景もあり、昭和一三年には、全国一の鰹節生産量を誇った。ただし、先に紹介した「諸国鰹節番附表」でも示されていたように、三陸地方で作られる鰹節は「三陸節（東節）」などと呼ばれており、品質は他地域で生産されるものより劣っているとされていた。これは、三陸沖漁場で漁獲されるカツオには脂肪が多く含まれており、これが鰹節生産には不向きとされているためである。一方で、南西諸島海域で漁獲されるカツオは脂肪含有量が少なく、鰹節生産には向いており、同地域では一時的にカツオ漁も栄えることとなった。

沖縄県におけるカツオ一本釣漁（以下「カツオ漁」とする）は一九〇一年に座間味《ざまみ》島で始まった。県外漁業者による技術指導により、漁獲および鰹節生産において、徐々に産業として成長していった。この頃のカツオ産業は、餌料採捕からカツオの漁獲、鰹節生産までが村落内で一貫して行われる、共同体的組織であったのが特徴であった。製造された鰹節の多くが本土に出荷されていた。ただし、琉球王朝時代に鰹節の存在を示唆するものや、中国との交易の過程のなかで、沖縄に流通していたものがあった〔上田、一九九四〕。

明治時代後半からは県内全域でカツオ漁が行われるようになり、鰹節生産量も次第に増大していった。大正時代には沖縄県内に一二〇軒の鰹節製造所があった。この頃の鰹節産地は本部《もとぶ》村、久米島、渡名喜島、先島諸島、与那国島、尖閣諸島であった。それぞれの鰹節工場は小規模であったため、豊漁となると、製造が追いつかず、鰹節の品質を落とすこととなった。そのため、昭和時代になると一船団一加工場形式から、複数の船団で運営する共同加工場が作られるようになり、カツオ漁船団単独で有する鰹節工場は減少した〔沖縄県農林水産行政史編集委員会 編、一九八三〕。

大正時代に入ると、沖縄県も鰹節の生産量が増加した。大正三（一九一四）年には三七六トンで全国七位の生産量であったものが、大正一三年には一〇八八トン（全国四位）、昭和九（一九三四）年は七五一トン（全国四位）、昭和一一年は七七四トン（全国四位）と全国の一〇％前後の生産量を誇っていた。なお、昭和一〇年には、与那国島が日本一の生産量を記録している[2]。こうした鰹節生産状況は「大戦による好況の余波が、沖縄のカツオ産業を空前の景気で支えていた」という〔上田、一九九四〕。また、大正時代に迎えたカツオ漁の最盛期後に、沖縄のカツオ業は衰退傾向にある。この背景には、大正末期から昭和初期にかけての不況（昭和恐慌）やカツオの不漁、南洋群島への漁業転換、沖縄のカツオ業の特徴である一船団一組合という零細な組織形態が関係している。

先に触れた岩手県における「鰹節製造手ノ養成」と同様に、沖縄県でも「鰹節製造伝習所」、「節削女工ノ養成」といった製造人の育成事業が実施されていた。一九二一年に沖縄県立水産試験場が設置されたことで、種々の事業は試験場のもとで行われていく。この当時、カツオは沖縄県の重要水産資源に位置づけられており、鰹節製造関連の試験のみならず、その漁獲方法関連について、採捕から利用にいたるさまざまな試験が行われてきた。鰹節製造に関しては一九三九年まで、カツオの生態や採捕に関しては一九八一年まで実施されてきた。沖縄県の水産試験場の歴史をみても、特定の魚種でここまでの試験を展開してきたのはカツオのみであり、こうした状況からもカツオがいかに沖縄県の水産において重要であったかをうかがい知ることができる。

先述のように、沖縄県産の鰹節は本土に出荷されていた。ところが、沖縄近海で漁獲されるカツオの身質は、脂肪分を多く含まないために、鰹節には適していたものの、高い評価は得られていなかった。これは、沖縄の鰹節がそもそも宮崎や鹿児島県、高知県などの複数の産地からの技術指導を受けてきたため、製品の品質が不統一だったことが挙げられる。こうした問題を解決するために、沖縄県水産試験場の指導のもと「焼津式」への統一が進められた。

こうした製品の改良のもと、沖縄県産の鰹節の評価は高まるものの、カツオ漁業の衰退とともに、二〇二三年現在、沖縄県内には本部町と伊良部島（宮古島市）に製造所が残るのみとなっている。

（2）カツオ漁の盛衰と餌料の確保

鰹節生産において、原料となるカツオの確保は常に大きな問題である。沖縄県では、歴史的に一船団一組合という形式で鰹節工場を経営してきた歴史がある。先にも触れたとおり、カツオの漁獲量が鰹節の生産量に大きく影響してきた。

沖縄県のカツオ漁は一船団一組合という特徴を持つが、同時にカツオ漁で使用する餌料も自ら確保するという特徴をあわせ持つ。川島〔二〇〇五〕は、本州と奄美・沖縄のカツオ船の餌料獲得について、自ら餌料を獲得するか否かの違いを挙げている。すなわち、本州のカツオ漁は各地の餌料業者から餌料を購入し、カツオ漁に向かうが、奄美・沖縄のカツオ漁では、自ら餌料を採捕してからカツオ漁に向かう。ただし、伊良部島のように追込網漁師との契約のもとで餌料を獲得する地域もあるものの、餌料を自船団内で獲得する方式は、沖縄におけるカツオ漁の特徴の一つといえる。

沖縄県ではカツオ漁を奨励するために、さまざまな政策を展開してきた。例えば、一九四八年八月に公布された「新漁業条令」では、カツオ漁以外の目的での沿岸におけるキビナゴ類の採捕が禁止されている。また、新聞紙上でも、カツオの餌料の必要性を訴える地域の声が採りあげられてきた。沖縄漁業史において重要な検討事項であったことが示唆される。なかでも餌料をめぐる問題は、カツオ漁の存続に大きく関係する。例えば、沖縄県のカツオ漁の先駆けとなった座間味島では、一九七四年にカツオ漁が終焉を迎えるが、この背景には経営悪化に加えて餌料の問題が指摘されている〔座間味村史編集委員会、一九八九〕。慶良間《けらま》諸島では不足する後継者を補充するために伊平屋《いへや》島から若者を雇い入れたものの、餌料の不足により衰退したとされている〔兼島、一九九五〕。また、伊平屋島では大正末期にカツオ漁の全盛期を迎えたが、餌料の関係や、カツオ業者の技術不足により経営悪化に陥り船団は解散していった〔諸見、一九八一〕。伊是名《いぜな》島では大正末期にカツオ漁が操業されていたものの、餌料の不足を一要因とする漁の不振続きで消失している〔伊是名村史編集委員会編、一九八九〕。そのほか、大宜味《おおぎみ》村でも大正末期から昭和初期にかけてカツオ漁が盛んになったものの、餌の不足や資金不足、流通面といった諸問題からカツオ漁業を含む漁業は衰退していった〔大宜味村史編集委員会編、一九七九〕。このように、沖縄県内各地で操業されたカツオ漁であったが、地域ごとの特殊な要因はあるものの、経営不振や餌料確保の問題から衰退・消失していくケースが多く確認される〔吉村、二〇一四〕。県内におけるカツオ漁の不安定性とその要因は「餌料の脆弱性とその不足」にある〔沖縄県、一九七四〕。すなわち、餌料を安定的に獲得できなくなった地域は、カツオ漁を継続していくことができず、一方で餌料の獲得が可能であった地域は近年まで、もしくは現在もカツオ漁が継続されてきた。以上の点から、沖縄におけるカツオ漁の衰退要因の一つに「餌料の不足」が挙げられ、さらに餌料確保はカツオ漁の操業の決定要因とも換言できるほど重要な問題であったことは、既存の史資料から自明である。詳細は後述するが、本章で採りあげる本部町もカツオ漁で栄え、二〇一〇年までカツオ一本釣漁船団が操業していたが、晩年は餌料確保の問題に悩まされていた(3)。また、二〇二三年現在もカツオ船が操業している伊良部島においても、近年、餌料の安定的な確保が喫緊の課題となっている。

3．本部町・伊良部島におけるカツオの加工

（1）本部町のカツオ漁

本部町は沖縄本島北西部、本部半島に位置する、人口一二九七四人〔二〇二三年八月現在〕の自治体である。「美《ちゅ》ら海《うみ》水族館」を中心とした観光業が中心の町である。山間部にはリュウキュウアイやミカン類の農業が展開されている。沿岸部は水産業が展開されており、古くから「本部といえばカツオ、カツオといえば本部」と県内メディアでも報道されるほど、カツオで知られ、沖縄本島で唯一、鰹節の製造工場を有している。

本部町のカツオ漁は一九〇四年に町内の有志が出資し、一隻の漁船を購入したことで開始された。漁撈技術が

低かったため、停滞する時期もあったが、一九〇七年には多量の水揚げを記録している。カツオ漁は、当時、多くの収入をもたらす糖業に比肩するほどの職業として活況を呈した。この頃、琉球新報では「渡久地の名物は、鰹料理なりとして県下に誇れる所なり」として、本部町のカツオは一躍有名となった。ただし、この頃のカツオは現在のように誰でも食べられるような大衆魚的なものではなく、「腹肉は高級品、かつお節など、手が届くものではなかった。成型の際に出る削りがらもなかなか買えなかった」といい、「鰹の頭や、身をおろしたあとの中骨がせいぜいの馳走」だった〔本部町史編集委員会、一九九四〕。

先にも記したように、沖縄県産の鰹節は本土では高い評価を得られていなかった。そうした背景もあり、県としては品質向上のために高知県から製造教師を雇い入れ、本部村（当時）にも派遣している。あわせてカツオ漁の技術向上のために、宮崎県からも漁撈手を雇い入れ、技術向上に努めた。また、鰹節の品質保全のため鰹節保管倉庫の整備が進められた。本部では一九二九年度に県の補助事業で建造された。沖縄県は既述のようにカツオおよび鰹節を県の最重要な水産資源に位置づけ、種々の奨励策を講じてきた。戦争による、漁船など水産施設への被害により一時はカツオ漁が停滞するものの、戦後すぐにカツオ漁は再開される。

一九五〇年代以降、日本のカツオ漁は大型の遠洋漁船が展開されるようになった。その結果、安価なカツオが国内に流通し、さらには鹿児島から安価な鰹節が沖縄に流通した。本部町のカツオ漁は、そうした流れに乗れず、市場での競争からは遅れをとった。しかし、一九七五年に開催された沖縄国際海洋博覧会をきっかけとした刺身需要が高まったことで、カツオ漁を中心とした水産経営は比較的安定であった〔本部町史編集委員会、一九九四〕。しかし、カツオ船は漸減傾向にあった。この背景には後継者不足、餌料確保、カツオ漁獲量の減少、海洋環境の変化など、さまざまな問題が存在している。

カツオ船は一九二七年に最大四〇隻を数え、本部町のカツオ漁史上、ピークを迎え、その後は漸減していく。

一九九七年からはカツオ一本釣漁船団・第十一徳用丸のみの操業となった。こうした状況下で、本部町では、町内のカツオ産業が第十一徳用丸への依存状態に対する懸念から、二〇〇三年に本部町内の関連事業所などが構成員となり、「本部かつお漁業振興対策協議会」を発足させた。鰹節に関する検討事項としては、カツオの買取価格について採りあげられている。本部町のカツオ漁は、先にも触れたように、かつては漁船団ごとに鰹節工場を有していた。一九七七年には第十一徳用丸に加え、第三祐徳丸、金城丸の三船団の鰹節工場を、漁業協同組合（以下、漁協）に統一し、鰹節製造を行うようになった。本部町では水揚げされたカツオは、町内の鮮魚店、沖縄県内の大手スーパーマーケット、漁協、水族館に流通する。流通先によって買取価格が異なる。漁協が買い取るカツオは鰹節加工用である。水揚げされるカツオの六割程度が加工用となる。二〇〇〇年代に入り、漁協によるカツオの買取価格は一二〇円／キログラム程度であった。同協議会における漁協によるカツオの買取価格についての検討事項では、鰹節は歩留まり（原魚に対する製品の重量比）が約二〇％にも拘らず、買取価格が低いことから、歩留まりが高く事業性が見込めるなまり節や新商品開発を展開し、一八五円／キログラムを目標とした。協議会の検討事項については、一定の成果を見ることなく、二〇一〇年に最後のカツオ一本釣漁船団・第十一徳用丸は種々の社会変化、環境変化を受け、解散となった。近年では、小型のカツオ船による操業がなされているが、往事と比べるとわずかな水揚げに留まっていることがわかる（図4）。現在では、鰹節を製造するほどの水揚げはないため、他地域から鰹節を製造するためのカツオを購入している。

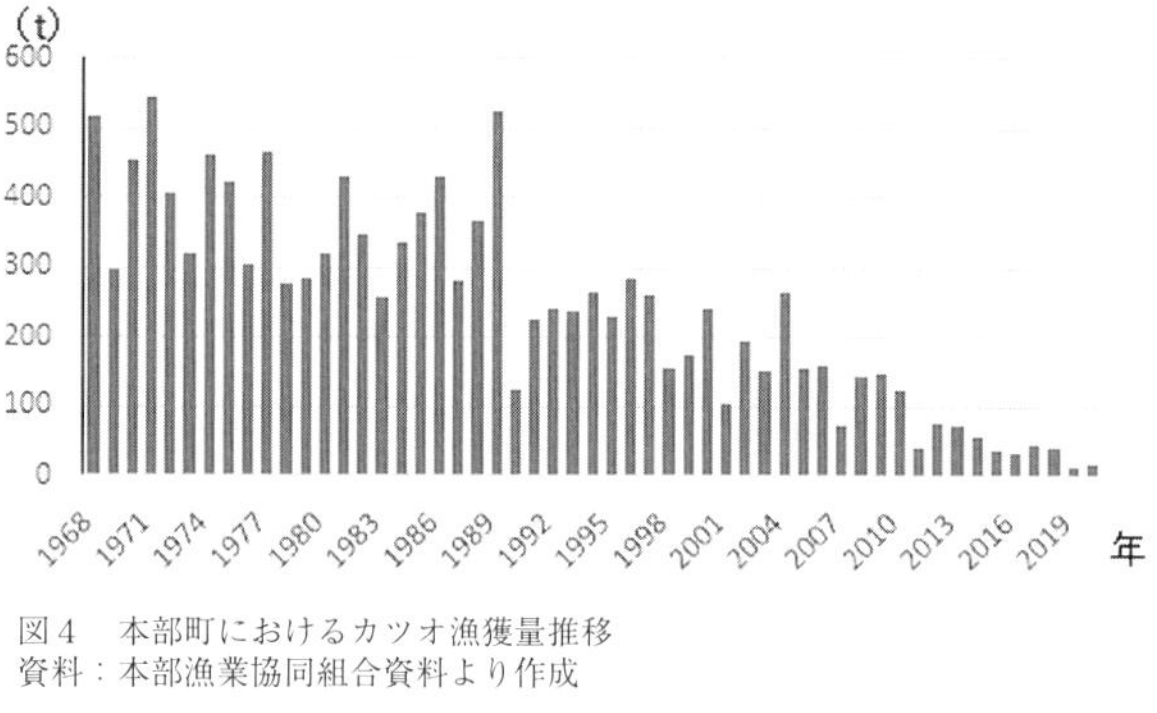

図4　本部町におけるカツオ漁獲量推移
資料：本部漁業協同組合資料より作成

（2）鰹節の製造

二〇一一年以降、第十一徳用丸の解散に伴い、町内のカツオ漁船からは漁協に、鰹節製造用のカツオは供給されていない。そこで、鹿児島県枕崎市より冷凍のカツオを購入し、鰹節の製造を行っている。

本部町の鰹節の製造は以下の手順によって行われている。二〇二三年現在、三〇歳代の漁協職員が製造技術の継承を受けながら、漁協職員五名、臨時職員三名によって製造が行われている。

【解凍】枕崎から輸送されてきたカツオは、町内の冷凍施設で保管されている。鰹節製造日の前日に漁協へ搬出する。搬出されたカツオは凍結しているため、前日の夕方から解凍を行う。一度に解凍するのは、約一トンである。

【生切り】午前八時三〇分頃から作業が開始される。鰹節製造は「生切り」の工程からスタートする。カツオを「ヘッドカッター」と呼ばれる頭部を切り落とす機械に通し、その後、鰭や、腹側の肉（ハラゴー）、内臓を除去する。

【籠立て】生切りを終えたカツオをセイロと呼ばれる金属製の籠（煮籠）に並べ、汚れを洗い流す。

【煮熟】専用の釜で、約九〇分間茹でる。煮熟の最中に、灰汁が出てくるが、適宜除去する。茹で上げたカツオは、約二時間冷ます（放冷）。これで午前中の作業が終了となる。

【バラ抜き】放冷されたカツオは身を中骨に沿って半分に割り、鱗や中骨、腹骨を除去する。バラ抜きされたカツオは木と竹で作られたセイロと金属製のセイロに並べる。前者はなまり節、後者は荒節用となる。

なまり節

【焙乾】なまり節は煮熟されたカツオを、焙乾室に移し、焙乾を行う。焙乾は手火山式によって行われる。全体が満遍なく燻されるように、セイロの位置を変えながら、約一時間燻す。

【整形】焙乾されたなまり節は、焦げた箇所の除去などの整形作業を行い、真空パックされる。その後、煮沸消毒され、製品となる。本部町のなまり節は手火山式による焙乾を経るため、「焼きなまり節」として製品化されている。

荒節

【焙乾】煮熟、バラ抜きされたカツオは、工場内の焙乾庫で焙乾される。この際の焙乾は、「焼津式」によって行われる。この製法は薪を燃やして発生した熱を焙乾庫内に送り込み、その熱風でカツオの水分を飛ばしていくものである。焙乾庫内の温度は九〇度前後に保つように調整する。温度が高すぎると、カツオが反ってしまい、製品としては使えなくなる。焙乾は午前九時頃から午後五時頃まで行う。途

写真１　本部町漁協の鰹節製造
（上段：鰹節加工施設、中段：手火山式によるなまり節製造、下段：焼津式焙乾庫）
筆者撮影

中、「休乾」という焙乾を休ませる工程を挟みながら、約二週間かけて荒節を製造する。焙乾庫内の温度には偏りが出るため、製造期間中は焙乾庫内のセイロの位置を変えながら完成を目指す。なお、焙乾に用いる薪は硬木を使うのが一般的で、本部町ではモクマオウの木を使用している。完成した荒節は表面に残った鱗や骨などを除去し、箱詰めされる。箱詰めされた荒節は冷凍庫で保管される。

【削り】本部町では荒節での出荷は行っておらず、「花かつお」と呼ばれる、削られた状態のものが製品となっている。削りは、専用の機械を使う。荒節をそのまま機械に通すと、粉末が多く出るなど、歩留まりが悪くなる。そのため、荒節を一度、加温してから削りを行う。花かつおはパックに詰められ、完成となる。また、削りの際に出た粉末は、業者向けに商品として販売している。

（3）鰹節の流通

本部町における鰹節は複数の流通ルートを経て消費者のもとに届く（図5）。個人の場合、自家用に購入する場合もあるが、多くはお中元やお歳暮などの贈答用に用いられることが多い。町内だけでなく、町外からも買い求めにくる客も散見される。給食センターは沖縄県の北部、国頭《くにがみ》地域の学校給食に使用される。定期的に学校給食センターに納入されている。同様に町内の福祉施設の給食用にも流通している。その他に飲食店や土産店に卸している。また、土産店にはなまり節も卸されている。

鰹節自体の流通は以上のとおりであるが、製造工程からの流通を見てみる

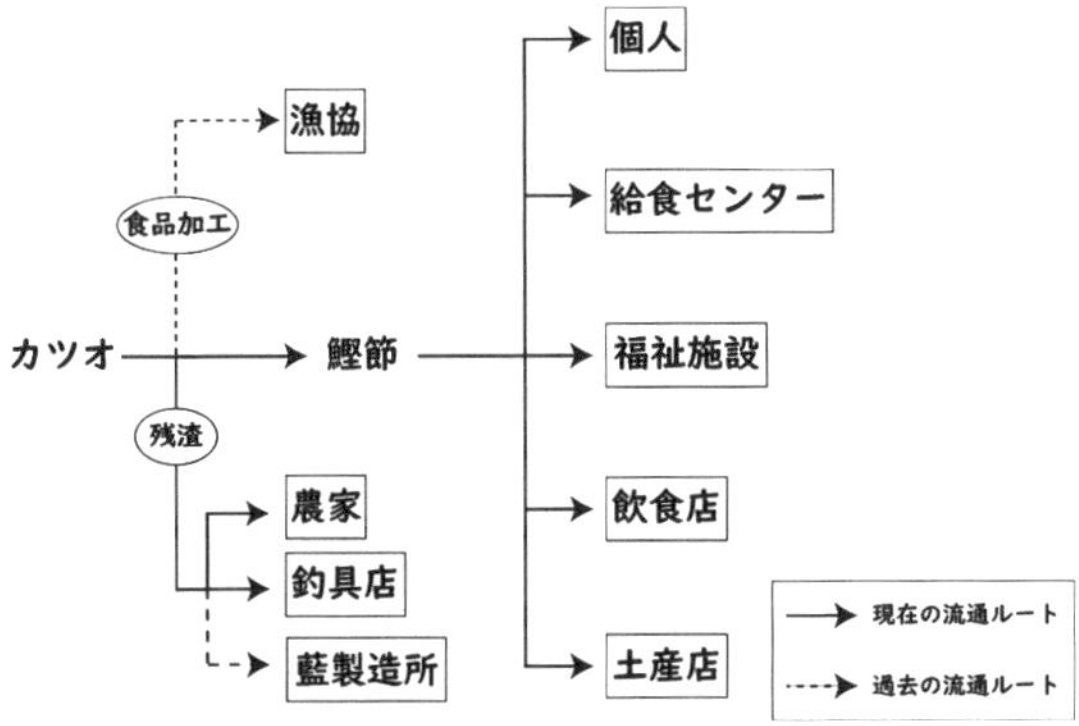

図5　本部町における鰹節の流通

と、多様な拡がりを見ることができる。カツオの生切りの際に除去された腹側の肉（ハラゴー）は、かつては漁協直営の天ぷら店で提供されていたが、現在は釣り具店に販売している。また、内臓は塩辛に加工されていた。頭部は町内外の農家、特にマンゴー農家に流通していた。マンゴーの受粉にはハエを利用する。そのため、頭部の腐敗臭を利用し、ハエを集めマンゴーの受粉をさせる。また、焙乾工程では、多量の薪を使用するため、多量の灰が出てくる。この灰はかつて、本部町で生産されるリュウキュウアイの染液を作る「藍建て」に用いられたこともある。本部町では使われなくなったが、宮古島では「宮古上布」の藍建て工程で、伊良部島の鰹節製造で排出される灰が利用されている。このように、鰹節の製造は食文化を支えるのみならず、地域の他産業を支える役割も担ってきたことがわかる。

（4）伊良部島におけるカツオの加工

本部町と同様に沖縄県内で鰹節製造を行っている伊良部島について簡単に触れる。伊良部島は宮古群島の西方に位置する離島である。二〇一五年に伊良部大橋が開通し、宮古島と結ばれた。宮古島の北方に位置する池間島とともに、カツオ漁で栄えてきた島である。

宮古島では一九〇六年に鹿児島県出身の鮫島幸兵衛が宮崎県から二隻の船を購入し、カツオ漁が開始される。池間島、佐良浜（伊良部島）では、カツオは神の使いとして崇められていたため、漁の対象とはなっていなかったが、一九〇七年に池間島にてカツオ漁が始まる。伊良部島の佐良浜集落では一九〇九年にカツオ漁が始まり、愛媛県より鰹節製造の技術指導者を招聘した。その後、カツオ漁で集落は栄えた。昭和初期頃には鰹節価格の下落とともに、カツオ漁は不振を極め、南洋群島に活路を求め、多くの漁民が出漁した。その後、第二次大戦による南洋群島からの撤退や、大戦後の再出漁などの沖縄におけるカツオ漁をリードする存在となった。伊良部島のカツオ漁では、「アギヤー」と呼ばれる追込み網漁でエサを捕ることで知られている。ただ、これも漁師の高齢化、後継者不足により存続が危ぶまれている。

伊良部島にはカツオ一本釣漁船が三隻あり、このうち二隻は鰹節の製造も行っている。かつては、伊良部島でも本部町同様にカツオ漁船団が加工場まで所有し、鰹節の加工を行っていた。各船団により水揚げされたカツオは伊良部島島内の鮮魚店の他、県内のスーパーマーケットに出荷される。カツオ船・喜翁丸もかつては鰹節の製造を佐良浜地区にある共同加工場で行っていたが、宮古島市内の食品会社にもカツオを卸すことになったため、鰹節製造からは撤退した。残りの二隻については、各々で鰹節加工場を有しており、自船で水揚げしたカツオを加工している。このうち、昇栄丸水産はカツオ船・昇栄丸でカツオ漁を行い、奥原鰹節工場にて鰹節を製造している。スーパーマーケットや沖縄そば店などに製品を卸しているが、近年の不漁で、販売量の調整を行っている。奥原鰹節工場では、製品を販売する店舗を宮古島島内に構えている。かつては、本節の需要があったが、調理の簡便さを求めて現在は需要がなくなっているという。奥原鰹節工場では、花カツオは伊良部島で水揚げされたカツオを使い、冬に製造するなまり節は鹿児島から原料を取り寄せている。

そのほかに、なまり節を専門に加工している、友利かつお加工場は、枕崎市よりカツオを購入している。製造には、手火山式を用いている。本部町や伊良部島の他製造所では、伝統的に薪からセイロまでが一《メートル》以上離れているが、友利かつお加工場では、四〇から五〇センチ《メートル》と極めて近いところに特徴がある。こうすることで、なまり節特有の乾燥した食感を軽減できるという。同加工場では、製品の六割から七割が土産物として販売され、三割が地元向けに販売されている。同店のなまり節は、伊良部島内で行われる儀礼などでも用いられていた。一時は、地元需要の低下が起きたが、近年はメディアに採りあげられ、また若い世代の観光客に「新しい食材」として認知されるようになっているという。

4．グローバル化に揺れる沖縄のカツオ文化

（1）カツオ価格の高騰

沖縄県で鰹節（なまり節）を製造している本部町、伊良部島では枕崎の同一企業から原料を調達している。枕崎は先にも記したように、日本の鰹節産業を支える一大生産地である。ここでの鰹節の原料は、中西部太平洋海域を中心に操業を行う海外まき網漁業によって漁獲されたカツオである。現在、カツオの国際相場の指標は国際的なツナ缶製造の拠点となっているバンコク（タイ）で決まるとされ、それに連動する形で、日本国内の枕崎や焼津といった日本国内の市場の相場も反映される。世界的なツナ缶の需要の高まりから、冷凍カツオがバンコクに集まるようになった。近年、バンコク市場での相場が高騰し、国内の市場も相場が上昇傾向にある。枕崎では二〇一〇年末頃には平均価格がキロ《グラ》ムあたり一七〇円前後で推移していたものが、二〇一三年には二三〇円台を記録した。このときはカツオの不漁や欧米での缶詰需要の高まりによるもので、その後、価格は下落し、落ち着いたものの、近年、再びカツオ価格の高騰が起きている。二〇二二年中頃からもカツオが不漁傾向になったことに加え、円安がさらに国内相場に影響を与えている。二〇二三年には三〇〇円／キロ《グラ》ム台とこれまで記録にない相場となっている。国内のカツオの相場、ひいては鰹節価格は国際相場のなかで決定されていく。

また、カツオの値上がりには、中西部太平洋海域における国際法の影響も受けている。海外まき網漁船が操業する中西部太平洋海域に位置するオセアニア諸国にとって、水産資源は重要な位置づけにある。かつては、公海自由の原則のもと、日本をはじめ、どの国もそこでの水産資源を享受できた。一九七〇年代以降には排他的経済

水域の設定がなされ、一九八二年には「ナウル協定」が締結された[4]。このナウル協定はマグロやカツオのまき網漁業などに対する操業条件を課すものである。なかでも、入漁料（指定された海域で操業するための海域の利用料）は、二〇一一年までは一二〇〇～二五〇〇ドル／日であったものが、徐々に高騰し、二〇一五年には一万ドル／日となった。カツオ漁を操業していくための基本的なコストも大きく上がっていることもカツオ相場の高騰につながっている。

さらには、近年、最も大きな影響を与えている、中西部太平洋海域でのカツオの不漁状況についても今後の動向を見守る必要がある。中西部太平洋海域におけるマグロやカツオなどの資源管理と持続的利用を目的とする国際機関「中西部太平洋まぐろ類委員会」の二〇二二年の会合において、新たに資源管理ルールが採択された。したがって、カツオ資源の状況によっては、さらなるカツオの争奪戦が起き、相場が高騰していく可能性もある。こうした、カツオ（漁）をめぐるグローバル化の動きは、日本国内の鰹節産業にも大きな影響を与えている。

（２）カツオ文化の継承

鰹節はユネスコ登録される以前より、グローバル化のなかでさまざまな動きを見せてきた食材の一つである。鰹節産業については、一九七〇年代以降に「かつおパック」の開発に伴う、荒節産業の再編、そして中西部太平洋海域での海外まき網における漁獲の増加による荒節生産システムの確立、九〇年代後半からグローバル化と生産構造の変化が起きた〔片岡、二〇〇八〕。ただし、こうしたグローバル化のなかで大きな影響は、本部町のような地産地消形態の鰹節産業には大きな影響は見られなかった。

現代の沖縄県の鰹節産業は、枕崎市に支えられているところが大きい。そうした動きのなかで、近年のカツオ相場の高騰は、特に本部町のカツオ文化を考えるうえで非常に大きな問題といえよう。すなわち、地方の零細な鰹節生産地がグローバルな産業動向に取り込まれることを意味する。

特にこの影響を大きく受けている本部町は一〇〇年以上にわたり「カツオの町」として沖縄県内で知られてきた。県内の他の自治体を見渡しても、これほど特定の自治体と魚種が結びついた地域はない。カツオは「本部町の魚」に指定されており、町内のいたるところにカツオに関するモニュメントなどが見られる。マンホールにはカツオが描かれていたり、五月には港に「かつおのぼり」が掲揚されたりしている。また、「カツオの味噌和え」という郷土料理がいまでも食卓にのぼる。こうしたカツオと深いつながりをもつ本部町も、カツオ漁をめぐる諸問題によって、二〇一〇年に最後の大型のカツオ船が廃業し、以降、本部町産のカツオを使った鰹節製造の中止が余儀なくされた。しかし、「本部町＝カツオ」という、名声は現在でも沖縄県内に残っており、お中元やお歳暮の時期には本部町産の鰹節を求めて、町内外からも需要がある。また、本部町産の鰹節については、沖縄北部の国頭地域の学校給食にも使用されている。こうした需要もあり、本部漁協では、町からの補助を受けながら、枕崎より原魚を購入し鰹節の製造を続けている。しかし、近年のカツオ価格の高騰により、十分な量を生産できず、二〇二三年時にはお中元やお歳暮などの贈答用の注文を中止せざるをえなくなった。また、販売価格の調整を余儀なくされている。

かつては、町内の鮮魚店に行けば常に本部町産のカツオがあるような状態であったが、現在では他市場から購入されたカツオが並ぶことも多い。また、筆者が町内の小中学校で授業をしていると、本部町の子どもたちにも、「本部町＝カツオの町」というイメージが徐々に薄れてきていることを実感する。現実的な問題として、社会科の授業の一部で触れられる程度で、具体的な話にはほとんど踏み込まれない。また、そのイメージを経験する授業機会を提供できなくなってきているのが実情である。そのため、子どもたちが本部町とカツオのつながりのイメージを具体化することが難しくなっている。カツオ漁船が複数操業していた頃は、漁協に併設されているセリ場にかかっているカツオ漁船の成績一覧を見るのが学校帰りの楽しみだった、という声も聞かれる。そうした日々の機会を通じて、本部町のカツオに対するイメージが醸成されていたと考えられる。

本部町のカツオをめぐる文化は自前でカツオを捕って、鰹節に加工するところにある。「捕る」という文化はカツオ漁船の後継者不足により、かつてのものとは異なるものとなった。しかし、「加工」すなわち鰹節製造という文化は継承されている。原料の確保という難題はこれからも続いていくが、本部町で培われてきた伝統的な鰹節作りの技術をこれからも次世代に継承していくことが重要である。次世代に継承していく方策として、その現場をこれまで以上に地域と連携し、学校教育に発信していくことで、「本部町＝カツオの町」というイメージを具体化する機会を次世代に提供していくことが求められる。こうした活動が、グローバル化した鰹節産業に取り込まれた本部町のカツオ文化を、次世代に継承することにつながっていくのではないだろうか。

〈注〉

（1）現在は、技能実習生制度を利用して、東南アジアからの労働力を雇用しているケースが多い。
（2）与那国島では、戦時中にほとんどの鰹節工場が空襲の対象になったという。
（3）本部町では船団方式はなくなったものの、数名が冷凍のキビナゴを餌に個人でカツオ漁を操業している。
（4）ナウル協定加盟国はミクロネシア連邦、キリバス、マーシャル諸島、ナウル、パラオ、パプアニューギニア、ソロモン諸島、ツバルの八カ国。

〈参考文献〉

伊豆川浅吉「東太平洋沿岸における鰹節製造技術の伝播」『漁業経済研究』第一七巻 第二号、一九六九年
上田不二夫「戦前期沖縄産鰹節に関する一考察」『漁業経済研究』第三九巻 第四号、一九九四年
大宜味村史編集委員会編『大宜味村史』大宜味村、一九七九年

沖縄県編『沖縄県史 第二二巻 各論編一〇民俗一』沖縄県、一九七四年
沖縄県農林水産行政史編集委員会 編『沖縄県農林水産行政史 第17巻』農林統計協会、一九八三年
片岡千賀之・ウィリー L. マンチョロ「カツオ節製造業のグローバル化と構造変化」『漁業経済研究』第五三巻 第一三号、二〇〇八年
兼島秀光『キラマガッー 慶良間の鰹一本釣り』ボーダーインク、一九九五年
川島秀一『カツオ漁』法政大学出版局、二〇〇五年
久賀みずほ「かつお節産業の過去・現在・未来─現代的状況と今後の展望・枕崎を中心に─」『地域漁業研究』第五四巻 第三号、二〇一四年
座間味村史編集委員会編『座間味村史 上巻』座間味村、一九八九年
立川卓逸「彙報 第八號〈鰹節読本〉」『沖縄県水産資料』常民文化研究所、一九五四年〈原典は一九三二年に発行〉
日本鰹節協会（http://katsuobushi.or.jp/）ホームページ〈二〇二三年九月一〇日閲覧〉
長谷川弓子「伝統産業（鰹節）の生き残りと企業戦略──地域創生のための一考察──」『聖徳大学研究紀要』第二八号、二〇一七年
人見必代『本朝食鑑』、一六九七年〈島田勇雄 訳『本朝食鑑 3』、平凡社、一九七八年〉
宮内泰介・藤林泰『鰹節と日本人』岩波書店、二〇一三年
本部町史編集委員会『本部町史 通史編 上』本部町、一九九四年
諸見清吉編『伊平屋村史』伊平屋村史発行委員会、一九八一年
山本高一『鰹節考』筑摩書房、一九八七年
吉村健司「沖縄本島北部地域における近海カツオ一本釣漁船団の退船過程」『沖縄文化研究』第四〇号、二〇一四年
吉村健司・青山潤「流通の歴史的変遷から見る三陸サケの社会的機能」『地域漁業研究』第五九巻 第三号、二〇一九年
若林良和『カツオの産業と文化』成山堂書店、二〇〇四年

食文化の継承とメディア教育実践

——大学生が奈良・吉野山で見つけたストーリー——

土屋祐子

1. はじめに

「食べ物についての認識がただ美味しいものから、いろいろな人の努力や想いが詰まったものに変わりました」（傍点は筆者）。これは奈良・吉野山をフィールドとしてメディア実践に取り組んだ大学生が自身の変容について記した言葉である。

筆者の研究室では、地域の歴史や文化を継承するためにリレー型デジタルストーリーテリングというメディア表現の実践に取り組んでいる。元々のデジタルストーリーテリングは、一九九〇年代にメディア・アーティストらにより米国カリフォルニアで始まった、写真と自分の声で吹き込むナレーションを基本とした数分の短い動画制作のワークショップである（Lambert & Hessler, 2018、小川、二〇一六など）。客観的なレポートではなく、自己の内面の想いや考えを表すことに特徴がある。米国だけでなく、英国、オーストラリア、ノルウェー、トルコなどでは国際カンファレンスが開かれ、日本含め世界中で取り組まれており、教育、福祉・ケア、コミュニティ形成、市民アーカイブ活動など多様な分野で実践されている。

そうしたデジタルストーリーテリングを応用し、フィールドワークの活動と結びつけて、「語りのリレー」をコンセプトとしたプログラムを構築しながら、研究室では一〇年以上にわたり、地域社会とつながるアクションリサーチ的な実践を続けてきた。過去には広島の大学を拠点に、主に大学生による地元の歴史や災害の記憶を語り継ぐデジタルストーリーテリング制作に取り組んできた〔土屋、二〇二〇：一四二―一五〇、二〇二二：二一五―二二四など〕。本実践で語りをリレーするとは、フィールドワークで他者と出会い、他者の語りの応答として自己の語りを生み出し表していく活動である。継承を主体間のコミュニケーションの問題として捉え、受け継ぐ側の立場から、祖先や被爆者、被災者ら他者への理解を深め、そこに自分なりの意味を見出し、語る行為として試みてきた。今回は奈良・吉野山をフィールドに、食文化の継承をテーマとしてリレー型実践に取り組んだ。本章では、銘菓の吉野本葛菓子を扱う葛屋・中井春風堂と吉野町観光ボランティアガイドの会にご協力をいただいた実践についてまとめ、食の文化継承について一考する。

2. メディア実践プログラム

（1）事前学習

本実践は筆者が担当する二〇二二年度秋学期の桃山学院大学の授業「マルチメディア文化実習」において取り組んだ。履修者三年生九名は、学期の前半で、独自の視点で大学の魅力を再発見する写真のワークショップや、さらにその眼差しを生かした大学のＰＲ動画を作成するなどした。本リレー型デジタルストーリーテリングには学期の後半に取り組んだ。

フィールドワークに行く前には、その時点での地域のイメージや知識を確認する作業を行った。具体的には「今回フィールドワークに行く奈良・吉野のイメージ・知識について記入してください。食についても記入してください」という設問に回答してもらった。「春に桜が綺麗に咲いている」「聞いた感じだと、山がたくさんあって、紅葉が綺麗そう」「周りが山、歴史が深い、遺跡、水が綺麗」「歴史があり、古い建物とかお寺がある」「田舎で古い建物がある、和食」「初めて聞いたのでまったく」といった記述を得た。大阪出身の学生が多く、吉野に行くのは初めてというメンバーがほとんどのなかで、最初の時点の認識は、景色が綺麗、歴史的な場所という漠然としたもので、食についてはイメージも希薄だった。吉野と言えば千本桜が著名だが、学生たちにその認識は共有されていないようだった。

（2）吉野山フィールドワーク

二〇二二年一二月三日、九名の学生たちは、近鉄の吉野駅から日本に現存する最も古いロープウェイに乗って吉野山に到着し、吉野町観光ボランティアガイドの森本悦子さんと待ち合わせた。撮影のためのスマートフォンを片手に参詣道を歩き、立ち並ぶ飲食店や土産物店に目をやりつつ、要所、要所で立ち止まり、吉野の歴史や史跡を始め、吉野葛や柿の葉寿司などの特産の食、吉野建と呼ばれる住居様式、春の桜の様子などについて話をうかがった。吉野山観光協会が提供しているエリアマップ（https://yoshinoyama-kankou.com/maps/）に記載されている寺社は一二に上るが、今回は世界遺産にも登録されている後醍醐天皇が南朝の皇居とした吉水神社と修験道の総本山

で国宝の金峯山寺の蔵王堂を訪れ境内を散策した。ガイドの森本さんは終始明るく楽しい語り口調で話され、学生の笑顔を引き出していた。場所の説明だけでなくボランティアガイドをする想いも話され、二時間のガイドの終了時には学生もすっかり打ち解けた様子だった。

その後、フィールドワークの最終目的地として、蔵王堂向かいの葛屋・中井春風堂を訪問した。名産の吉野葛を用いた本葛餅と本葛切りの調理の実演を見学した後に、店内でその場ででき あがった葛餅と葛切りをいただいた。中井春風堂では、「葛を食べる」ことを徹底的に追求し、「透明感」「なめらかさ」

「やさしい弾力」といった葛の特性を生かせるよう吉野本葛と水だけを材料に、できたて一〇分以内を賞味期限とした本葛餅・本葛切りを作り、提供している（中井春風堂 http://nakasyun.com/）。通常は、そうした「美しく」「美味しい」葛菓子を作る実演の際に、葛とはそもそも何なのか、どのように採取されるのか、葛餅と葛切りはどう異なるのかなどの「葛の話」を、店主の中井孝嘉さんが写真やイラスト入りの手製の資料をもとに説明されている。

訪問時はのどを痛められていたため、店舗でのやり取りはスマートフォンの文字読み上げアプリを利用した簡潔なものに留め、追って中井さんがYouTubeに掲載している「葛塾」の動画（https://www.youtube.com/@kuzuyanakasyun）を視聴して葛について学習することとした。葛餅・葛切りを作る過程では、手早く葛粉と水とが混ぜ合わされ、その白濁した液は火にかけられる。それが透明に変わった瞬間、学生たちからは歓声が上がった。

葛を味わった学生たちは、帰り際に積極的に葛菓子のお土産を買い求めた。下山するためのロープウェイの中では、学生たちは口々に楽しかった、思ってもいないような経験だったと嬉しそうに話していた。奈良には何もない、と教室で話していた奈良県出身の学生は、何もないけれどいいところなんだ、と誇らしげに語った。

（３）デジタルストーリーテリング制作

フィールドワーク後の授業では、撮影した写真や動画を見返しながら、フィールドワークのふり返りを行った。ガイドの方の話や中井春風堂での体験、また、自分で歩いたり、写真を撮ったりするなかで気づいたことをワークシートに書き出し、グループで発表し合った。それらの気づきを語りの種として、一人ひとりが自分のストーリーを立ち上げていった。リレー型の語りとして、吉野山フィールドワークで見つけた大事だと考えることと、自分自身の経験とを結びつけて、自分だからこそ伝えられるストーリーを考えるよう伝えた。

語りを生み出すための補助線として、ストーリーの構成は原則大きく五つの話のまとまり（フレーム）を考えてもらった。五つのフレームとは、①大事だと考えるフィールドワークで見聞きしたエピソード、②①の説明、③①を選んだ理由とつながる自分のエピソード、④自身の変容や学び、⑤最後の一言である。各フレームには目安として三～五枚の写真を選ぶこととした。ただし、五つのフレーム以外の構成でも自分でアイディアがあれば自由に作成してもらった。

次のステップは、それぞれのフレームのなかの語りの台詞の記述である。これまでのデジタルストーリーテリング実践と同様に、台詞は自分の声で録音し、タイトルと共通のエンドクレジットをつけることを共通様式とし、写真以外にも短い動画や効果音の挿入は自己の表現として必要に応じて入れてもらった〔土屋、二〇一九〕。オリジナリティを重視するため写真はウェブからダウンロードできるようなフリー素材をなるべく使用せずに、自分や授業のメンバーがフィールドワーク中に撮影したものや自分自身が撮影したものに限った。ステレオタイプに陥らずに自分自身の想いや考えを伝えられるよう、例えば大事な文化を守っていきたい、などのフィールドワークに行く前から言えるような言葉ではなく、自身の経験に基づいたエピソードを中心に、抽象的ではなく可能な限り具体的な言葉を用いるよう繰り返し伝えた。その後、台詞をＩＣレコーダーに吹き込み、動画編集ソフトを用いて、写真と動画、効果音を合わせて、三分前後の動画として完成させた。

3．「メディウムフレーム」ワークショップとしての学習プログラム

筆者の研究室では、各メディアの特性を生かして、気づきや表現を行うワークショップに取り組んできた。メディウムとは英語ではMediumと表記され、複数形のMediaの単数形として扱われる。かつて一九六〇年代に、先

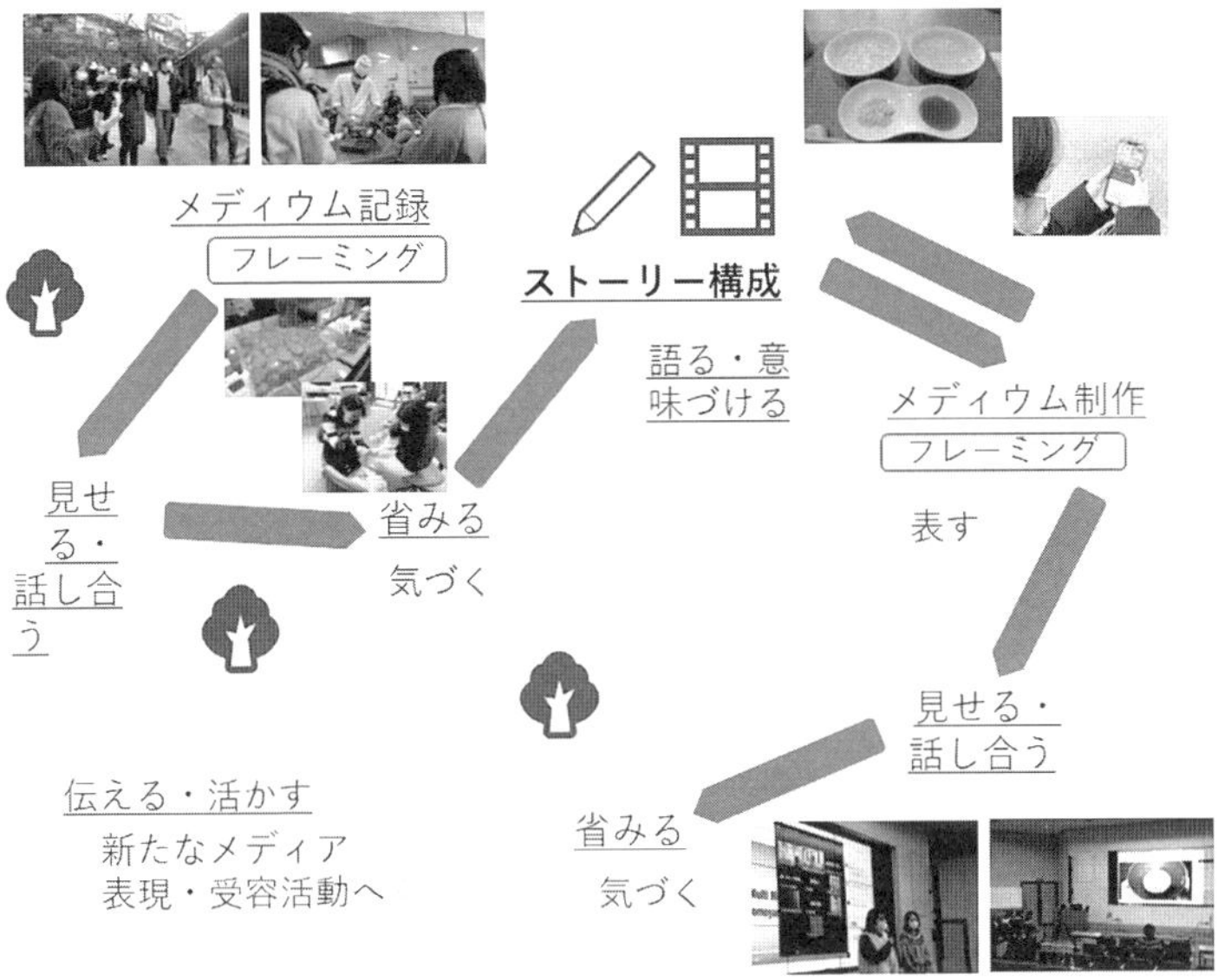

図1　吉野山デジタルストーリーテリング実践におけるメディウムフレーム・表現パス

駆的なメディア論を展開したマーシャル・マクルーハンは「The Medium is the Message.」と述べ、メディウムこそがメッセージである、という警句で各メディアのコンテンツより様式の影響の大きさについて指摘した〔マクルーハン、一九八七〕。メディウムは独自の様式を持ち、その特性によって世界の知覚の仕方など私たちのコミュニケーションを枠づける。研究室では、そうした各メディアの枠づけの作用のことを「メディウムフレーム」と名づけ、この概念・作用を活用し自分を取り巻く世界への気づきや、独自に〈世界〉を表現する実践として、ワークショップに取り入れを試みてきたメディウムフレームの理解・活用をメディアリテラシーの基層的な力として位置付けている〔土屋、二〇一九〕。こうしたメディウムフレーム・ワークショップとして、本実践の学習プログラムを表すと、図1のような学びの道筋が表せる。なおこの学びの道筋は、他の人との相互作用を通じて学びを深める「クリエイティブ表現パス」の「語る・意味づける」モデルとして構築したものを下敷きにしている〔土屋、二〇一九）。

　学生たちは、吉野山で見たり、聞いたりした経験を写真や映像というメディウムで記録し、それらを持ち帰った後に客観的な眼差しで対象として見つめ直し、聞き直し、授業メンバーとして共有することで、自らの気づきを増やし広げていく。また、そこでの気づきをデジタルストーリーテリングというメディウムの様式に落とし込み、語り直し、表現し直すなかで、吉野山や食文化への自分なりの理解をより精緻に、深めていく。ストーリーを立ち上げる行為では、写真といった記録メディウムは、自らの視点を相対化するなどして、自分の内なる他者との対話を促し、自分の内面の想い、考えをまとめていく道具として用いられる。また、メディウムの様式を用いて表現することで自らの内なる声は外在化され、自分以外の他者との共有を可能にするのである。

　本実践では、完成させた九作品を、二〇二三年一月二八日に桃山学院大学とオンラインにおいて実施した「地域とメディア実践研究フォーラム：地域文化継承と大学生によるメディア制作の可能性」の中で「伝統の中を生きる今～奈良・吉野山から紡ぐデジタルストーリーテリング」と題して上映した。参加者の武蔵大学など他大学の学生や研究者、一般参加の放送局の方などと意見交換をした。デジタルストーリーテリングというメディウムを用い、語りを再生可能にしたことにより、学生たちのフィールドワークで得た気づきや学びは、他者とも繰り返し共有できるようになった。研究室のウェブサイトでのアーカイブ化作業も進めており、さらに他の人びとに見てもらい、次の語りへの種となる可能性を高めていこうとしている（https://narrative.relay.media-literacy.net/）。

　また、デジタルストーリーテリングの様式で実践することは、ナラティブ学習の試みとも重なってくる。ナラティブ学習は、成人教育などで取り組まれてきた、「語る」ことを学びの手法と捉える学習理論である（ロシター、二〇一二）。経験は本来、前言語的になされるものだが、それらはストーリー化の過程で一貫性を持って整理される。つまり、意味あるものとして理解し直されるのである。そこでは、ストーリーを語ることは経験の意味づけ行為であるとされ、人は語ることで学ぶ、ということが主張されている。また、デジタルストーリーテリングは、イメージや音声を用いる動画であるため、多様な感覚によって気づきを意味づけていく行為となり、学習をより拡張する可能性があると言えよう。フィールドワークにおける経験の散逸的で時に漠然とした気づきは、多様なストーリーの種として捉えることができる。動画編集においてその種は取捨選択、整理され、さらに台詞や写真、効果音などの素材が加えられ、ストーリーに一貫性が生まれるように一つの筋道の通った動画にまとめられる。

4. 大学生が紡いだ吉野山のストーリー

（1）三つのテーマと九つのストーリー

九名の学生が作成したストーリーのタイトルは表1のとおりである。各自がそれぞれ作成したが、大きく三つのテーマを持ったグループに分かれた。一つ目は「奈良とは、吉野とは」と名づけたグループで、そもそも奈良や吉野とはどういうところなのかを発見、もしくは再発見していくストーリーである。外部からの訪問者は奈良・吉野の歴史の深さに驚き、奈良出身者は地元の良さを再認識した。二つ目のグループ「美味しさについて考える」は、中井春風堂の葛菓子に触発されて生まれたストーリーである。「美味しい」とはどういうことな

(1) グループ「奈良とは、吉野とは」
「21年間暮らしてわかったこと」（2：54） 「奈良の名所　吉野」NISHIYAMA　（2：54） 「受け継がれる町　吉野」鳥居　（2：09）
(2) グループ「美味しさについて考える」
「美しく美味しい理由」希咲　（3：36） 「美味しく食べられること」村尾ひより　（4：06） 「『美味しい』には時間がかかる」ちひろ　（6：50）
(3) グループ「温かい出会い」
「出会いと温もり」ユウカ　（1：30） 「温かい吉野」松田　（3：37） 「温かさに触れて」N. mamami　（3：59）

表1　「伝統の中を生きる今～奈良・吉野山から紡ぐデジタルストーリーテリング」作品一覧　※（　　）内は時間

のかを自分なりに探求した。三つ目の「温かい出会い」のグループは、ボランティアガイドの方を始め、温かく迎えてもらった吉野の訪問がとても楽しく居心地のよかったことから吉野の魅力を語ったストーリーである。本章は食文化の継承について採りあげるため、二つ目のグループの作品について詳しく見ていく。

(2) 大学生による三つの食の語り

本節では「美味しさについて考える」グループの三名それぞれが作成した語りを書き起こしていく。実際の作品では肉声による語りが写真や動画と連動して吹き込まれており、ナレーションというよりは静かな独白のような語り口調となっている。作品で使用された写真の一部を何枚か載せる。台詞の文章の番号は、作品のどこで各写真や動画が使用されたかを示している。

「美しく美味しい理由」希咲　(3:36) (丸カッコ内は筆者の補足、以下同)

ゼミのフィールドワークで奈良の吉野に行った。そこで綺麗なものをいくつか見た。
①吉野の空は大阪よりはるかに澄んでいてとても綺麗だった。そして私が一番惹かれたのは葛屋中井春風堂の葛餅の輝きだ。
②目の前で白い葛粉が透明になる過程を見学させてもらった。それはまるでマジックみたいだった。
③その葛餅の透明の輝きには中井さんの想いが込められていることを知った。④まずはスピードだ。葛粉は葛の根から採取したでんぷんの塊。でんぷんはある一定の温度に達すると周りの水を吸収する糊化という現象が起きる。その時に葛は粘りや透明感が出る。
しかし吉野本葛と水しか使用していない葛切りや葛餅は時間の経過とともにすごい速さで老化する。中井さん

①

②

③

④

⑤

⑥

の感覚では出来たての状態から葛が美しく美味しい時間は長くても一〇分だという。この中井さんの想いから、注文を受けてからの調理や、（時間内に）葛粉が透明に変化する様子の見学を行っている。

　また、葛が美しく見えるように照明の強さと色を調節している。③私が綺麗、美しいと思った葛餅は中井さんの想いが込められてこその綺麗さだったんだと気づいた。

　そして私が美味しいと感じた黒蜜ときなこについて葛餅との相性など、選ぶ基準があるのか気になったので、土屋先生を通して聞いていただいた。中井さんは基本的に葛以外はすべて脇役であることを前提に考えるようにしています、とのことだ。

黒蜜は中井さん自ら鹿児島県の喜界島に行き、最高の黒糖を作っている方のところを訪れた（うえで使用を決めたそうだ）。その黒糖は程よい上品な甘みと葛の風味を邪魔せず優しい口当たりになっている。

きなこについては大豆の風味が目立ちすぎないものを使用している。また、きなこに和三盆糖を混ぜることで、くちどけをまろやかにしつつ優しい甘みが葛のうまさを引き立てる（ようにしている）そうだ。

⑤他にも落ち着けるような温かい色の部屋作りや葛の綺麗さを見てもらうための白い食器。箸についても吉野杉の中でも最高な口当たりの良い箸を使用しているそうだ。

今回のフィールドワークに行く前に美味しいものをたくさん食べようとみんなで話していたが、美味しい葛餅と同時に思いもよらなかった学びが得られた。それは中井さんの葛に対する想いを伝える姿勢だ。

⑥これは私が普段大好きで食べているかき氷屋さんも一緒だろう。氷の削り方や氷に合う味づけ、つけ合わせのお茶や食器。

何も考えずただただ食べていたが食べ物一つに想像できないほどの手間や時間、想いが込められていることを忘れてはいけない。

「美味しく食べられること」村尾ひより　（4：06）

①フィールドワークで初めて奈良吉野を訪れた。世界遺産にも登録され歴史と非常に深い関わりのあるところだ。どこか懐かしく落ち着いた雰囲気を感じられ、なぜか時間が少しゆっくりと感じられるようだった。

実際に葛餅を作る様子を見せてもらった。目の前で作ってもらった葛餅は一つ一つが輝いていてとても美味し

①

②

③

④

⑤

⑥

かった。一人暮らしの私にとって、人が目の前で作ってくれたもの、地域のものを食べることはとても幸せなことであった。

　久しぶりに地元に帰っておばあちゃんの作ったものが食べたいと思った。地元に帰ると、いつも通りお菓子を出してもてなしてくれた。この日はお正月にしか食べることのできない花びら餅と私がお土産に買っていった吉野葛の干菓子である。

　②田舎で生まれ育ち、おじいちゃん、おばあちゃんと過ごすことの多かった私は、ずっと地元、季節のも

のを使った料理を食べてきた。③それが当たり前だったし、幼かった私は食わず嫌いをすることも多かった。
④その中でも一回試してみてと言われて、そこから大好きになったものがある。シソジュースである。毎年祖母が夏に作ってくれてそれを飲むのが楽しみになっている。
（動画・おばあちゃんの声）「……綺麗な布でもいい。このジュースの、シソジュースを綺麗な布でこして、それで冷まして瓶に詰めるだけだで。」

私がおいしいと言ったものを覚えてくれていて、毎年その季節になったら必ず作ってくれる。

（動画・おばあちゃんの声）⑤「……地元のものとか、その、その土地で生産されるものをその季節に合わせて食べるゆうぐらいおいしいことはないわな食べ物で。……その時にだけ蓄えられた栄養素ゆうだか甘みゆうだかあるもん。んなもんも本当に美味しいし、栄養たっぷりだし、身につくし。」

特別なことだと思っていなかったが、地元で取れた季節のものを美味しく食べられていたことは、とても幸せなことだと気がついた。

離れていると当たり前ではないと気がつくけれど、実際にいつもと変わらず私に料理を振る舞ってくれ、甘えさせてくれる祖母や家族を見ると、不思議と特別感はなく、当たり前の日常にも感じてしまった。けれど実家に帰ると温かく迎えてくれ、私の一番安心できる場所を作ってくれる家族に、ありがとうとたくさん伝えたい。今回持ち帰った吉野のお土産は祖母がこれまで私にしてくれたことと比べたらとても小さなことだけど、祖母はとても喜んでくれた。

（動画・おばあちゃんの声　お土産の葛菓子をつまみながら）⑥「一個ずつ丁寧にしてること。梅かな、これ。」

いつまでも受け身な私ではなく、少しずつ大人になってありがとうの想いを返していきたい。

「『美味しい』には時間がかかる」ちひろ　（6：50）

私の地元（愛媛・西条）には美味しいものが食べられるお店がたくさんあります。その中でもこの葛餅はお気に入りで親からの仕送りや地元に帰る時は必ず買ってもらいます。

今回ゼミのフィールドワークで吉野へ行き、葛屋中井春風堂で吉野葛を使った葛餅を見ました。ここでは実際に葛餅の作り方を実演していただき、できたての葛餅を食べさせていただきました。吉野葛を使ったできたての葛餅は私の知っている葛餅と食感、透明度、味、すべてが異なっていました。

①大学に帰ってからも、葛餅についての知識を深めるために、店主の中井さんが運営するYouTubeを視聴しました。この中で一番心に残っているのがでんぷんの構成についてのお話です。このお話を聞いた時、でんぷんによってどのくらい出来が違うのだろう、という疑問が浮かびました。

②そこでYouTubeで例として紹介されていた、さつまいもとじゃがいもを使ってでんぷんを採取し葛餅に似たものを作ってみることにしました。

（ここから、動画とＢＧＭによる作成工程の説明）

③まず約二〇〇《グラム》のさつまいもとじゃがいもの皮を剥き、細かく切ったものを準備し、これらをミキサーにかけてさらに細かくします。これらをキッチンペーパーで包み、絞っていきます。この液体を約一時間ほど涼しい場所に置いておきます。

④約一時間放置した結果、じゃがいも液とさつまいも液の色の違いがはっきりとわかるようになりました。

先にさつまいもの上澄み液を取り除いていきます。この沈殿している白いものがさつまいものでんぷんです。

次にじゃがいもの上澄み液を取り除いていきます。じゃがいもは少しの量しか採取できなかったのでもう一度戻

①

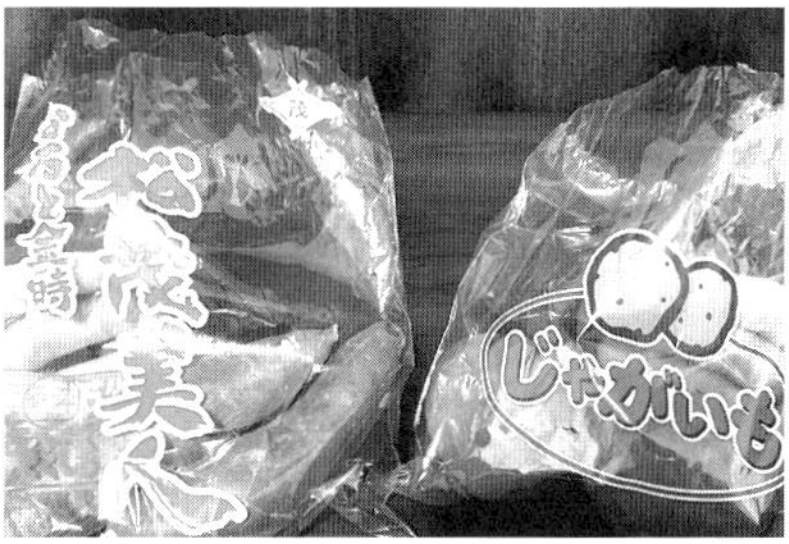

②

③

④

⑤

⑥

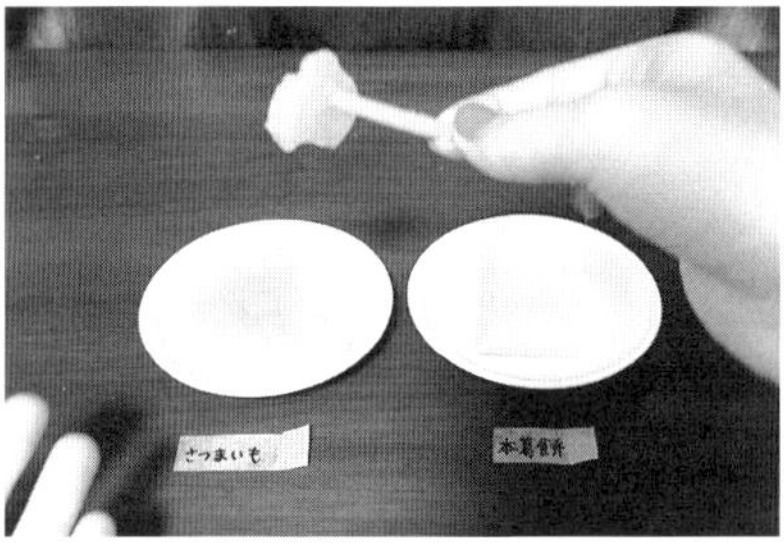

⑦

⑧

して待ってみることにしました。

さつまいものでんぷんには、濁りを取り切るために、また新しい水を入れて約一時間待ちます。さっきと同じ工程をもう一度繰り返します。

さつまいものでんぷんは綺麗に採取することができました。二度目のチャレンジ。じゃがいもはどうでしょうか。⑤やはりじゃがいものでんぷんは上手に採取することができなかったので諦めることにしました。ちなみに約二〇〇《グラム》のさつまいもから採取できたでんぷんはわずか一二《グラム》でした。

ここからはさつまいものでんぷんのみでお送りします。中井さんのYouTubeによると二対九の割合で作るとお話しされていたので、でんぷん一二《グラム》、水五四《グラム》で作ります。混ぜ合わせたものはタップをして冷蔵庫で一晩置いておきます。

一晩たったものがこちらです。水も濁りが一切なくとても綺麗です。これをでんぷんと水が溶け合わさるまで混ぜます。思ったより硬くてびっくりしました。

いい感じに混ぜ合わさったら茶こしを使ってお鍋にさつまいも液を入れ、火にかけていきます。最初は強火です。（動画倍速）

⑥徐々に葛餅のような透明な塊が出てきます。この辺りで中火に落とします。（動画倍速）

すべて透明になったのでここで火を止めます。この餅は温度に敏感なのでここからは時間との勝負です。

約四〇度のお湯を用意し、器を入れ、温めます。温めた器に手作り餅を乗せ、お皿ごと温めます。お皿を取り出し、茶こしですくい上げ、小さいサイズに切っていきます。また、この餅を温め直し、最後に水分をよく切って、完成です。

⑦では実際に作ったさつまいも餅を食べてみましょう。棒に刺してすぐ口に運ばないといけないほどホロホロ

感が強いです。食べてみた感想としてはポロポロしていて粘り弾力がないです。わかりやすく表現すると、少し冷めたパサつくけど水分があるお米のような食感と味です。

次に地元で販売されている本葛餅を食べてみます。棒で切る時や刺した時から弾力がまったく違っていて、思わず二回もカメラに映してしまうほどびっくりしました。やっぱり相変わらず美味しいです。

⑧このような食感になってしまったのは、中井さんがYouTubeでおっしゃっていた糊化と老化だと考えています。写真でもわかるように色がまったく違います。これは自分の温度管理不足が原因です。いつも何気なく食べていた葛餅は、このように多くの時間と労力を使って作られているということを体感しました。

このお菓子は葛藤の根を使うことでこの食感、透明度、味が生み出せるのだと考えます。これを機に、葛餅をじっくり観察したり、味わったりすることができました。これからは葛餅を見るたびに作成過程の失敗や苦労を思い出して、いつもより味わって食べることができそうです。

（3）学生の発見的な学びと食文化への気づき

デジタルストーリーテリングでは気づきや学んだことをそのプロセスごと語ってもらう。そのため、完成したストーリーからは制作者にどのような発見や学びがあったのか見て取れるし、見るオーディエンスも学習の追体験ができ、見ることでの発見的な学びが生じる。それは指導している教員も同様であり、ここでは各ストーリーに対する筆者自身の気づきを、作成を伴走するなかで関与観察したエピソードを交えて記述する〔鯨岡、二〇〇五〕。

最初の「美しく美味しい理由」は、中井さんの葛菓子作りに対する徹底的なこだわりに呼応した語りである。その語りからは、食というものが、そもそも人の手によって作られる、生み出されるという基本的なことを思い起こさせてくれる。日常の家庭料理とは異なり、観光地でしか食せないような名産品や伝統的な食は、誰によってどのように作られているのか見えないことも多い。伝統的で、その土地を代表する郷土料理であるからこそ、食材、調理手法、食べ方、食事の場作りといったすべてに美しさ、美味しさを追求し続ける姿勢があり、それこそが食文化を形成してきたと言えるだろう。制作者の希咲さんは本章の冒頭で紹介した、食べ物には人の想いや努力が詰まっているとコメントした学生である。彼女は中井さんら料理人の姿勢を「食べる側からすると想像もできない」努力だともふり返っていた。食を作り、提供することに誇りを持って真摯に取り組まれ、勉強熱心な料理人たちと、その食を楽しむ人びとによって、食という文化は更新され続けてきたことを、共に実感するストーリーとなった。

二つ目の「美味しく食べられること」は、「地元で取れた季節のものを美味しく食べられていたこと」に対する感謝を伝える作品である。人が目の前で料理してくれた地域の物を食べるという中井春風堂での体験から、いつも美味しい食事を作って食べさせてくれた「おばあちゃん」のことを思い出し、実際に京都北部にある実家に会いに戻って食についてのインタビューを実施して制作した。その撮影した動画をいくつか取り入れて完成させたデジタルストーリーである。フィールドワークのなかでの食の経験のなかから語りの種を見出し、実際に別人に語らせ、食の語りを増幅した作品と言えるだろう。主体的な行動力に裏打ちされた、人に話を聞いて彼ら／彼女らの言葉で伝えるというジャーナリズム性も持ち合わせた作品とも言える。

おばあちゃんの「地の言葉」による「その土地で生産されるものをその季節に合わせて食べるゆうぐらいおいしいことはないわな」という語りからは、郷土料理や土地の特産品がどのように生まれるのか、その原点に気づかされる。また、食文化が形作られることの根底にはありがたいと思う人の心があるということにも想いを馳せる。特定の土地で特定の時期にだけ蓄えられる「栄養素ゆうだか甘みゆうだか」を味あわせてくれる食材と、それらを育む大地や気候に対しての感謝の念が、それぞれの土地で収穫できる野菜や採取できる水への理解を深め、食材の特徴を存分に引き出す調理の仕方や、ひいては盛りつけや提供の仕方を考えることへとつながるのだろう。

作成した村尾さんが、中井春風堂のショーケースの前で、「おばあちゃんにお土産を買っていこうと思って」と、一人暮らしの大学生には安価ではないだろう高級な本葛菓子を熱心に見ていた様子を思い出す。孫に美味しくて栄養の高いものを食べてもらおうとするおばあさまの想いごと引き継いで、彼女は地の食を享受していくのだろう。

三つ目の「『美味しい』には時間がかかる」は、単に自分でも葛餅を作ってみるに留まらず、葛粉の原料となるでんぷんの採取を試み、その様子ごと動画で伝えるストーリーである。中井さんが提供するYouTubeの葛塾動画を参考にして、葛ではなく身近な食材のじゃかいもとさつまいもを使用し、「葛餅に似たもの」を作ってみた。中井さんのでんぷんの構成の説明を聞き、「でんぷんによってどのくらい出来が違うのだろう」と知的な好奇心を持って、こちらがひな形として用意した語りのフレームに留まらず自主的にユニークに食の語りを発展させてくれた。

デジタルストーリーテリングという一人称で自分の想いや考えを率直に述べるメディア表現は多くの学生にとって慣れた手法とは言いがたく、初めて制作する際には、過去の作品例を見てもらったり、アイディアを聞き出したり、具体的な言葉を用いるよう台詞を確認したり、教員の伴走を必要とすることが多い。しかし、二回目以降の制作になると教員の手を離れ、学生が主体的に自分の発想の赴くままに、作品作りを行ってくれることがある。その場合は教員の想像力を超えて新しい発想や手法を提案してくれてとても面白い。ちひろさんの作品はまさにそうで、葛餅を作るためにはどういう作業が必要で、どれだけの時間と手間がかかり、コツや工夫が必要で、とても難しいということを、見る側も追体験するような実感できる形で学習させてくれた。食べ物は人の手による料理という過程が必要で、そこでは食材の化学反応をふまえ、それを生かす必要も出てくる。まさに中井さんがYouTubeでされていることだが、食文化の継承には、原料の知識や採取の仕方から、料理の仕方について、誰もが再現できるようにすることが肝要となろう。

5．おわりに──食文化の継承と「問い直す」こと

本章ではリレー型デジタルストーリーテリングの実践から食文化の継承について検討してきた。本実践で作り上げた食文化に関わるストーリーは三作品のみであり、実践の手法についてはさまざまに発展の余地を残すし、生まれたストーリーの類型化にもさらなる取り組みの積み重ねが必要となろう。しかし、ストーリーを考察しながら、浮かび上がってきた一つの仮説のような結論は、「問い直す」ことが主体的な継承につながるのではないかということである。学生たちは葛粉が透明になる瞬間の美しさに驚き、手料理をうれしく思い、でんぷんの作用を面白いと考えてストーリーを立ち上げた。そこには、なぜ葛粉は透明になるのか、どうしてあれほど綺麗に光るのか、おばあちゃんが地域の季節の食べ物を勧めるのはなぜか、どうやって葛餅は作ることができるのか、どうしたらでんぷんは採取できるのか、などの数々の問いが生じている。作品制作はそれぞれの問いに対する自分なりの回答であるとも言えよう。また、立ち上げたストーリーには、食とは何か、食文化とは何か、というそもそもの問いを考えさせる「問い直し」の力がある。そして、こうした問いを生じさせたのは、自身が追求し極めた葛菓子の調理に必要な基本知識や手法を、実演やYouTubeの場で語り、拓いている中井さんの存在があったからと言えよう。

経験の再構成を教育と捉え、経験学習の祖とされるジョン・デューイは『経験と教育』のなかで次のように述

べている。「われわれは……（中略）……ある別の時点で生きているのではない。また、われわれはそれぞれの現時において、それぞれ現在の経験の十分な意味を引き出すことによって、未来において同じことをするための準備をしているのである」（デューイ、二〇〇四：七四―七五）。現在と未来を生きる我々は、伝統も郷土料理も繰り返し再発見していくことになる。食文化の継承にも、意味生成を重視した経験的な学習は有効となろう。でんぷん餅作りに挑戦した学生は「芋類からでんぷんを採取することはすごく時間がかかって、苦労するということがわかりました。しかし、作成過程で驚きや発見があって楽しかったです」とコメントした。動画制作も調理も、作ることは、苦労と楽しさを伴う発見的な学びとなるだろう。

〈参考文献〉

アルヴァックス・M『集合的記憶』小関藤一郎訳、行路社、一九八九年
小川明子『デジタル・ストーリーテリング――声なき想いに物語を』リベルタ出版、二〇一六年
鯨岡峻『エピソード記述入門―実践と質的研究のために』東京大学出版会、二〇〇五年
土屋祐子「リレー型デジタルストーリーテリングと記憶の共有」『地域でつくる・地域をつくる　メディアとアーカイブ』松本恭幸編、大月書店、二〇二二年
土屋祐子「地域の記憶は誰のものか？――地域創生、ステレオタイプ、デジタルストーリーテリング」『基礎ゼミ　メディアスタディーズ』石田佐恵子・岡井崇之編、世界思想社、二〇二〇年
土屋祐子『「メディウムフレーム」からの表現―創造的なメディアリテラシーのために』広島経済大学出版会、二〇一九年
土屋祐子「デジタルストーリーテリングのグローカル展開――転換的・共創的に広がる市民メディア実践」『広島経済大学研究論集』第三五巻第四号、二〇一三年
デューイ・J『経験と教育』市村尚久訳、講談社学術文庫、二〇〇四年
ブルーナー・J『意味の復権―フォークサイコロジーに向けて』岡本夏木・仲渡一美・吉村啓子訳、ミネルヴァ書房、二〇一六年

マクルーハン・M『メディア論――人間の拡張の諸相』栗原裕・河本仲聖訳、みすず書房、一九八七年
ロシター・M、クラーク・M，C編『成人のナラティブ学習――人生の可能性を開くアプローチ』立田慶裕・岩崎久美子・金藤ふゆ子ほか訳、福村出版、二〇一二年
矢守克也『アクションリサーチ・イン・アクション――共同当事者・時間・データ』新曜社、二〇一八年
Lambert, J. & Hessler, B. (2018). *Digital Storytelling: Capturing Lives, Creating Community*. 5th ed., Routledge.
Ogawa, A. & Tsuchiya, Y. From the Pre-story Space: A Proposal of a Story Weaving Method for Digital Storytelling. In *Digital Storytelling: Form and Content*. Dunford, M. & Jenkins, T. (Eds.). Palgrave Macmillan. 2017.

〈ウェブサイト〉
「地域を語り継ぐ自己メディア表現とコミュニケーション」（土屋祐子研究室）https://narrative.relay.media-literacy.net/
「葛屋　中井春風堂」http://nakasyun.com/
「葛屋　中井春風堂」YouYube Channel http://nakasyun.com/
「吉野町観光ボランティアガイドの会」http://www.youtube.com/@kuzuyanakasyun/
「吉野山観光協会」https://yoshinoyama-kankou.com/

第3部

郷土食をめぐる実践と提言

ガストロノミーツーリズムにおける郷土食の物語化
――スリランカ・ヒールオヤにおけるキトゥル関連体験を中心に――

ラナシンハ・ニルマラ

1. はじめに

観光と食の間は深い関係性があり、飲食というのは観光において欠かせない要素である〔Richards, 2002〕。ガストロノミーツーリズムをはじめとした多様な観光形態において、食を対象とする体験などが推進されており、近年ニッチマーケットとしても認識されている。つまり、食というのは単なる食べるという行為だけではないため、観光においてその食に関する歴史、文化、製造工程などを学習することや体験することなどが可能であり、そういった体験などを通して現地の文化や伝統、自然環境、生活様式やコミュニティ意識などが把握できる。そのため、そういった視点で付加価値を高めたり、特に、持続可能性やＳＤＧｓへの貢献に着目したりすることで、ガストロノミーツーリズムには大きなポテンシャルがみえてきている。こうした観光と食の関係性については、多様な側面から論じられてきているが、観光の場における郷土食の活用とその効果についてまだまだ議論の余地がある。特に、本章で採りあげるスリランカを対象としたガストロノミーツーリズム研究はほぼみられなく、さらにキトゥルを事例とした観光研究もいまだになされていない。そのため、本章では、郷土食がどのように観光資源化されているのか、それによりどのような効果があげられるのかについて、スリランカに固有の食材であるキトゥルとその関連体験を中心に考察する。

本研究で用いるデータは、スリランカ・キャンディー（Kandy）地区に位置しているヒールオヤコミュニティ・ベースド・ツーリズムビレッジ（Heel Oya Community-based Tourism（CBT）Village、以下CBT）を対象に実施した調査による。具体的には、キトゥルの利用方法やその作業の細かな過程などを理解するため、キトゥル関連の生業をしている地域住民へのインタビュー[1]（二名）を行った。ヒールオヤにおいてキトゥル関連体験を導入するには筆者も研究者として直接関わったため、観光におけるその活用を把握する際、村のCBTリーダーとのディスカッションと共に筆者自身の経験も利用した。また、筆者自身もその提供されたキトゥル体験を実際に観察・体験し、食品生産過程などについて知識を深めた。さらに、その体験に参加した日本の大学生（第4節）にアンケート調査を行い、観光客目線で体験の意義について考察した。また、筆者は日本に在住しているため、村のCBTリーダー二名に依頼し、適宜補足データを収集した。

なお、本研究で対象とする「郷土食」は、地域固有の食（regional food）やローカルフード（local food）など多様な名称を付与されているが、ここでは「郷土食」という表記に統一して使用する。

2. ガストロノミーツーリズムと郷土食の消費

世界観光機関はガストロノミーツーリズムを、「観光客の体験・活動が、食や食材に関連付いていることを特徴とする。本格的、伝統的または革新的な料理体験とあわせて、ガストロノミーツーリズムには地域の産地訪問、食に関するフェスティバルへの参加、料理教室への参加など、他の関連活動を含む場合もある」と定義している〔World Tourism Organization, 2019〕。観光客側からみると、彼らの多くはその地域や人を代表するような食べ物を体験するのが観光するうえで大きな目的としている〔Fields, 2002 ; Gačnik, 2012; Hjalager & Richards, 2002; Quang & Wang, 2004〕。そのため、郷土食を観光コンテンツとすることが大きな可能性を持っていると言える〔Alonso & Liu, 2012〕。ここでいう「郷土食」とは、当該地域内で生産されている、その地域固有の調理方法があり〔Tregear et al., 1998〕、その地域に独自の食・その地域や場所、人や文化を代表するような料理を指す〔Polat & Aktaş-Polat, 2020〕。さらに、安田は地域の食とは、「地域住民が誇りに感じている、その土地固有の食材、加工品、料理、飲料、およびその食にかかわる空間、イベント、食文化のこと」〔安田、二〇一三：一二〕であると述べている。

郷土食について考える際、地方・ルーラルエリアが欠かせない空間となる〔Beer et al., 2002 ; Clark & Chabrel, 2007 ; Tregear et al., 2007〕。食は五感を楽しませる大きな要素であり、料理そのものだけでなく、食する場所とも強い関係性が構築される〔Sims, 2009〕。特に、郷土食と地域の風景の間も親密な関係があり、地域や食の歴史、食文化や伝統をつなげることで食べられる風景（edible landscape）を生み出し〔Trewin, 2010〕、新たなフードスケープが創造される〔Berg & Sevon, 2014〕。このように観光と食が深く関わることにより、最終的にはこうした伝統的な景観・風景の保全・継続的な維持につながると指摘されている〔Beer et al., 2002〕。また、地方のフード・フェスティバルにおいてローカルフードやそれに関連する多様なアクティビティを利用していることが地域ブランディングにつながり、観光地やローカルフードのイメージを高める要因となる〔Lee & Arcodia, 2011〕。つまり、既存の食品に付加価値が付く〔Quang & Wang, 2004〕ということであり、食と共に地域の雰囲気が活かされているため、地域アイデンティティの構築にも至り、リピーターの増加にもつながってくる。ただし、こういった効果を得るためには、他の地域との差異化ができるローカルフードが不可欠となる〔Lee & Arcodia, 2011〕。

郷土食は、地域の伝統や遺産にも密接につながっており、狩猟、農業、食の調理や消費を含めた食料と関連するすべてが文化遺産であると言える〔Timothy, 2016〕。特に、郷土食という言葉には真正性にも着眼点がおかれており、当該地域のシンボルとなっている食品がローカルなもので真正性があると見なされる傾向がある〔Sims, 2009〕。それこそが当該地域における食体験を望む原動力ともなっている〔Tregear et al., 1998〕。持続可能な観光の視点で郷土食や場所と真正性を論じたSimsは、日常生活は本物ではないと考えたり、環境の面を配慮して農業や食を消費しようとしたりする人（観光客）にとって、郷土食は自分とその場所や地域住民と有意義なつながりを形成させるものであると指摘している〔Sims, 2009〕。

さらに、ガストロノミーツーリズムを他の観光形態とつなげて推進するものもみられ、その一種として、日本において新たに創造された「温泉ガストロノミーツーリズム」（ONSEN・Gastronomy Tourism）が挙げられる。これは欧米でみられるガストロノミーウォークに準拠したものであり、地域の食・地酒・銘菓などの魅力をウォーキングしながら体感する形となっている（温泉ガストロノミーツーリズム公式サイト）。また、地方における観光形態であるルーラルツーリズムにおいて、ガストロノミーツーリズムや郷土食の促進可能性についても指摘されている〔Beer et al., 2002 ; Clark & Chabrel, 2007 ; Tregear et al., 2007〕。Hall & Gosslingは、農業景観（agricultural landscapes）、フード・ヘリテージなどから考えるとガストロノミーツーリズムがルーラルツーリズムの一部として享受できる可能性があると述べている〔Hall & Gossling, 2016〕。特に、持続可能性に注目したルーラルツーリズムでは、観光のみならず地域の持続可能性にも考慮するため〔Sims, 2009〕、郷土食やその体験、食と関連する農業などのコンテンツが十分に活用できる。

食と持続可能性については多様な視点で考察されており、食は持続可能な観光において大事な要素となる〔Sims, 2009〕。食関連の観光は経済、社会、環境面での持続可能性を保証するうえで大きな役割を果たす

〔Everett & Aitchison, 2008〕。例えば、観光客による郷土食の消費が拡大することにより、地域内で多くの波及効果が表れ地域経済を潤わす一方、環境の面で考えた場合、現地購入は観光のカーボン・フットプリントを削減するために寄与する〔Sims, 2009〕。また、食料の輸送距離が少なくなるためフード・マイレージが減ることなど地域住民と観光客の環境の持続可能性に関する意識が増大される〔Everett & Aitchison, 2008〕。さらに、景観・風景の保全や維持、持続可能な農業や持続可能な生活様式の促進、伝統的な食文化の保全や継続、シビック・プライドによりコミュニティの満足度の向上や地域活性化、地域住民の健康増進など、郷土食の持続可能性への貢献は多岐にわたる。持続可能性は、食と関わる社会運動としばしば結びつき、伝統的な食・郷土食の保全を促すものもみられる。スローフード運動とはその一つであり、食のグローバル化（マクドナルド化）、均質化による影響をなくし、伝統的な食・農法・調理方法や文化を保全するための運動として知られている（Slow Food International Website）。

以上のことから、ガストロノミーツーリズムにおいて郷土食が多様な面で利用されていることがわかる。以下では、スリランカ固有の食材で郷土食のキトゥルがどのように観光に活かされているのかを考察する。

3．スリランカにおけるキトゥルとその活用

（１）キトゥルとは？

キトゥルとはヤシ科の植物であり、学名はカリオタ・ウレン（Caryota urens）である。主な生息地は、スリランカ、インドとマレーシアなどで〔Abeysinghe, 1991〕、英語名には、Jaggery palm tree/ Kithul/ Fishtail/ Sago/ Wine/

Toddy treeなど多様な表現があり、地域ごとに名称が異なる。例えば、インドではその葉が魚の尾に似ていることから、Fishtail treeと呼ばれるのに対し、日本ではクジャクが羽を広げたような大きな葉と捉えて、クジャクヤシと呼ぶ。スリランカでの一般的な呼び方は「Kithul キトゥル」である。木の高さは一五〜二〇メートルであり、その葉は六〜七メートル程度長くなる。スリランカにおいて主にKandy, Kurunegala, Mataleなどの中部地域とGalle, Matara, Kalutaraなどの南部地域に集中している植物（職業・生業として関わっている人も多い）である〔Seneviratne et al., 2005〕が、通常人によって栽培される木ではなく、自生している木であり、西部など幅広い地域でみられる。

キトゥルには商業、栄養や薬用など複数の用途があることがこれまでの研究で明らかにされており〔Abeysinghe, 1991 ; Ananth et al, 2013.; Grace & Henry, 2020 ; Karunaratne & Akurugoda, 2022 ; Kumar et al., 2012 ; Perumpuli et al., 2022 ; Senavirathna et al., 2016 ; Uddin et al., 2016 ; Wijesinghe et al., 2014 ; 2015a ; 2015b〕、キトゥルの花・樹液、種、果実、葉、幹のすべてが食材か薬として利用可能である〔Ananth et al., 2013 ; Perumpuli et al., 2022〕。スリランカにおいて主に利用されているのは、キトゥルの若い花から抽出する樹液とその幹から作る粉である。次項では、これらを採取し、そこからつくられる伝統的な食品について概観してみる。

（2）キトゥル・ハニーとキトゥル粉の製造と食品

本研究の調査対象地であるスリランカ・ヒールオヤでは、樹液の抽出が伝統的な生業であり、それに従事する人が多く存在する。以下では、彼らへのインタビューもふまえて樹液と粉の生産過程についてみてみる[2]。

まず、樹液に着目すると、その抽出の過程は非常に複雑で、伝統的な技術がないと難しい。例えば、ヒールオヤにおいてこの作業を行っているのはほぼ五〇〜七〇歳代の人であり、彼らも「父親から学んだ」と話す。一般的に一つの花から三〜四ヶ月樹液を抽出できるが、その期間は個人の技術に左右される[3]。木から最初の花が出るまでは一〇～一五年かかり、ヒールオヤではこの最初の花は樹液抽出に使わない(4)。二つ目の花から、花が出て二ヶ月ぐらい経つと抽出可能となり、この見極めも経験から習得する。最初の作業は、木に登りやすくするために、竹の木を幹につないだ足場を作ることである（写真１）。

樹液の抽出で最も重要なのは、花が満開して成熟する前に抽出することである。そのため、満開させないために多様な伝統技術が用いられている。その一つは、通常は花の満開時に落ちる若い花を覆っている仏《ふつ》炎《えん》苞《ほう》を事前に外すことである。もう一つは、調合薬を付けることであり、これは人や地域ごとに異なる。秘密にする人もおり、共有したら樹液の流れが止まるとも言われることから、キトゥルに関連する超自然的な信仰も多くみられる。この調合薬には多くの地域において「ベヘタ（薬）」と呼ばれ、調合薬を付けることは「ベヘタ・ティヤナワー」という。一二地区の一〇一村における樹液抽出の方法について調査したSeneviratneら〔2005〕によると、スリランカで利用されているこういった調合薬は四四以上存在しており、そこには薬草やスパイスを使ったナチュラルのものと加工品がみられる(5)。有機調合薬には、胡椒系、スパイス系、消石灰系、薬草系、灰系と柑橘類系の六種類があるが、ヒールオヤでは、スパイス、薬

写真１

写真２

写真３

写真１：キトゥルの木に登る様子、写真２：キトゥルの花、写真３：樹液が抽出される様子（出典：写真１筆者撮影、写真２・３ヒールオヤCBTリーダーWajira氏撮影）

草、灰、柑橘類が混ざった複雑なものになっている。具体的には、スパイス（ショウガ、乾燥唐辛子、塩など）、柑橘類（パスペギリという五つの柑橘類の葉と樹皮）、薬草（ショウブをはじめとする複数の種類）、灰（パスペギリの木材灰やココヤシ皮の灰）を混ぜたものが利用されている。これらすべてをすり鉢とすりこぎで粉砕して薬草の柑橘類のジュースと混ぜて、花の上の方に作った高さ約一〇センチ《メートル》、幅三・五センチ《メートル》の切り込みに入れる。その後、切り込みを作る時に外した樹皮を調合薬がつけられた切り込みの口にのせて、消石灰ペーストで隙間がないように埋める。この作業が非常に面倒なもので、ほぼすべての材料を森などから探してきて作り、花に付けるには三、四時間かかるという。このように調合薬を付けて二日間経つと花が柔らかくなって切りやすくなる。ヒールオヤではこの作業を「マラ・キーカルカラナワー」と呼ぶ。二日間後に最初に外した仏炎苞で花の上部を覆い、ナイフでその下部を切る。その後、数時間経つとその切れ目から少しずつ樹液が出てくるので、それを受けるために土鍋を置く（写真3）。それからは、毎朝と午後は土鍋を取り出し、花の切れ目を薄切りにし、新しい土鍋を置く作業を繰り返す。この樹液[6]を「テリッジャ（Thelijja）・テリディヤ（Thelidiya）」、またヒールオヤでは「エル（el）」とも呼ぶ。

次に抽出した甘いテリッジャから[7]「キトゥル・ペニ[8]（キトゥル・ハニー）」と「キトゥル・ハクル（キトゥル・ジャガリー）」（jaggery/ palm sugar）をつくる。まず、持ってきたテリッジャを白などの地味な色の布を土鍋に敷いて濾過する。その後、土鍋のテリッジャを約二・五〜三時間煮詰めると蜂蜜状になる。さらに、ジャガリーを作るには、さらに一時間ほど弱火で煮詰め、硬化させるために半分に割ったココナッツの殻に入れる。ヒールオヤではハニーとジャガリーの両方を作っているが、ジャガリーは手間がかかるのでハニーを作り販売する人のほうが多い[9]。ヒールオヤではキトゥル・ハニーは多くの伝統的なお菓子を作るときに砂糖の代わりに使っており、ジャガリーもお茶やコラケンダ（ハーブ粥）などを飲むときやワタラッパン（watalappam）などのデザートを作るために利用している。

次にキトゥル粉の生成過程をみていく。キトゥルの幹の心材を粉にしたもので、ヒールオヤにおいては、花の樹液を取り終わった木を使うことが多い。この生成にも手間がかかるが、まだ多くの家庭で続けられている。[10]まず、幹を五〇センチメートル程度の長さに切り心材が残るようにその樹皮を取り外す。それから、心材を小さく切って、すり鉢とすりこぎで完全に粉砕する。その後、鍋に水を入れ、布切れを敷き、粉砕した心材を少しずつ入れていく。次に、布切れに溢れてきた水と一緒に心材をよく絞る（写真4）。一時間ほど後に鍋の水をすくいとると、鍋の下に粉のようなパルプが残っているのがみられる。それを二日間ぐらい炎天下の下で天日干しにするとキトゥル粉が完成する。ヒールオヤではこの粉を主に家庭で、キトゥル・タラパ（Kithul Thalapa）、キトゥル・ドドル（Kithul Dodol）などの伝統的なお菓子や、伝統的な飲み物として知られているキトゥル・ケンダ（Kithul Kenda）などを作るために使用する。

写真4：キトゥル粉を作る様子（筆者撮影）

4．ヒールオヤにおけるキトゥル関連体験

（1）ヒールオヤコミュニティ・ベースド・ツーリズムビレッジ

ヒールオヤはスリランカ中部州に位置する村で、有名な世界遺産であるキャンディから三四キロメートル、大都市コロンボ（Colombo）からは約一五〇キロメートルの場所にある。人口八七〇人（二〇二三年）のこの村において、観光が始まったのは二〇一七年に村単位の観光協会が設立され、二〇一八年[11]に政府観光局の援助の下で観光オ

フィスが建設されてからである。[12]当時はホームステイを中心に進めていく予定だったので、「Knuckles Valley Heel Oya Homestay」という名称にしたが、観光振興やマーケティングの不足により、いまでもホームステイがきちんとした事業として定着していない。また、Knucklesとは有名な山岳地帯であるが、筆者の研究の一部としてスリランカの大学生とフィールドワークを実施した際、「Knucklesはどこにあるの?」と頻繁に聞かれたことがある。その理由はKnucklesがヒールオヤから見えないほど遠くに位置しているため、ヒールオヤを代表するような名称になっていないという議論になった。[13]

一方、当時から観光に携わっていたのは二六一家族のうち二四家族[14]のみであるが、食事を提供したりガイド役を行ったりして地域住民が直接観光に関わっていることが、コミュニティ・ベースドの一つの要素だと考えられる。ヒールオヤにおいて調査を開始した二〇一八年から筆者自身も観光におけるそのコミュニティの魅力を実感してきて、コミュニティ・ベースド・ツーリズムにおいて大きなポテンシャルのある村として把握できたため、ヒールオヤを筆者のCBT研究の調査地としてきた。ヒールオヤ地域住民の魅力が最も深く伝わるのはホームステイであるが、既述したようにホームステイする観光客はほとんどいない。そこでホームステイあるいは滞在期間を増やすためにどうすればよいのか考えた結果、まず滞在価値を創造すべきであり、そのためのコンテンツが必要であることがわかった。その後、地域住民と共に調査を続け、観光において活用できるコンテンツ・商品を複数発掘した。二〇二〇年まではヒールオヤを訪問した観光客は、カルディヤ・ポクナ(Kaludiya Pokuna, Black Pond)とペルマール・エッラ(Perumal Ella)という二つの滝までトレッキングをして、村の家でランチを食べて半日で帰るプランしかなかった。その後、伝統的な農業体験、タミル・コミュニティ[15]との交流や文化体験、料理体験、交流や自己成長につながる充実したホームステイなどの新たなコンテンツを導入していった。[16]キトゥル関連体験も同様に発見し導入されたものであり、初めてその体験を提供したのは日本の奈良県立大学のスタディツア一向けだった。以下では、このスタディツアーを中心にヒールオヤにおけるキトゥル関連体験についてみていきたい。

（２）スタディツアーで提供されたキトゥル関連体験

二〇二〇年二月に始まった奈良県立大学のスリランカ体験学習[17]（以下スタディツアー）においてヒールオヤは、ホームステイを通して村の生活様式を体験し、多面的に学べる空間として重要な拠点と位置付けられている。二〇二三年九月に実施した二回目のスタディツアー[18]では、ヒールオヤにおいて四泊五日のホームステイを企画し、その一環として先述した新たな観光コンテンツ[19]をモニタリングの形で体験し、それに関して意見調査を行った。キトゥル関連体験もその一環として初めて提供したものであり、ここで主に行ったのは、キトゥル・ハニーとキトゥル粉の生産過程を見学したり、体験したりして、それを材料とするキトゥル・タラパを作って食べることである。その体験内容について具体的にみると、以下のとおりである。

家に来客があると、水一杯かベテルの葉を持っていって迎える習慣が村に残っており、スタディツアー

写真５

写真６

写真７

写真５：テリッジャからキトゥルハニーを作る様子、写真６：幹を切ってキトゥル粉を作る様子、写真７：キトゥル粉作り体験（写真５～７筆者撮影）

参加者もこれを経験した。家の主人であるKRWさん[20]（六一歳）は農業と共にキトゥル・ハニーの生産・販売もしている。裏庭にちょうど花から樹液が採れるキトゥルの木があったため、その見学も依頼してあった。そのため、どのように木に登って、樹液を採って、花を薄切りして新しい鍋をかけ、テリッジャを抽出するかを実際にみることができた。次に、家に持ってきた採り立てのテリッジャを試食し、KRWさんの奥さんがキトゥル・ハニーを作るのに、テリッジャを煮詰める作業を提供した。キトゥル・ハニーが出来上がるまでは二・五時間ほどかかるので、そのあいだにキトゥル粉の生産過程を体験しながら学んだ。その場で作ったキトゥル心材のパルプは二日間ほど乾燥させる必要があるので、キトゥル・タラパを作るのに利用したのはすでに作ってあった粉である。キトゥル・タラパの作り方は、粉に水と塩を適切に入れて混ぜた後、弱火で煮詰めるのみなので、簡単にみえるが、きちんとしたコツがないと作れないものである。出来上がったキトゥル・タラパは、キトゥル・ハニーか砂糖、ココナッツミルク、ガーリック、胡椒と塩を入れて加熱したスープのようなものと一緒に食べる[21]（写真9）。この時間になると、キトゥル・ハニーも出来上がっていたので、その試食もでき、ヒールオヤ・キトゥル・ハニー一本がギフトとしても提供された。

写真8

写真9

写真8：キトゥル粉から出来上がったキトゥル・タラパ、写真9：キトゥル・タラパを試食用に提供する様子（写真8、9筆者撮影）

この体験に対して、スタディツアー参加者から、「現地の料理が何でできているのか知ることができた」「採取方法から最終課程までを見せていただいたので加工技術を知ることができた」「視覚・触覚・嗅覚・味覚・聴覚で体験できた」「日本では絶対にできない体験をすることができた」「アクティビティ全体の中で一番驚きが大きかったのがこのキトゥルのアクティビティで木から食べ物が生まれる、まさに自然に行われるＳＤＧｓであり本当に衝撃的だった」などのコメントがあり、全体として評価が高かった。ヒールオヤ側からみると、彼らにとっても初めての取り組みだったため、待ち時間を短くすることや詳しい説明を追加することなど今後改善すべき点もあったが、体験全体としては充実したものであったことがわかる。こういった体験は日本人の学生はもちろんのことスリランカ人である筆者にとっても、実際にこの一連の過程をみて、体験できたのは初めてのものであった。全体的なコースとしてのキトゥル関連体験はスリランカ国内で提供している地域はほぼゼロに近いため、ヒールオヤのこの体験は、国内外の観光市場においてスリランカ・ヒールオヤならではの新商品として付加価値を付けて促進可能であることがうかがえる。

（3）郷土食の物語化の試み

現時点では開発段階でありまだ観光商品として提供していないが、ヒールオヤにおける上記のキトゥル関連体験を、もっと充実した「郷土食の物語」として企画可能だと考えられる。具体的にみると、食は観光における文化・遺産や地方の消費において重要な要素となっており〔Beltrán et al., 2016 ; Gačnik, 2012 ; Hjalager & Richards, 2002〕、多様な側面を持つ文化的工芸品である〔Everett & Aitchison, 2008〕と指摘されている。さらに、食は土、気候などの環境面での特徴を持っている一方、植民地化、移住などの国際移動の影響も受けているため〔Frost & Laing, 2016〕、食そのものは、そういった歴史的なモビリティやその影響、伝統的な農業とその困難、家族の伝統、民話、信仰や社会規範などについて物語を語る重要な要素となる〔Timothy, 2016〕。また、当該地域における歴史を歩んできた人と彼らの体験や物語を抜きにして食を語ったり、観光商品にすることはできないと指摘されるように〔Berno et al., 2022〕、過去の食と関連する物語を把握することで、過去、現在、未来がつながるガストロノミーストーリーが見出せると考えられる。

一方、観光客側からみると、観光客が食そのものだけでなくその裏にある意味性や物語も消費していることを踏まえると〔Sims, 2009〕、ヒールオヤにおけるキトゥル関連体験においてもその歴史・文化や生活様式などに深く触れることにより、付加価値のあるガストロノミーストーリーが創造可能である。すなわち、その歴史に関しては、スリランカにおけるキトゥルとの関わりは一八世紀の王国時代から生業として成り立っており、特に、スリランカにおけるキトゥルとその利用について一八九八年に出版された図書もある[22]。ヒールオヤも最後の王国であるキャンディ地区に位置しており、王国とつながる伝説も残る村なので、年配の世代のストーリーを聞いて歴史を遡っていくとより具体的なキトゥル・ストーリーが判明できるだろう。もう一つは、既述したようにキトゥルの花から樹液を抽出する過程は地域ごとに異なり、さらに、Seneviratneら〔2007〕が考察しているように、キトゥルと関わる地域ごとの民話や超自然的な信仰も存在するため、過去と現在の生活様式とつなげて民俗学や文化人類学的視点で分析することによって、地域（place）とそこに住んでいる人（people）の奥深いストーリーが見出せ、観光客が身近に消費・鑑賞できる体験とすることが可能となる。また、既述したようにキトゥル樹液と粉の薬効や栄養価について把握した研究もみられるので、科学的かつ民俗文化としての健康上の利点を魅力的な要素として採りあげることができる。最終的に、観光商品とする時には、楽しんで享受できる・学べるコンテンツにする必要があるため、それも一番注意すべき点となるが、今後も研究チームとして「ヒールオヤキトゥル・ストーリー」を発掘して、付加価値のある観光商品とすることに取り組んでいきたい。

5. 観光と郷土食をつなげることでみえてくる効果

郷土食は、経済・文化・環境面での持続可能性に寄与しており、そこで地域や地域住民、観光客といった双方に利益をもたらしている〔Clark & Chabrel, 2007 ; Sims, 2009 ; Torres, 2002〕。まず、地域側からみると、[23]郷土食の振興は地域や地域コミュニティのアイデンティティ向上につながり〔Adeyinka-Ojo & Khoo-Lattimore, 2016; Gačnik, 2012 ; Lee & Nam, 2016 ; Lee & Arcodia, 2011 ; Timothy, 2016〕、それが観光地間の差別化を図るためにも活用できる〔Fields, 2002 ; Lee & Arcodia, 2011 ; Sims, 2009〕。スリランカの現状から言うと、多くのツアーには「村で昼食」や「料理教室」などが入っているものの、ヒールオヤで開発したキトゥル関連体験のようにスリランカ独自の食を一連の過程としてじっくりと体験する・学ぶ機会はほぼ提供されていない。ヒールオヤでは、そういった体験を提供するための資源や伝統的な知恵のある人材が存在するので、ＣＢＴ観光地として新たなアイデンティティを構築し、他の観光地と異なるユニークなポジショニングが可能である。また、食関連の観光は農業や漁業などの伝統的な生業の継承を促し、消滅していく郷土食や食文化の保全、伝統的なレシピや調理方法の継承につながることが明らかにされている〔Everett & Aitchison, 2008 ; Lee & Arcodia, 2011 ; Lunchaprasith, 2017 ; Scarpato, 2002〕。スリランカにおけるキトゥル関連の生業も担い手の不足によりどんどん減少しており、ヒールオヤのような村でさえ伝統的なものや技術などが「古い」ものとして捨てられる傾向がある。[24]ただし、そういった伝統的な生業を観光資源として魅力的な収入源とすることで継承のきっかけとなり、特に外国人向けとなった場合は身近にグローバルとつながる架け橋となることで、若者にとって大きな原動力となると思われる。さらに、観光客が自分の村のことを高く評価したり鑑賞したりすることは、地域住民のシビック・プライドにつながり、地域資源の価値を再認識し自分で守っていくべきだと考えるようになるだろう。

一方、スリランカのキトゥルが輸出市場においても大きなポテンシャルを持っていることが判明しており〔Import Promotion Desk.com, 2020〕、特にキトゥル粉はデザートなどの新たな食品開発に利用可能であるため〔Wijesinghe et al., 2014〕、土産物開発と共に輸出市場にも挑戦できる余地が生まれる。特に健康上の利点の場合は既述したように、キトゥル・ハニーとキトゥル粉の栄養価に関して学界においても認識されてきていることからも〔Ananth et al., 2013 ; Nugent, 2005 ; Perumpuli et al., 2022 ; Senavirathna et al., 2016 ; Uddin et al., 2016 ; Wijesinghe et al., 2015a & 2015b〕、観光とつなげるポテンシャルがある。つまり、キトゥル・ハニーは普通の砂糖と比較すると低グライセミック指数(25)（Glycemic Index・GI Index）があるため、糖尿病を始めとして肥満、高脂血症、高血圧などに効果的であり〔Perumpuli et al., 2022〕、キトゥル粉はグルテンフリー食品を作るのに利用可能であると指摘されている〔Import Promotion Desk.com, 2020 ; Perumpuli et al., 2022〕。そのため、食の栄養価に注目する人も増加してきているため、ガストロノミーツーリズムの観点でうまく活用することは可能だと思われる。

観光客に着目すると、既述したように食とは単なる生物学的欲求を超えたものとなっており、観光は食に秘められている新たな価値を見出し消費する場となっている。つまり、それは現地の食を楽しんだりお土産として食品を購入したりすることから、食を通して持続可能性について学んだり地域の持続可能性に貢献したりすることにまで至る。ヒールオヤCBTビレッジの理念が持続可能性と責任ある観光であることもあり、キトゥル関連体験の場合も、「楽しみ＋学び」を提供しようと努力している。今回のスタディツアー参加者も「楽しかった・面白かった」と共に、学んだこととして「ヒールオヤの人々の昔から受け継がれる伝統を守り抜く力とそういったことを思いつく力」「ＳＤＧｓ」「自給自足の生活」などを挙げていた。そのため、先述したヒールオヤ・キトゥルストーリーをより充実した体験として開発していくことで持続可能性や責任ある観光などを求めるニッチマーケットに「楽しみから学びや成長につながる」体験が提供可能になるだろう。

6. おわりに

郷土食に付加価値を付けてじっくり体験できる・学べる機会がスリランカにおいてほぼ提供されていないため、ガストロノミーツーリズムの観点で調査・研究を進め、今後導入していく余地を十分に有していると言える。本章で採りあげたキトゥルでいえば、地域ごとに異なる花から樹液を抽出する過程、そういった作業と関わる伝統的な知恵、日常におけるキトゥル食品やその作り方、キトゥルと関わる超自然的な信仰などから、キトゥルとはまさにスリランカにおける郷土食だといえる。さらに、キトゥルをどのように観光に活用できるのかをヒールオヤＣＢＴビレッジで実施したスタディツアーを事例に考察した結果、地域住民と観光客という双方にとって付加価値の高い観光商品・体験として導入可能であることが明らかになった。

ヒールオヤＣＢＴビレッジの重要なターゲットは、観光の場において持続可能性を体験したい・学びたい・貢献したいと考える観光客であり、その観点からは以下の三つの観光形態がある。それは、ホームステイツーリズム、ガストロノミーツーリズムとウェルネスツーリズムであり、そこで「人・食・自然・文化」を通して観光地としての魅力を見い出そうと試みている。ガストロノミーツーリズムの主眼となるキトゥル関連体験の場合、郷土食を楽しく体験したい（楽しみを重視する）層から、新鮮でオーガニック食品を生産者から直接購入したい（ウェルネス派）層、体験を通して深い知識を得たい、現地の生活様式や食文化について知りたい、持続可能性やＳＤＧｓについて学びたい（楽しみ+学びの派、地域への貢献を考える）層まで対象とすることができる。ただし、ヒールオヤＣＢＴビレッジにはさまざまな課題も存在しており、そのうち大きな課題は適切なマーケティング戦略・手法の不足である。それに関して、InstagramとFacebookの公式サイトを開発して情報発信をしているが、マーケティング戦略にあわせてツアー会社やスリランカ政府観光局のような正式な機関とのコラボレーションも必要になると考えられる。キトゥル関連体験はヒールオヤＣＢＴビレッジのみならずスリランカを代表する観光商品として振興することが可能であるため、今後は研究チームとしてこれらの課題の改善に取り組んでいきたい。

謝辞

本研究はＪＳＰＳ科研費 JP20K20084 および JP20H04440 の助成を受けたものである。また、本研究の研究協力者である Sanjeewa Senarathne 氏と、ヒールオヤにおけるＣＢＴリーダーである R. G. Wajira Lakshman Rajapaksha 氏と R. A. G. Samadi Madubhasani Rajapaksha 氏にも深謝の意を表する。

注

（１）過程はほぼ共通していたので、本章ではキトゥル体験提供者へのインタビューに基づき考察した。
（２）各過程には、それぞれ細かな作業がなされるが、ここではその過程を省略する。
（３）南部地域において、父親などから技術を継承したのではなく、最初自分で技術を学んだという一名にインタビューしたが、まだまだそのやり方を習得するには至らず、一つの花から抽出できた期間は一ヶ月以下だと述べた。
（４）これも地域によるが、ヒールオヤではこの最初の花が満開にならないうちに樹液抽出に使うと、キトゥルの木に雨などによって水が入り、次から採取する樹液が濃くならないと考えられている。
（５）ここで主に指しているのは、スリランカの The Industrial Technology Institute herbal technology division の研究チームによって革新された KASPER（Kithul Activation and Sap Production Enhancing Reagent）という試薬のことである。この人工的な試薬に関して賛否両論があることがわかる〔Karunaratne & Akurugoda, 2022〕。

（6）　この樹液が発酵したものはラー（Raa）というローカル酒になる。テリッジャを持ってきて数時間以内に煮詰めない時もその樹液が発酵して酸っぱくなる。ヒールオヤの観光体験には現時点ではラーが含まれていないので、ここでその詳細は採りあげていない。
（7）　ここではどの地域においても共通して使われている「テリッジャ」という用語を利用する。
（8）　輸出するときには英語名として Kithul treacle, Kithul syrup なども利用されている。
（9）　二〇二四年現在、ローカルマーケットにはキトゥル・ハニー一本（七五〇ミリリットル）が一〇〇〇ルピー、キトゥル・ジャガリー一キログラムが一八〇〇ルピーで販売されている。しかし、観光客向けの土産物や輸出品などは、二倍ほどの値段で販売できる。また、ハニー一本を作るにはテリッジャ四リットルぐらい必要であり、ジャガリー一キログラム作るにはハニーが二本必要となる。
（10）　村人全員が、キトゥルの木を所有しているわけではないため、木を倒した者は周りの人にその幹の一部を渡している。
（11）　Ministry of Tourism Development and Christian Religious Affairs, Sri Lanka Tourism Development Authority とキャンディ部の Department of Trade, Commerce & Tourism-Central Province
（12）　二〇一二年ごろから外部のガイドと一緒に観光客が訪れるようになったが、村への利益がなかったため、地域住民が直接、観光に携わることができるような形態を模索することになった。その最初の仕組みを作るのに協力したのは、政府観光局のキャンディ部とスリランカの大学教授である。
（13）　現在、名称の変更を検討中で、ヒールオヤ観光振興戦略の一部となる Instagram と Facebook の公式サイトではすでに「Heel Oya Community based Tourism Village」の名称で運営されている。
（14）　その内訳は、食事の提供一一家族、ホームステイ八家族、ガイド五人である。二〇二〇年から新たな体験を導入したことにより四〇家族に増えている。
（15）　ヒールオヤではシンハラ系が多数派であるが、タミル系の家族も二五家存在するため、同じ村で二つのエスニック・グループが共生していることに大きな意義があり、観光においても魅力的なコンテンツとして導入可能であると考えた。特に、本格的なＣＢＴとなるように多くの地域住民に利益を分配することも一つの大きな目的とした。
（16）　従来の観光では見落とされがちだった現地の人々のミクロな文化実践や伝統知などを人類学視点で見出すことを目的に、スリランカの研究協力者である Sanjeewa Senarathne 氏と調査を継続中である。この調査には、持続可能性の視点から CBT について学習し、村にとっての新たな観光のあり方を模索し、導入したいと考えている二人の若いリーダー（R.G. Wajira Lakshman Rajapaksha 氏、R.A.G. Samadi Madubhasani Rajapaksha 氏）も関わっており、四名の研究チームとして調査を進めている。
（17）　スリランカ出身である筆者は奈良県立大学の教員であり、後一名の同大学教員と共に二年おきに実施しているスタディツアーである。
（18）　このスタディツアーには、学生が一六名と筆者も含めて教員は二名参加した。

(19) 村で新たに提供されたその他の体験・コンテンツは、バナナ繊維の商品関連体験、オーガニック・スパイス関連体験、タミルコミュニティとの交流や文化体験と伝統的な舞踊のパフォーマンスである。

(20) Kithul Related Worker

(21) スリランカ人である筆者もキトゥルタラパを初めて食べたのは、ヒールオヤに調査にきた時である。

(22) 「Kehelpannala, T.B.P. (1898). *The Kitul and its uses.* George J.A. Skeen, Government Printer, Colombo, Ceylon.」という図書であるが、筆者が日本に滞在していることもあり、また、一八九八年に出版された図書で原典を参照することが難しいため、「Seneviratne, M. A. P. K., Wanigasundara, W. A. D. P., & Wijeratne, M. (2005). Use of seasoning mixtures for enhancing flow of sap of Kitul (Caryota urens L.) in Sri Lnaka.」から引用することになった。

(23) ヒールオヤCBTビレッジの観光リーダーと初の体験を提供した家族も、キトゥル関連体験の導入は、ヒールオヤという小さな村において今後も大きな意義があると指摘した。

(24) スリランカ国内において「開発途上国だ」という認識が、独立から約七五年経過しても根強く存在し、発展をとげる・先進国になるとは「伝統的なものややり方から完全に離れる」ことだとの意識が広く浸透している。

(25) グライセミック指数とは、糖質（炭水化物）が消化されて糖に変化する速度を表す数値のことを指している。食品の炭水化物五〇グラムを摂取したときの血糖値上昇の度合いを、ブドウ糖を一〇〇とした場合の相対地で表される。GI値が五五以下の果物、野菜、豆類、全粒穀類などが低GI食品とされ、血糖値が上昇しにくい食品とされている（一般社団法人日本健康倶楽部）。血糖値の上昇が緩やかで、上昇の程度が抑えられているということである〔田中、二〇〇三：一、一五六—一六三〕。

〈参考文献〉

一般社団法人日本健康倶楽部・健康用語辞典、https://www.kenkou-club.or.jp/kenko_yogo/al_09.jsp〔閲覧日：二〇二三年一二月二〇日〕

温泉ガストロノミーツーリズム［公式サイト］、https://onsen-gastronomy.com/〔閲覧日：二〇二三年一一月五日〕

田中照二「グライセミック・インデックス（Glycemic Index: GI）その概念と臨床応用への期待」『日本食生活学会誌』一四巻三号、二〇〇三年

安田亘宏『フードツーリズム論：食を活かした観光まちづくり』古今書院、二〇一三年

Abeysinghe, A. (1991) 'An agro-industrial plan for the development of the kitul industry in Sri Lanka'. *Economic Review,* 33-37.

Adeyinka-Ojo, S.F. & Khoo-Lattimore, C. (2016) The role of regional foods and food events in rural destination development: The case of Bario, Sarawak, in Hall, C.M. and Gossling, S. (eds) *Food Tourism and Regional Development: Networks, prodcuts and trajectories.* 104-116, Routledge: London and New

York.

Alonso, A.D. & Liu, Y. (2012) 'Visitor centers, collaboration, and the role of local food and beverage as regional tourism development tools: the case of the Blackwood River Valley in West Australia', *Journal of Hospitality and Tourism Research,* 36(4): 517-536.

Ananth, D. A., Sivasudha, T., Rameshkumar, A., Jeyadevi, R., & Aseervatham, S. B. (2013) 'Chemical constituents, in vitro antioxidant and antimicrobial potential of Caryota urens L', *Free Radicals and Antioxidants*, 3(2): 107-112.

Beer, S., Edwards, J., Fernandes, C., & Sampaio, F. (2002) Regional food cultures: integral to the rural tourism product?, in Hjalager A., & Richards G. (eds) *Tourism and gastronomy*, 207-223, Routledge: London.

Beltrán, J. J., López-Guzmán, T., & Santa-Cruz, F. G. (2016) 'Gastronomy and tourism: Profile and motivation of international tourism in the city of Córdoba, Spain', *Journal of culinary science & technology*, 14(4): 347-362.

Berg, P. O. & Sevon, G. (2014) 'Food-branding places: a sensory perspective', *Place Branding and Public Diplomacy*, 10: 289-304.

Berno, T., Rajalingam, G., Miranda, A. I., & Ximenes, J. (2022) 'Promoting sustainable tourism futures in Timor-Leste by creating synergies between food, place and people', *Journal of Sustainable Tourism*, 30(2-3): 500-514.

Clark, G. & Chabrel, M. (2007) 'Measuring integrated rural tourism', *Tourism Geographies*, 9: 371–386.

Everett, S. & Aitchison, C. (2008) 'The role of food tourism in sustaining regional identity: A case study of Cornwall, South West England', *Journal of Sustainable Tourism*, 16(2): 150-167.

Fields, K. (2002) Demand for the gastronomy tourism product: motivational factors. in Hjalager A., & Richards G. (eds) *Tourism and gastronomy*, 36-50, Routledge: London.

Frost, W. & Laing, J. (2016) Cuisine, migration, colonialism and diasporic identities, in Thimothy, D. J. (eds) *Heritage Cuisines: Traditions, identities and tourism*, 38-52, Routledge.

Gačnik, A. (2012) 'Gastronomy heritage as a source of development for gastronomy tourism and as a means of increasing Slovenia's tourism visibility', *Academia Turistica,* 5(2): 39-60.

Grace, N. C. & Henry, C. J. (2020) 'The physicochemical characterization of unconventional starches and flours used in Asia', *Foods,* 9(2): 1-12.

Hall, C. M., & Gossling, S. (2016). From food tourism and regional development to food, tourism and regional development, in Hall, C. M. & Gössling, S. (Eds.) *Food tourism and regional development: Networks, products and trajectories*, 3-57, Routledge.

Hjalager A., & Richards G. (2002) *Tourism and Gastronomy*. London: Routlege.

Import Promotion Desk.com. (2020) 'Product Fact Sheet: Exporting kithul from Sri Lanka to Europe', 1-16 https://www.importpromotiondesk.com/fileadmin/

Exporteure_PFS/Other_natural_ingredients/PFS_Kithul_print.pdf

Karunaratne, M. & Akurugoda, I. (2022) 'Protecting special wild tree species and traditional knowledge towards securing livelihoods of rural communities: A study on Kithul (Caryota urens) industry in Sri Lanka', *XV World Forestry Congress: Building a Green, Healthy and Resilient Future with Forests*, 2-6 May 2022, Seoul, Republic of Korea.

Kehelpannala, T. B. P. (1898) *The Kitul and its uses*. Government Printer, Colombo, Ceylon.

Kumar, S., Poya, J. K., Soni, V. K., & Nema, S. (2012) '*Caryota Urens:* A Potential Species For Livelihood Support Of Rural People In Bastar Region Of Chhattisgarh', *Life Sciences Leaflets*, 29: 34-40.

Lee, A.H. & Arcodia, C. (2011) 'The role of regional food festivals for destination branding', *International Journal of Tourism Research*, 13(4): 355-367.

Lee, T. J. & Nam, J. (2016) Regional economic development through food tourism: The case of AsiO Gusto in Namyangju City, South Korea, in Hall, C.M. & Gossling, S. (eds) *Food Tourism and Regional Development: Networks, prodcuts and trajectories*, 156-164, Routledge: London and New York.

Lunchaprasith, T. (2017) 'Gastronomic experience as a community development driver: the study of Amphawa Floating Market as community-based culinary tourism destination', *Asian Journal of Tourism Research*, 2(2): 84-116.

Nugent, A. P. (2005) Health properties of resistant starch. *Nutrition Bulletin*, 30(1): 27-54.

Perumpuli, P. A. B. N., Singharathne, S. M. S. J. M., & Wanninayaka, I. P. (2022) 'Caryota urens: Value Addition, Nutritional and Medicinal Values', *Food Research*, 6(2): 489-500.

Polat, S. & Aktaş-Polat, S. (2020) 'Transformation of Local Culinary through Gastronomy Tourism', *Sosyoekonomi*, 28(43): 243-256.

Quan, S. & Wang, N. (2004) 'Towards a structural model of the tourist experience: an illustration from food experiences in tourism'. *Tourism Management,* 25(3): 297-305.

Richards, G. (2002) Gastronomy: an essential ingredient in tourism production and consumption?, in Hjalager A., & Richards G. (eds) *Tourism and gastronomy*, 3-20, Routledge: London.

Scarpato, R. (2002). Sustainable gastronomy as a tourist product, in Hjalager A., & Richards G. (eds) *Tourism and gastronomy,* 132-152, Routledge: London.

Senavirathna, R. M. I. S. K., Ekanayake, S., & Jansz, E. R. (2016) 'Traditional and novel foods from indigenous flours: nutritional quality, glycemic response, and potential use in food industry', *Starch Stärke*, 68(9-10): 999-1007.

Seneviratne, M. A. P. K., Wanigasundara, W. A. D. P., & Wijeratne, M. (2005) 'Use of seasoning mixtures for enhancing flow of sap of Kitul (Caryota urens L.) in Sri Lnaka', *Tropical Agricultural Research*, 17: 264-270.

Seneviratne, M. A. P. K., Wanigasundera, W. A. D. P., & Wijeratne, M. (2007) 'The beliefs in supernatural forces in Kitul (Caryota urens L.) industry in Sri

Lanka', *Tropical Agricultural Research*, 19: 367-379.

Sims, R. (2009) 'Food, place and authenticity: local food and the sustainable tourism experience', *Journal of Sustainable Tourism,* 17(3): 321-336.

Slow Food International [Website], https://www.slowfood.com/about-us/our-history/ (Accessed November 5, 2023).

Timothy, D. J. (2016) Introduction: Heritage cuisines, foodways and culinary traditions, in Thimothy, D. J. (eds) *Heritage Cuisines: Traditions, identities and tourism* ,1-24, Routledge.

Torres, R. (2002) 'Towards a better understanding of tourism and agriculture linkages in the Yucatan: Tourist food consumption and preferences', *Tourism Geographies*, 4: 282–307.

Tregear, A., Kuznesof, S., & Moxey, A. (1998) 'Policy initiatives for regional foods: some insights from consumer research', *Food Policy,* 23(5): 383-394.

Tregear, A., Arfini, F., Belletti, G., & Marescotti, A. (2007) 'Regional foods and rural development: The role of product qualification', *Journal of Rural Studies*, 23: 12–22.

Trewin, C. (2010) *The Devon food Book: Linking the Landscape to the food on your plate*, Chard: flagon Press.

Uddin, M. S., Mamun, A. A., Khanum, S., Begum, Y., & Alam, M. S. (2016) 'Analysis of in vitro antioxidant activity of Caryota urens L. leaves: A traditional natural remedy', *Journal of Coast Life Medicine*, 4(6): 483-489.

Wijesinghe, J. A. A. C., Wicramasinghe, I., & Saranandha, K. H. (2014) 'Kithul flour (Caryota urens) as new plant origin Gelatinizing agent with a product development of fruit-based dessert', *Engineering International,* 2(2): 72-78.

Wijesinghe, J. A. A. C., Wicramasinghe, I., & Saranandha, K. H. (2015a) 'Deviation of Chemical Properties of Kithul (Caryota urens) Flour Obtained from Five Different Growing Areas in Sri Lanka', *International Journal of Innovative Research in Technology,* 2(2): 67-76.

Wijesinghe, J. A. A. C., Wicramasinghe, I., & Saranandha, K. (2015b) 'Physico-chemical properties of flour from Tapped & Non-Tapped Kithul (Caryota urens) trees in Kandy, Sri Lanka', *Life Sciences International Research Journal*, 2(1): 105-113.

World Tourism Organization. (2019) UNWTO *Tourism Definitions*, UNWTO, Madrid.

奈良におけるガストロノミーツーリズムの展開——食文化体験の創造——

杉山尚美

1．はじめに

日本は世界に誇る豊かな食文化を有している国である。そのなかでも奈良県は一三〇〇年の伝統・歴史・文化を受け継いできた土地であり、食における起源や歴史も多く有している。本研究では「奈良におけるガストロノミーツーリズムの展開——食文化体験の創造」をテーマに、奈良県のガストロノミーツーリズムの取り組み、奈良県の有するガストロノミー資源の発掘および調査、食文化体験創造に関する調査研究を実施した。また、奈良県が二〇二二年一二月に日本ではじめて開催したガストロノミーツーリズム世界フォーラムに参加し、UNWTO（国連世界観光機関、以降UNWTO）がガストロノミーツーリズムを推進している理由や施策、その後の取り組みについて調査を実施した。

観光における「食」はなくてはならないものであり、日本固有の「食文化」は国内外の旅行者にとって最も高い興味関心事である。多くの旅行者が「豊かな日本の食文化」をイメージして日本および奈良県を訪れている。

一方で、旅行者に対して、日本各地域の食文化の豊かさや楽しみを提供できている事例はまだ少ない。本研究を通し、奈良県が有する食の観光資源の掘り起こしと、地域の食文化を楽しむ食文化体験の創造の可能性を明らかにしていく。

2. 研究の背景

グローバル化時代における新たな食文化の創造を研究するにあたり、拡大するインバウンド（訪日外国人旅行者）に注目した。日本のインバウンド施策は、二〇〇三年にビジット・ジャパン・事業が開始され、二〇〇六年に、「観光立国推進基本法」が成立、二〇〇八年には観光庁が設置された。観光庁を中心に各自治体や観光関連団体は、観光を日本の重要な成長分野として取り組み、二〇〇三年に五一八万人であった訪日外国人旅行者数は、二〇一九年の三一八八万人まで過去最高を更新し続けている。二〇二〇年以降は新型コロナウイルス感染拡大の影響を受け、二〇二一年は二四万五九〇〇人と大幅に減少したが、日本は二〇三〇年の訪日外国人旅行者数六〇〇〇万人の目標を掲げており、二〇二三年以降は新型コロナウイルス感染拡大の収束とともに、インバウンドの復活が見込まれている（ＵＮＷＴＯ、二〇二二）。

訪日外国人旅行者が日本を訪れる目的の一位は「食」である。観光庁の「訪日外国人消費動向調査二〇一九年年次報告書」の発表によると、訪日外国人が訪日前に期待していたことは「日本食を食べること」が六九・七％で一位、「日本のお酒を飲むこと」とあわせて、多くの訪日外国人が「本物」の日本食やお酒を楽しみに日本を訪れている。さらに、訪日中に最も満足したことも「食」が一位であり、再び日本を訪れたい理由の一位も「日本の食を食べたい」である。「食」を目的とした旅は、世界的にも人気となっており、ＪＮＴＯ（日本政府観光局）が二〇二二年に発表した調査によると、東アジア、東南アジア市場おける海外旅行の主な目的の一位はガストロノミー・美食であった。

次に、訪日外国人旅行者の消費額を見ると、二〇一八年の四兆四〇〇〇億円に対して、二〇一九年は四兆五〇〇〇億円に留まっており、伸長していない。日本政府は二〇三〇年の目標として、訪日外国人旅行者の消費額を一五兆円と掲げており、消費額向上への具体的な施策が必要である。

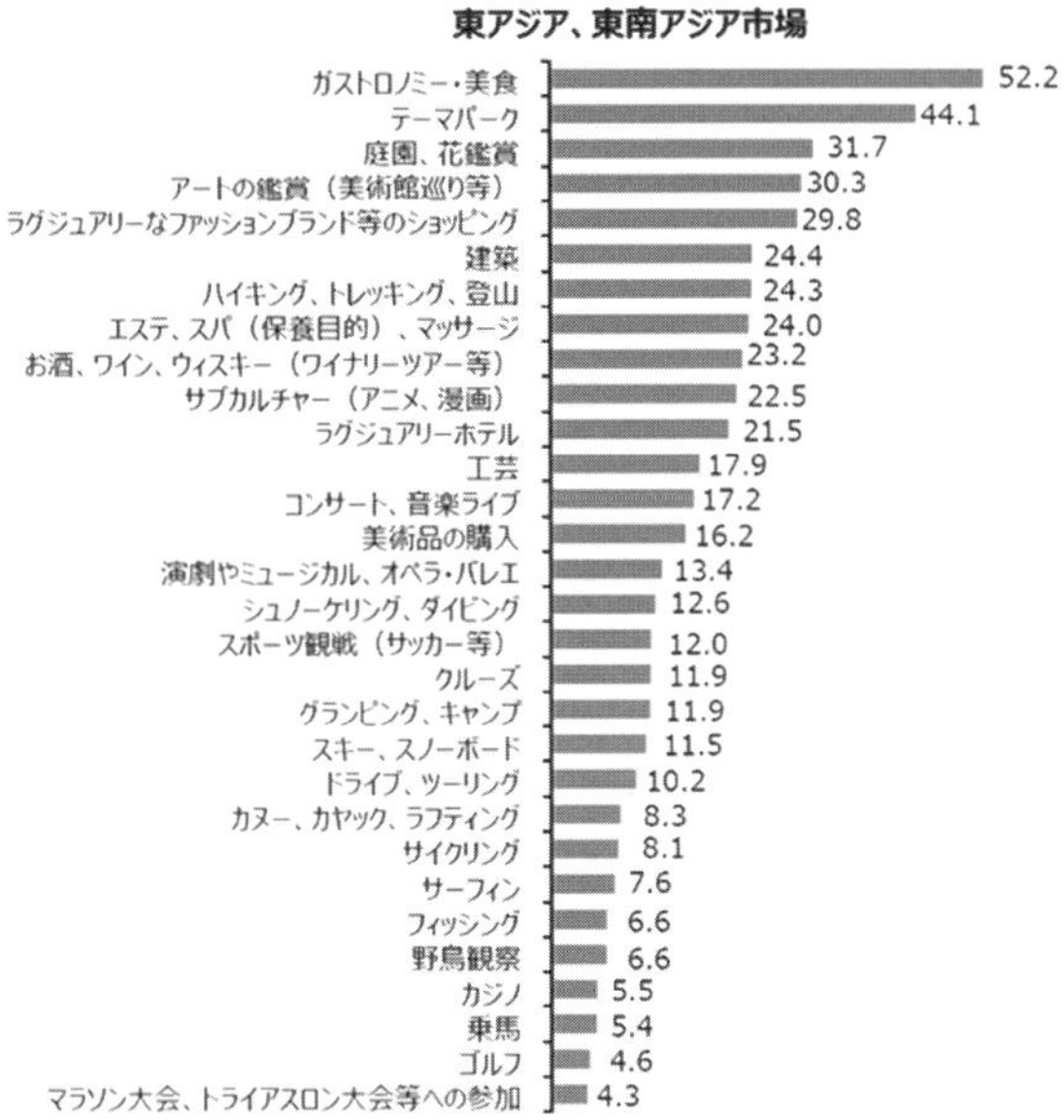

図表１ 海外旅行の主要は目的に係る回答シェア
（出典：JNTO 海外旅行の主な目的となるもの、2022 年４月）

日本各地域の食文化体験の創造は消費額向上に寄与する施策の一つになるだろうという仮説から本研究のテーマを「奈良におけるガストロノミーツーリズムの展開――食文化体験の創造」と設定した。二〇一八、一九年ともに、訪日外国人旅行者の消費額の内、飲食費は二一・六％を占めている。食文化体験の創造は、地域の食関連事業社のつながりを形成する。持続可能な地域づくりにもつながる施策だといえるのではないだろうか。

ガストロノミーツーリズムは、地域の食文化を楽しむツーリズムである。食文化体験をする際に、食を文化と捉えたプログラムの創造が重要である。二〇一七年には、日本の文化芸術基本法第十二条において、日本の「食」が茶道や華道、書道とならび、芸術・文化として認定され、食文化の振興が明記された。食を文化・芸術として捉えることはツーリズムにおいても大きな意義があると思う。

3．ガストロノミーツーリズムの潮流

ＵＮＷＴＯは、世界的にガストロノミーツーリズムを推進しており「ガストロノミーツーリズム世界フォーラム」を世界各国で毎年開催している。二〇二二年一二月には日本で初めて、奈良県にて、第七回ガストロノミーツーリズム世界フォーラムが開催された。

ＵＮＷＴＯは、ガストロノミーツーリズムを、旅行中の食品および関連製品や活動に関連する観光活動としており、歴史、文化、地理、経済、地域社会により構成されていると発表している。二〇一八年にはＵＮＷＴＯ、日本観光振興協会、㈱ぐるなびが「日本のガストロノミーツーリズム」の調査事業を実施し。日本のガストロノミーツーリズムを以下のように定義づけた。「日本のガストロノミーツーリズム」とはその土地の気候風土が生んだ食材・習慣・伝統・歴史などによって育まれた食を楽しみ、その土地の食文化に触れることを目的としたツーリズムである。

ＵＮＷＴＯが、ガストロノミーツーリズムを推進する理由

・地域での差別化やユニークなポジショニングが可能
・訪問者にかつてない新しい価値観や体験を与えることができる
・観光資源が乏しい、または未開発の地域でも始めることができる

・ストーリーを語りやすい
・訪問地域への高い再訪意識をもたらすことができる

日本のガストロノミーを日本の「食文化」と捉えると、日本には各地域に根付いた食習慣や、郷土料理、食べ物に関わる年中行事がいまも受け継がれている。一三〇〇年以上の歴史・伝統・文化を持つ奈良には多くの食文化が根付いており、現代に受け継がれている。また、ガストロノミーツーリズムは食文化を通じて、日本各地域の魅力を旅行者に提供するだけでなく、旅行者の体験を豊かにし、地域のつながりを深めることができる潜在的な可能性を秘めている。

ＵＮＷＴＯは、ガストロノミーツーリズムの発展ガイドラインにおいて、「思い出に残る体験の提供」を推進しており、その提供要件を示し、ガストロノミーツーリズムを「体験型の観光」としている〔ＵＮＷＴＯ、二〇二二〕。

思い出に残る観光体験の要件
・独自性のある環境の整備やシナリオを策定する
・楽しみ、くつろぎ、あるいは非日常の体験を提供する
・アクセスを限定する
・テーマ別にする
・観光関連事業者との交流の機会を提供する
・地域の産品を活用した土産物などを含める

・学びの機会を増やす
・感情を解き放つ

二〇二三年一〇月スペイン・サンセバスチャンにて開催された第八回UNWTOガストロノミーツーリズムでは、テーマを「Back to the Roots」とし、各国のガストロノミー資源を掘り起こし、ストーリーを提供する事例が発表された。その中でも、地域の関連事業社によるコミュニティづくりの重要性と、推進するリーダーシップの重要性が語られた。また、今後のガストロノミーツーリズムの推進において、Food Waste（フードロス）を念頭においた施策は不可欠であるという共通の認識をもとに、明確な目標を掲げたFood Waste削減の具体的事例が紹介された。日本においても具体的な目標を設定し取り組みを始めることが重要だ。また、生産者であるワイナリーやレストランのシェフ自らが問題提起をし、取り組みの中心を担っていたのも印象的だった。

筆者は、地域のガストロノミーツーリズムのリーダーシップを飲食店の経営者、料理人・シェフが担うと、地域によい循環が生まれると思っている。すでに、生産者とつながり、食の歴史や文化を学び、表現している飲食店だからこそ、地域をつなぐリーダーシップをとることができるのではないだろうか。

二〇二三年三月に閣議決定された観光立国推進基本計画では、インバウンド回復戦略の施策として、「ガストロノミーツーリズムの推進」と「酒蔵ツーリズムの推進」が明記された。政府は各地の多様な食文化やそのストーリーの魅力に触れるガストロノミーツーリズムを推進し、付加価値の向上、地域経済の活性化を図るとしている。地域一体型ガストロノミーツーリズムを推進する地域も選定され、日本においても、本格的にガストロノミーツーリズムの推進が動きだした。

4．奈良県のガストロノミーツーリズムの取り組みと課題

奈良県はガストロノミーツーリズムを推進する施策をすでに実行している。二〇二二年一二月には、ＵＮＷＴＯガストロノミーツーリズム世界フォーラムを誘致し、日本で初めて奈良県にてフォーラムの開催を実施した。Tourism for People and Planet: Innovate, Empower and Preserve（人と地球のためのガストロノミーツーリズム：革新し、活躍を推進して、維持する）をテーマに、各国の専門家が集まりベストプラクティスが共有された。持続可能性や、グローバルな地域社会を考えるセッションが開催され、持続可能な食品をテーマにしたセッション、フードロスの問題提起、若者、女性の参画、ＳＤＧｓなどについて議論がなされた。

奈良県は、食と農の魅力創造国際大学校（ＮＡＦＩＣ）の設立やＮＡＦＩＣとスペイン・サンセバスチャンにあるバスクカリナリーセンター（ＢＢＣ）との連携協力、ミシュランガイド奈良版の出版など食文化振興を積極的に推進しており、以下に取組例を挙げる。

奈良県のガストロノミーツーリズムに関する取り組み（一例）

・ＵＮＷＴＯガストロノミーツーリズム世界フォーラム誘致

・奈良県コンベンションセンター設立

2022年12月、UNWTOガストロノミーツーリズム世界フォーラム
（筆者撮影、以下出典明記のないものは同）

・NAFIC（なら食と農の魅力創造国際大学校）創立
・NAFIC周辺にセミナーハウス（さくらいの郷）
・BCC（バスクカリナリーセンター）との連携
・ぐるっとオーベルジュなら
・なら歴史芸術文化村の開村
・奈良県版ミシュラン発行
・中央市場のリニューアル推進

二〇二二年一二月時点

奈良県は、ガストロノミーツーリズムを推進する理由として、食の魅力向上が観光の滞在時間や消費額向上につながり、地域経済の発展を図る、としている。

一方で、奈良県の持つ食の起源やストーリーの発信、食文化体験の提供はまだ少ない。奈良県には、歴史・伝統・文化などの世界に誇る豊かな観光資源が存在する。ガストロノミーツーリズムの考え方は、食を文化ととらえ、食はすべてにつながっている、の視点で、食文化体験の創造、事業者が連携した体験の創造や発信が必要である。

食は自然・歴史・伝統・習慣・信仰・美術・生命・文学・科学などすべてにつながっている。地域の食文化を楽しんでもらうガストロノミーツーリズムを推進する際、食はすべてにつながっている、という視点で奈良県の持つ観光資源とどう組み合わせるかを考える施策が、重要になると思われる。

図表２：食はすべてにつながっている（筆者作成）

ミシュラン奈良版

ぐるっとオーベルジュなら
(https://www3.pref.nara.jp/auberge/)

5. 奈良県のガストロノミー資源と食の物語

奈良県には、多くの観光資源が存在している。さらに、国内で実施した調査では、二〇〜五〇歳代全員から、奈良県を訪れたことがある、という回答を得た。修学旅行で奈良を訪れたという回答も多いが、一〇〇%の訪問率（調査二〇二一年八月〜一二月、二〇〜五〇歳代男女一〇七名）という県は日本国内でもわずかだろう。奈良を訪れた旅行者に、奈良の食文化の豊かさを提供することは、奈良への印象を高め、再訪意欲につなげることができる。奈良の食というと、奈良漬け、柿の葉寿司、三輪そうめんが突出して認知されているが、偏っているのも事実だ。奈良には、伝統料理や大和伝統野菜も多く存在し、継承のための取り組みも実施されている。以下、奈良を代表する食を挙げる。

奈良の食（一例）
奈良漬け、柿の葉寿司、三輪そうめん、奈良の葛、奈良の柿、大和牛、茶粥、吉野川の鮎・あまご、大和ポーク、奈良のお酒、奈良県産のジビエ、大和野菜、飛鳥鍋、大和茶、奈良のいちご、奈良のかき氷、奈良の米、大和肉鶏

㈱粟の三浦雅之氏は、二〇〇二年に大和伝統野菜を食材とした農家レストラン清澄の里「粟」、粟ならまち店を運営しており、ミシュランのグリーンスターを獲得している。大和伝統野菜を、奈良県のかけがえのない文化遺産であるととらえ、奈良県の行政や事業者と継承の取り組みや、大和伝統野菜による産業活性化、地域活性化

1．饅頭、2．柿、3．苺の促成栽培、4．清酒、5．奈良漬、6．柿の葉ずし、7．素麺、8．茶、9．氷、10. 大和スイカ、11. 吉野葛、12. 漢方、13. 蘇、14. 万葉集、15. 奈良晒、16. 奈良筆、17. 奈良墨、18. 国、19. 木簡、20. 仏教、21. 能楽、22. 相撲、23. 律令制、24. 神話、25. 貨幣、26. 神宮、27. 福祉、28. 吉野林業、29. 胡椒、30. 樽、31. 公開図書館、32. 田畑輪環農法、33. 割り箸

奈良発祥といわれているもの
（出展：はじまりの奈良、これからの奈良 https://www.youtube.com/channel/UCKT5nwGVTF1TkauYlQ5Dtog）

の推進をしている。

「はじまりの奈良、これからの奈良」では、奈良を代表する食材、食の起源や歴史文化が伝えられており、多くの奈良発祥の食や食関連のものが存在することに驚く。

奈良県の食の印象に関する課題は、奈良県の認知されている食が「奈良漬け」「柿の葉寿司」「三輪そうめん」の三つに偏る、という点である。実施した調査によると、上記三つ以外は認知や喫食率が極端に低かった。また、今後の食の意向において「あてはまるものがない」という回答も二二・四％と一定数存在した。しかし、「大和牛」「大和ポーク」「大和肉鶏」などの肉系アイテムなど、認知や喫食率が低くても興味度の高いアイテムも点在していた（二〇二二年奈良の食に関する認知、興味調査）。奈良の食の魅力を歴史・文化とともに発信することで、奈良への食文化のイメージを訴求することによる、観光誘客の可能性は大いにある、と思われる。

また、同調査では、奈良県への観光意向者が奈良に観光する目的についての調査も実施した。奈良県への観光意向者が奈良県に行きたいと思うきっかけや動機は「歴史」というテーマと、歴史に紐づく「場所や施設」が強く意識されている。具体的な観光目的を見ても「伝統文化や歴史的遺跡・建築などを楽しむ」ことが突出して高く、奈良県観光のメインテーマとして「歴史」「伝統」が挙げられる。また、サイドテーマとして「綺麗な景色や豊かな自然を楽しむ」や「リフレッシュ、気分転換、休養のため」「その土地ならではの食事やお酒を楽しむ」といった観光目的のボリュームも比較的高かった。特に女性若年層では「その土地ならではの食事やお酒を

楽しむ」も大きな観光テーマであった。食に関する事柄も、奈良県への観光目的や奈良県で楽しみたいことの上位にランクしており、奈良県への誘客手段としての食は有効性が高いと言える。

ガストロノミーツーリズムは食文化を楽しむツーリズムであり、食はすべてにつながっている。食と奈良の強みである歴史・伝統をかけあわすことで、奈良らしい食文化体験の物語を創造することができると思われる。興味深い奈良のガストロノミー資源を紹介する。

清酒発祥の地「正暦寺」

境内を流れる菩提山川の清水を用いて室町時代から清酒が造られ、貴族や武家に愛飲されていた。その歴史はしばらく途絶えていたが、平成八年に古来の酒造りを復活させるプロジェクトが発足し、貴族たちが愛した酒が現代によみがえった。

酒の神様としての信仰「大神神社」

日本最古の神社に数えられる「大神神社《おおみわ》」は古来より酒の神様として信仰を集めてきた。毎年一一月一四日に行われる「醸造安全祈願祭」（酒まつり）には全国から蔵元や杜氏が参拝し、酒蔵の軒先に吊るされる杉玉が与えられる。

正暦寺・日本清酒発祥

大神神社

日本最古の「氷室神社」

奈良県福住町には四三〇年創建とされる最古の氷室神社がある。氷室とは、冷蔵庫のない時代の天然の氷を貯蔵するものであり、冬の間に池に張った氷を切り出し、山に掘った大きな穴に、氷が解けないよう茅などをかぶせて貯蔵し、夏になると氷を掘り出す。「日本書紀」仁徳天皇六二年の項には、福住に狩りに来た額田大中彦皇子《ぬかたおおなかひこのおうじ》が、光るものを見つけ、氷室を発見した。氷を持ち帰り、天皇に献上したところ、大変喜んで、以後、この地の氷室から、天皇に氷を献上するようになった、と記されている。氷は毎年、皇室へ献上されるほど、大変貴重なものだったのである。いまも、福住には氷室跡とみられる穴が二〇か所以上存在している。氷室跡は山の中に点在しており、夏でも感じる肌寒さが、四世紀から続く氷の歴史と氷の貴重さを感じさせる。また、一九九九年には復元氷室がつくられた。毎年冬になると、氷を氷室に搬入し、茅を詰め込み密封し、七月の氷まつりで氷を取り出す。地域住民や地元の小学生が貴重な氷を運ぶ。福住の氷室神社の宮司は、「現代では氷は簡単につくることが可能だが、昔の氷作りの大変さを知ってもらいたい」と話す（二〇二二年）。そして、「氷室の存在や当時の氷作りを通じて、地球温暖化など現代の環境問題を考える機会につながる」と話してくれた（二〇二二年）。

氷室跡

復元氷室

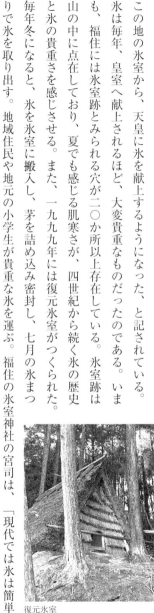

神仏習合の修験道場「櫻本坊」

吉野山の中腹に位置する神仏習合の修験道場、櫻本坊《さくらもとぼう》は、飛鳥時代に天武天皇によって建立され、天武天皇、持統天皇の勅願寺として一三〇〇年以上の歴史を重ねている。大峰《おおみね》奥駈《おくがけ》修行《しゅぎょう》の拠点であり、写経や写仏、止観瞑想などの修行体験もできる道場として一般にも開放されている。

食は体と心を清浄にし、魂を養うためのものという三位一体のお話を住職から聞くことができた。「体は魂の大切な器ですから、きちんと滋養しなければいけません。清浄なものを口にして体にとりいれて、それを活かしていくことが大事」だと伝えている。吉野葛やお茶など、奈良の地の食材を通して自分の中にある清らかな心をもう一度、見つめてもらう機会をつくりたいとの意欲を示されていた。自身の内面を見つめ直す修行体験と食をつなげることができる話である。

奈良産のブランドいちご「あすかルビー」

「あすかルビー」は、産地名の「あすか」と宝石の「ルビー」を思わせる姿から名付けられ、県外に出回ることが少なく、幻のいちごと言われている。甘みと酸味のバランスがよく瑞々しくジューシーなのが特長で奈良を代表するいちごである。あすかルビーの収穫は一一月から翌年五月までで、一月からはいちご狩りも楽しめる。

櫻本坊

あすかルビー

てのべたかだや

「素麺専門店」。素麺の新しい食べ方を提案し、四季を通じてもっとカジュアルに素麺を食べてもらいたい、という店主の思い。主役である素麺のおいしさを引き立てるスープや、素麺そのものの味・食感をより楽しむための新たな魅力を発見するお店（オフィシャルwebサイトより）。

稲田酒造

創業以来、蔵元が伝統の酒造りを受け継いでいる。二〇二〇年、新たな酒造りのために、専任の杜氏を招き、限定流通の生酒「稲乃花」を発売。新たなブランドと伝統を守りながら、新たな挑戦をしている。酒販店との連携やアートとのコラボレーションなどの取り組みを開始。

今西酒造

酒造りは三輪の地が発祥だといわれています。古来、神からのお告げで国を救うために酒を醸したのが、ここ三輪の地です。酒の神とともにこの三輪で深い歴史を刻み続けています（オフィシャルwebサイトより）。

かき氷専門店「ほうせき箱」、SOUSUKE

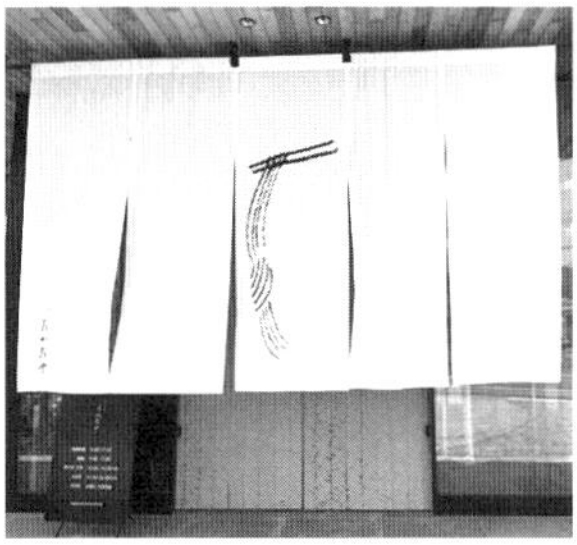
てのべたかだや

稲田酒造

今西酒造　みむろ杉

全国的に人気のかき氷専門店。SNSのフォロワーは三万人を超え、奈良県のかき氷ブームを牽引している。七二時間かけて凍らせた、大和氷室というブランドの純氷と奈良県産の果実のペーストや自家製の柿の葉のシロップを合わせて、独自のかき氷を提供している。美味しさの追求ももちろん、かき氷を通じて奈良の魅力の発信をしたい、という店主の強い思いがある。一六〇〇年以上も前から天皇に献上されていた氷の歴史をかき氷を通じて伝え、氷室祭やイベントに積極的に取り組んでいる。

SOUSUKE かき氷

ホテル奈良さくらいの郷

なら食と農の魅力創造国際大学校（NAFIC）付属セミナーハウスホテル。奈良さくらいの郷は、奈良の「食」と「農」をテーマとした施設として、二〇二二年九月にオープン。豊かな自然と里山の風景に囲まれ、奈良産の木材を使ったインテリアや家具、セミナールームや調理実習室のほか、ホテルやカフェ・レストランを併設。ホテルからは、奈良の古墳や壮大な景色を眺めることができ、歴史を感じながら、奈良の食文化や農業にふれることができる施設。

レストラン「akordu（アコルドゥ）」

スペイン・バスク地方の言葉で「記憶」を意味する奈良を代表するレストラン。シェフの川

アコルドゥ

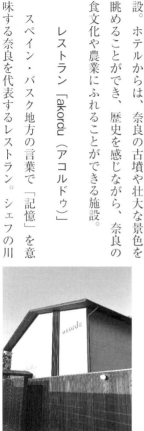

島氏は、奈良の土地で育った季節ごとの食材の魅力を四季折々に合わせ提供している。また、奈良の祭事や行事、万葉集のうたからインスピレーションを湧かせてメニューを考案。スペイン料理やフランス料理というカテゴリーを超えており、シェフ独自の世界観を伝える料理は国内外から高い評価を受けている（ミシュランガイド二〇二二年で二つ星を獲得）。奈良のガストロノミーを体現しているレストランである。

6．食文化体験の創造に資する調査

思い出に残る食文化体験の創造において重要なのは、ガストロノミー資源の掘り起こしと、意欲的な事業者の存在である。二〇二二年六月～二〇二三年六月にかけて、奈良県に存在する食にまつわる四六件の事業者、スポットを訪れた。直接話を聞き、可能な限り、提供しているサービスを体験した。

四六件の事業者・関連事業者・スポットのうち、一八件の事業者について、今後の食文化体験の創造の可能性と課題について調査を実施した。本研究では、フィールド調査により以下五つの項目について調査を実施した。

①意欲

3：非常に高い　2：高い　1：あまり高くない

②歴史・伝統・文化の知識

3：非常に高い　2：高い　1：あまり高くない

③食文化体験・イベントの実施

3：積極的に実施　2：たまに実施　1：ほとんど実施していない

④他事業者との連携（観光における連携）
３：積極的に連携　２：定期的に連携　１：要望があれば都度連携
⑤地域連携（観光における連携）
３：積極的に連携　２：定期的に連携　１：要望に応じて連携

事業者	意欲	歴史・伝統文化の知識	体験・イベントの実施	他事業者との連携	地域連携
酒蔵・酒造	3	3	2	2	2
社寺仏閣	3	3	1	1	1
蔵・レストラン	3	3	2	1	1
レストラン	3	3	2	1	1
加工業者・レストラン	3	3	1	1	2
教育、生産者	3	3	1	1	2
社寺仏閣	3	3	1	1	2
レストラン	3	3	1	1	1
社寺仏閣	3	3	1	1	1
酒蔵・酒造	3	3	1	1	1
生産者	3	3	1	1	2
酒蔵・酒造	3	3	1	1	2
生産者	3	3	1	2	2
生産者	3	3	2	1	1
生産者	3	3	2	2	2
レストラン	3	3	2	2	1
レストラン	3	3	1	2	2
生産者	3	3	2	2	2

図表３：食文化体験に関する事業者への意識調査

一八件すべての事業者が、食文化の発信や食文化体験の創造に対しとても意欲的であった。また、地域や食、提供するサービスに関わる歴史・伝統・文化の知識もとても深く、学ぶことが大変多かった。一方で、実際に観光体験の実施や、イベントの実施をしている事業者はまだ少なく、実施している事業者も、行政などの要望があれば都度実施をしているという回答が多かった。他事業者や地域の連携についても、必要だという思いはあるが、積極的に連携を図った体験の創造にはまだ至っていないという調査結果が明らかになった。

今後、意欲や知識が高い事業者に、食文化体験創造のステップを提供し、他事業者や地域をまきこんだ体験を創造することで、奈良県各地におけるガストロノミーツーリズムを推進することができると思われる。

7．今後の研究

本研究では、奈良県のガストロノミーツーリズムの取り組み、奈良県の有するガストロノミー資源の発掘および調査、食文化体験創造に資する調査研究を実施した。奈良県には、食文化のルーツといえる歴史や文化、ガストロノミー資源、興味深い食の物語が存在することが明らかになった。また、食文化体験の創造に意欲的な事業者も多く存在していることもわかった。課題は、奈良の食文化の魅力を物語として提供する食文化体験の創造と発信である。そのためには、奈良のもつガストロノミー資源をさらに発掘し、事業者同士の連携による、食文化体験の創造が必要である。

今後は、本研究調査をさらに深掘りするとともに、食文化体験プログラムの創造に取り組んでいきたい。特に、レストランや宿泊施設など食を提供している事業者のガストロノミーツーリズムの理解、食文化体験創造への意欲、事業者連携について研究を進めていきたい。

〈参考文献〉

観光庁「訪日外国人消費動向調査２０１９年年次報告書」二〇二〇年

観光庁「令和３年度観光の状況及び令和４年度観光施策」二〇二二年

京都府立大学和食文化学科監修『和食文化学入門』臨川書店、二〇二一年
熊倉功夫『日本の食の近未来』思文閣出版、二〇一三年
国土交通省「観光白書」二〇二二年
日本フードビジネス国際化協会『海外出店のリアル』旭屋出版、二〇二二年
ブリア＝サバラン『美味礼讃』関根秀雄他訳、岩波書店、一九六七年
ＵＮＷＴＯ「我が国のガストロノミーツーリズムに関する調査報告」二〇一八年
ＵＮＷＴＯ「ガストロノミーツーリズム発展のためのガイドライン」二〇二一年

「ベッドタウン自治体」におけるふるさと納税制度

——奈良県大和高田市および北葛城郡上牧町を事例に——

鶴谷将彦

　ふるさと納税制度は、二〇〇八年の制度運用開始以後、数年注目を集めなかったが、近年、国民の制度利用者増加と過熱する返礼品競争もあり、注目を集めている。そして多くの国民がその制度利用をおこなうにあたり注目しているのが、自治体の返礼品競争とよばれる返礼品の充実である。二〇二二年度ふるさと納税制度の寄付額の上位自治体をみれば、トップ5を挙げると一位から順に、宮崎県都城市、北海道紋別市、北海道根室市、北海道白糠町、大阪府泉佐野市である(1)。これらの自治体の多くは、肉や魚などの高級農産物を返礼品として扱っており、ふるさと納税制度の寄付額の恩恵を受ける自治体は、農林水産業の盛んな農漁村部の自治体といわざるをえない。つまり、ふるさと納税制度の恩恵は、食の豊かさによってもたらされているといっても過言ではない。

　言い換えれば、都市部の自治体は、ふるさと納税制度の恩恵を受ける可能性が低いと見られている。そのため、過熱する返礼品競争を抑えるために、総務省は、二〇二三年秋に、自治体の経費算定対象の拡大などの制度変更をおこなった。総務省のこの対応は、ふるさと納税制度で恩恵を受ける過疎地域への警鐘と都市部の納税減少に何らかの効果的な対応を促すとみられる。

　一方で、このふるさと納税制度で注目されず、議論もおこなわれていない、いわゆる「忘れられている地域」

として、ベッドタウンを抱える都市近郊の自治体[2]（以下では「ベッドタウン自治体」と略す）がある。「ベッドタウン自治体」は、いわゆる食の恩恵を受ける確率が低く、ふるさと納税制度では不利な地域として注目されてこなかったといえる。さらにこれらの地域は、ふるさと納税に伴う住民税の流出地域として、東京都世田谷区や横浜市のような大都市の自治体の一部とみなされていた。しかし、大都市部の自治体も都市の規模を考えれば、多少なりとも返礼品充実などの努力が可能であるとすると、大都市の自治体に比べれば小規模であるベッドタウン自治体はどのような制度の影響を受けているのかは、ほとんど議論の俎上に載せられていないといえる。さらに本章で注目する奈良県は、作家志賀直哉が奈良県の観光課に寄せたエッセイにそのような表現があるように「奈良に美味いものなし」という食に関するマイナスイメージから、各自治体がふるさと納税制度に取り組まなければならない。つまり、奈良県内の自治体は、不利な状況から近年注目されているふるさと納税制度に関する自治体間競争に取り組まなければならないとみられる。

そこで、本章の目的は、近年、注目されているふるさと納税制度が、あまり注目されず見過ごされていた都市近郊の「ベッドタウン自治体」において、どのような影響や役割をもたらしているのかを明らかにすることである。

本章の構成は、以下のとおりである。1．でふるさと納税に関する議論と現状を、奈良県について踏まえ、整理する。2．で、本研究が注目するふるさと納税に関する議論を整理し、本研究が奈良県内の自治体を注目する意味を明らかにする。3．では奈良県大和高田市のふるさと納税制度に関する取り組みを記す。そして4．では同県北葛城郡上牧町の事例を紹介する。そして最後に本章のまとめと残された研究課題をまとめる。

1．ふるさと納税制度に関する議論と現状

（1）ふるさと納税制度に関する議論

ふるさと納税に関する議論は、大きく分けて二つの方向性があるといわれている。その解説をおこなっている深澤〔二〇一九：五三―五九〕によると、一つは、寄付をおこなう個人の動機に着目した研究であり、もう一つは、寄付を受け取る側の自治体の特性や財政状況に着目した研究である。

ただ、大方の議論は、大都市部と農漁村の格差、税としての役割に焦点を当て、かつ批判的に見るのが一般的である。その代表的な論として、平岡〔二〇二三：二八―三二〕は以下の①～⑤の五点を指摘している。それは、①税の原理原則に反している。また、②納税者の自由意思は、自治体の徴税権を侵害する。つまり地方自治を毀損するものである。そして、③高額納税者への優遇税制である。さらに、④過度な返礼品競争に伴う「税の奪い合い」が自治体行政に歪みをもたらす。そして、⑤高額な返礼品や経費により寄付税制としての効率性が担保できない。さらには、二〇二三年の総務省による自治体の経費算定対象の拡大も、問題の解消になっていない。

本章は、深澤の分類によれば、寄付を受け取る側（自治体側）に注目して論を展開するので、そこに焦点をあてる。その議論のなかでは、須山〔二〇二〇：一―二一〕はふるさと納税の寄付の受け入れ額と、財政力指数や経常収支比率との相関関係を分析しているが、それらの間には強い相関は見られないとする。梶原〔二〇二一：九七―一二一〕は、受け入れ金額と件数の分析に関し、関西二府四県対象におこなっている。その中で特に都市の区分や自治体の規模によってこれら受け入れ政策が大きく異なっていることが明らかにされた。返礼品の準備

に関しては、政令市のような大規模自治体や町村や人口規模の小さい自治体よりも中規模の自治体で、より多くの返礼品を準備していることがわかった。また寄付金の使途が限定されることやふるさと納税に関わる情報公開も都市規模の小さい自治体ほど消極的である点も明らかになった。

梶原の研究は、基礎自治体の人口規模などに注目して分析する必要性があると述べている点は興味深い。さらに、中規模の自治体で、ふるさと納税制度の返礼品準備をより多くおこなっていることからも、大都市・農漁村地域の自治体に比べ、都市近郊の自治体が何らかの取り組みをしている必要があるといえる。

一方で、これらの研究は、ふるさと納税制度の寄付金額という自治体の受け入れ金額に注目しており、ふるさと納税の支出の部分である各自治体の住民税の流出に注目しておらず、実態を正確に反映した分析とはいえない。そこで本研究では、都市近郊の具体的な例として、奈良県および同県内の自治体のふるさと納税制度を詳細にみていくこととする。

（2）ふるさと納税制度の現状から見るベッドタウンとしての奈良県の位置づけ

ここからは、ふるさと納税制度の現状および本章が注目するベッドタウンの奈良県の状況について紹介する。ここで指摘する特徴は、以下の五点である。

第一に、ふるさと納税制度がされた二〇〇八年度からみると、「ふるさと納税受け入れ額」の金額は、二〇一三年度以降ほぼ右肩上がりで上昇の一途をたどった。単純な比較はできないが、総務省によって公表されているデータを基に考えれば、「ふるさと納税受け入れ額」は、二〇二二年度の約九六五四億円であり、二〇一三年度の約一四五億円に比べ、約六六・五倍の額の増加を示した。つまり、このふるさと納税制度の国民への制度周知によって、急激な「ふるさと納税受け入れ額」上昇という結果をもたらしたといえる。

第二に、本章が注目し採りあげるベッドタウンとしての位置づけである奈良県の特徴である。奈良県は、表1における都道府県別ふるさと納税の受け入れ額における下位五県によると、金額は全国的数位と同様増加傾向であるが、富山、徳島、山口と同程度推移しており、ワースト4位内の位置づけが固定化されてきた。また、二〇一八年度以降以降、関西二府四県でみれば、最下位という位置づけに甘んじている。[3] このように、ふるさと納税制度の受け入れ額を中心にその概要だけ見れば、奈良県は、ふるさと納税制度の恩恵を受けているとはいいがたいのである。

第三に、奈良県のふるさと納税受け入れ金額と件数の推移であるが、二〇〇八年の一億七一万円（一七一八件）をスタートに、五年後の二〇一三年に一億九〇六五万円（五五七一件）、そして十年後の二〇一八年一四億五一七一万円（五万七二六五件）となり、「ふるさと納税受け入れ金額」および件数ともに増加した。直近のデータによれば、二〇二二年で三二億三七七五万円（一四万五二四七件）となり、「ふるさと納税受け入れ金額」で約三二倍、件数で約八六倍となっている。一方で、表1に示されているようにワーストな結果を示していること、少子高齢化に伴う人口減少傾向を考慮すれば、全県的な取り組みをおこなう必要があると思われる。しかし、奈良県のふるさと納税を所管する市町村振興課によると、奈良県が積極的な「ふるさと納税受け入れ金額」の増加対策を仮におこなうと、基礎自治体のふるさと納税に関する努

<table>
<tr><th colspan="3">令和４年度</th><th colspan="3">令和３年度</th><th colspan="3">令和２年度</th></tr>
<tr><td>順位</td><td>都道府県名</td><td>金額</td><td>順位</td><td>都道府県名</td><td>金額</td><td>順位</td><td>都道府県名</td><td>金額</td></tr>
<tr><td>1</td><td>富山</td><td>28.74</td><td>1</td><td>徳島</td><td>21.11</td><td>1</td><td>徳島</td><td>15.08</td></tr>
<tr><td>2</td><td>徳島</td><td>28.91</td><td>2</td><td>富山</td><td>23.57</td><td>2</td><td>富山</td><td>18.06</td></tr>
<tr><td>3</td><td>山口</td><td>31.98</td><td>3</td><td>山口</td><td>25.42</td><td>3</td><td>山口</td><td>22.97</td></tr>
<tr><td>4</td><td>奈良</td><td>32.38</td><td>4</td><td>奈良</td><td>27.30</td><td>4</td><td>奈良</td><td>23.73</td></tr>
<tr><td>5</td><td>広島</td><td>49.35</td><td>5</td><td>石川</td><td>44.84</td><td>5</td><td>栃木</td><td>33.23</td></tr>
<tr><th colspan="3">令和元年度</th><th colspan="3">平成30年度</th><td rowspan="7">注：総務省公表データより筆者が作成。金額は億円</td></tr>
<tr><td>順位</td><td>都道府県名</td><td>金額</td><td>順位</td><td>都道府県名</td><td>金額</td></tr>
<tr><td>1</td><td>富山</td><td>10.86</td><td>1</td><td>富山</td><td>6.67</td></tr>
<tr><td>2</td><td>徳島</td><td>12.60</td><td>2</td><td>徳島</td><td>13.59</td></tr>
<tr><td>3</td><td>山口</td><td>15.26</td><td>3</td><td>奈良</td><td>14.52</td></tr>
<tr><td>4</td><td>奈良</td><td>17.93</td><td>4</td><td>山口</td><td>15.86</td></tr>
<tr><td>5</td><td>福島</td><td>25.16</td><td>5</td><td>栃木</td><td>15.88</td></tr>
</table>

表１　都道府県別ふるさと納税の受け入れ額における下位５公共団体

力に水を差す可能性が否定できず、奈良県として充分な対策が打てないのが現状であるという。特に、奈良県の基礎自治体は、二〇〇五年前後におこなわれたいわゆる平成の大合併において、北海道・福島・長野・奈良・高知の五道県のように市町村合併による自治体数減少率が低いといわれる。そのため、各自治体の面積規模が小さいままで、ふるさと納税制度のゲームのルールに縛られているため、結果として個々の自治体の努力に委ねざるを得ないということである。

第四に、各基礎自治体の努力に期待するしかない奈良県の現状であるが、基礎自治体間の連携、つまり市町村間の連携や奈良県全体の統一ブランド形成など、「ふるさと納税の受け入れ額」を増加させるような環境が整っていないというのが現状である。具体的な例で述べるのがわかりやすいが、例えば、奈良で有名な「三輪そうめん」というものがあるが、三輪が位置する奈良県桜井市の一部で「三輪そうめん」というブランドが使われ、さらに厳格なブランド名使用に関し「三輪そうめん」を扱う業者側が取り決めており、奈良県下で統一のブランド名使用を認めていない。このように、奈良県全体で統一したブランド名使用などの環境が整っていない現状にある。また、各基礎自治体の側も、ふるさと納税制度で定められている「共通返礼品」制度の活用など、市町村間の連携も取れていない点も指摘せざるを得ない。

第五に、基礎自治体におけるふるさと納税を所管する担当部や課が、各基礎自治体組織のさまざまな部局で扱われている点も指摘できる。奈良県内におけるふるさと納税制度を所管する基礎自治体の部局組織のパターンは、表2のように、①~④の四つに整理される。①ふるさと納税制度が、税制の部門であるため、各基礎自治体の税務部門で所管されているというものである。具体的には、奈良市などが挙げられる。次に②各基礎自治体の部局横断的な対応が迫られるために、各基礎自治体の総合政策部門が所管する場合である。具体的には、大和高田市などが挙げられる。③ふるさと納税の返礼品などの対応で、産業・農業系とのコミュニケーションの必要性を重視し、産業・農業系部局に所管を位置づけているという基礎自治体である。具体的には宇陀市などである。そして④の部などの組織を持たず、課のような組織でふるさと納税制度を対応している基礎自治体である。奈良県の基礎自治体で主に奈良県東部・南部の中山間地域の小規模自治体に多い。

　ただ、基礎自治体におけるふるさと納税を所管する組織編成は、他都道府県の基礎自治体も自由に組織を編成できるため同様であることは推察できる。しかし他都道府県の基礎自治体と違い奈良県は、市町村合併が盛んにおこなわれず、自治体の規模に関するスケールメリットの恩恵が乏しいこと、北海道などのように各都道府県内の地域によって産品などの変化にとんだ個性が発揮できないことも考慮すれば、ふるさと納税の制度運用上、市町村間の連携が、極めて難しいといえる。そして、奈良県東部・南部のいわゆる中山間地域小規模自治体を多く抱える状況では、ふるさと納税の対応する各自治体の職員が、行政組織上、一人程度の配置状況という箇所が続出している。このことも、ふるさと納税制度の共通返礼品などの施策に取り組むうえで、各基礎自治体の障害になっているといえる。

　このように、奈良県は、ふるさと納税制度の概要を見れば、極めて厳しい条件下で、各自治体の自助努力に委ねた自治体間競争にさらされていると指摘せざるをえない。

総務・税務系	企画政策系	産業・農業系	部のない行政組織	
奈良市	大和高田市	天理市	山添村	黒滝村
桜井市	大和郡山市	葛城市	平群町	天川村
御所市	橿原市	宇陀市	川西町	野迫川村
生駒市	五條市	三宅町	曽爾村	十津川村
三郷町	香芝市	田原本町	御杖村	下北山村
斑鳩町	河合町	広陵町	高取町	上北山村
安堵町	上牧町		明日香村	川上村
王寺町			吉野町	東吉野村
大淀町			下市町	
9市町	7市町	6市町	17町村	

表2　2023年度奈良県下39市町村におけるふるさと納税担当部署一覧

2. 本研究が注目するふるさと納税制度に関する議論

ここからは、本研究が注目するふるさと納税制度に関する議論について、あらためて整理し、本章が注目する議論について説明する。

本章は、ふるさと納税の寄付を受け取る側である自治体の取り組みについて議論する。それは、この制度が自治体側の創意工夫に基づいた制度であり、どのように取り組まれているかが注目されているためである。その結果、「ふるさと納税制度」については、近年、その制度に伴う各自治体への寄付額の上昇が指摘されている。そしてそれは、本章の最初にも指摘したように、寄付額上位の基礎自治体は、宮崎県や北海道などの農水産品の豊富な中山間地域や沿岸地域において上位を占めている。そのため、この制度の不利な地域は、とりわけ都市部そしてさらには都市近郊の「ベッドタウン自治体」であるといえる。そのように検討していくと、奈良県は、昼夜間人口比から見ると「奈良に美味いものなし」のイメージもあり、典型的な「ふるさと納税制度」の不利地域となる。さらに奈良県東部・南部の市町村を除けば、奈良県北西部のいわゆる「奈良盆地」に位置する自治体は、面積・人口的にも小規模・非合併である。これは、二〇〇五年前後におこなわれたいわゆる「平成の大合併」において、北海道、福島、長野、奈良、高知の五道県は、市町村合併による自治体数減少率が低いということからも明らかである。つまり、奈良県内の多くの自治体は、「平成の大合併」による自治体規模（面積）の拡大による恩恵に与れず、ふるさと納税制度の返礼品などを自治体がおこなう地域資源の広域活用ができていない。

では、ベッドタウンの小規模自治体は、ふるさと納税制度の取り組みをおこなうことは難しいため、注目する必要がないのか。ここからは、その点を奈良県内の自治体に注目しながら検討することとする。表3は、奈良県内の自治体について、総務省の公表データ[4]から、二〇一九年（令和元年）度から五年間のふるさと納税の収支を筆者の推計で作成したものである。ふるさと納税制度に関する自治体の収支に注目するのは以下の点である。まず、ふるさと納税に関する指摘は、自治体にとっては収入に相当するふるさと納税の寄付額のみに注目する。これは税務関係のデータ性質上、仕方がないことである。一方で、ふるさと納税の各自治体の支出に相当する住民税の流失額の七五％を国から当該自治体への地方交付税の補填がある。つまり、この「七五％ルール」に基づき、さらに各自治体において地方交付税の不交付団体[5]でなければ、ふるさと納税として他自治体へ流失する住民税は、二五％の損失ということである。この点については、あくまでも推計など、税制上の諸制度が複雑であるため、ふるさと納税の指摘に関する研究で、各市町村の実態は明らかになっていない。

　そこで、本研究は、奈良県内の自治体に限定し、

自治体名／年度	令和5年度	令和4年度	令和3年度	令和2年度	令和元年度
奈良市	-3,291	-8,993	3,066	-1,450	1,226
大和高田市	18,151	25,173	25,344	801	631
大和郡山市	29,688	20,924	23,435	9,549	596
天理市	7,304	8,126	7,296	10,321	2,480
橿原市	3,507	5,090	684	-2,222	-2,741
桜井市	20,407	19,773	18,949	19,479	11,155
五條市	12,842	12,557	7,187	5,795	3,815
御所市	4,006	2,791	2,626	1,630	1,538
生駒市	2,566	-3,651	931	-2,516	-583
香芝市	-1,336	-1,069	-43	1,035	-0.5
葛城市	5,898	3,473	168	-951	-774
宇陀市	27,325	34,750	16,176	10,572	6,135
山添村	3,301	2,531	1,505	1,533	370
平群町	3,163	1,809	1,108	470	-314
三郷町	-740	-515	-761	-353	-583
斑鳩町	-35	1,415	594	571	-272
安堵町	183	268	653	293	144
川西町	1,622	1,788	2,220	1,510	2,434
三宅町	2,777	1,775	1,595	1,474	1,652
田原本町	2,888	2,062	1,884	3,540	2,469

自治体名／年度	令和5年度	令和4年度	令和3年度	令和2年度	令和元年度
曽爾村	4,825	4,259	2,893	4,508	30,142
御杖村	914	438	664	551	478
高取町	7,618	8,280	6,800	3,085	1,152
明日香村	2,117	2,036	2,008	1,583	1,531
上牧町	-489	-833	-731	-631	-626
王寺町	3,679	1,774	3,768	1,757	1,311
広陵町	8,511	4,248	731	1,166	703
河合町	1,596	1,137	3,681	420	-173
吉野町	7,396	7,993	7,814	25,984	9,039
大淀町	10,396	5,268	4,369	3,180	390
下市町	1,344	1,597	1,209	989	1,052
黒滝村	1,173	621	486	288	281
天川村	456	792	333	318	161
野迫川村	117	64	135	77	157
十津川村	429	330	318	304	162
下北山村	7,155	3,824	3,005	253	112
上北山村	1,601	1,557	1,105	784	536
川上村	1,007	1,039	1,147	260	281
東吉野村	241	516	492	469	433

表3　奈良県39市町村におけるふるさと納税制度の収支
注：総務省の公表データを基に、筆者が作成。あくまでも推計の金額である。

ここ五年のいわゆる奈良県下各市町村におけるふるさと納税の収支について数値を表3、表4で示した。ただ、あくまでも表のデータは、推計であるので、傾向として解釈できるものである。

表3は、奈良県下三九市町村のここ五年のいわゆるふるさと納税の収支をまとめたものであるが、大きく分けて二つのことがいえる。まず、奈良県下のほとんどの自治体は、ふるさと納税制度において恩恵を受けているといえる。つまり、赤字状態が少ない。そして二つ目に、ふるさと納税の収支は、各自治体、経年的に不安定な状況である。これは奈良県のふるさと納税担当部門も述べていることであるが、いわゆる、ふるさと納税の黒字は、経年的に組み立てる自治体の予算にはなじまないといえる。今後、ふるさと納税制度の総務省による変更やふるさと納税への国民の関心が下がれば、各自治体は、政策へのこの制度の活用を見通すことは難しくなるといえる。

表4は、表3からいわゆるふるさと納税の収支赤字自治体をまとめたものであるが、奈良県北西部で大阪の通勤圏である「ベッドタウン自治体」が該当し、その額には、アップダウンをしているともとれる。

そこで、本研究は、「ベッドタウン自治体」に注目し、議論を展開することとする。ここでいう「ベッドタウン自治体」は、以下の条件を満たすものを採りあげる。まず、昼夜間人口比率が全国平均に比べ下位に位置す

令和5年度			令和4年度			令和3年度			令和2年度			令和元年度		
順位	自治体名	金額	順位	自治体名	金額	順位	自治体名	金額	順位	自治体名	金額	順位	自治体名	金額
1	奈良市	-3,291	1	奈良市	-8,993	1	三郷町	-761	1	生駒市	-2,516	1	橿原市	-2,741
2	香芝市	-1,336	2	生駒市	-3,651	2	上牧町	-731	2	橿原市	-2,222	2	葛城市	-774
3	三郷町	-740	3	香芝市	-1,069	3	香芝市	-43	3	奈良市	-1,450	3	上牧町	-626
4	上牧町	-489	4	上牧町	-833				4	葛城市	-951	4	生駒市	-582.9
5	斑鳩町	-35	5	三郷町	-515				5	上牧町	-631	5	三郷町	-582.7
									6	三郷町	-353	6	平群町	-314
												7	斑鳩町	-272
												8	河合町	-173
												9	香芝市	-0.5

注：表は、筆者が総務省のふるさと納税に関する公表データを基に作成。
あくまでも推計データである。ただ、住民税流出自治体の傾向は、明らかとなる。

表4　奈良県におけるふるさと納税制度による住民税流失団体と額（推計・単位は万円）

る自治体を採りあげるものとする。つまり奈良県の二〇二〇年国勢調査における値九一・〇九より低い基礎自治体となる。そして、次に、産業および農業の構造に注目する。産業では、都市近郊というベッドタウンであるため産業の盛んな場所[6]と住宅地を抱え、産業の必ずしも盛んではない場所が想定される。また、農業に関しては、都市近郊でベッドタウンという条件を考慮し、農業生産額の低い場所であることが想定される。

このことを考慮し、本章で採りあげるベッドタウン自治体として、奈良県内で代表的な自治体を挙げるとすれば、以下の二つであると考えられる。一つ目としては、令和三年の調査で事業所数上位一〇位内[7]であり、令和三年の農業生産額で奈良県下の市で下位三番目に位置する低い位置づけ[8]である大和高田市である。そしてもう一つは、事業所数下位二九位内であり、農業生産額で奈良県下の市町村で下位に位置する奈良県北葛城郡上牧町である。以降はこの二市町を紹介することとする。

3. 奈良県大和高田市における事例

(1) 大和高田市の概要

大和郡山市は奈良県北西部の中和地域に位置し、人口約六・五万人の街である。地理的に平坦地と河川が合流する地形も相まって、明治時代以降、繊維産業が発展し、奈良県内でも工業都市としての地位を獲得した。またその影響で、商業も盛んとなり、中心市街地に複数の商店街を有することから、「商都高田」と呼ばれるほど、奈良県中和地域の中心都市として成長してきた。また鉄道で三〇分強ほどの所要時間で大阪市内へ行ける利便性もあり、ベッドタウンとして成長してきた。しかし近年、繊維産業の衰退、それに伴う中心市街地の商店街の空洞化により、人口減少ということとなった。ただ、高齢化率は約三〇%であり奈良県平均並みの状況である。加えて、大和高田市は、都市近郊の地理的要素もあり、軟弱野菜と呼ばれる、ホウレンソウなどの葉物野菜の生産が地域では有名である。そのため、一定の農業生産も有するというのが現状である。

(2) 大和高田市のふるさと納税の状況

大和高田市は、ふるさと納税制度の寄付額および寄付の件数は、全国的傾向と同様に右肩上がりで推移している。具体的には制度当初、二〇〇八年には、寄付額二一万円(件数九件)であったが、二〇一三年には、寄付額三二・五万円(件数七件)と変化はなかったが、二〇一八年には、二〇七六・九万円(件数八五六件)と順調に増え、二〇二二年には、寄付額二億一一一五・三万円(件数四三七四件)の実績を残すまでに至った。これは、次項に記す同市のふるさと納税に関する取り組みが影響しているといえる。

また、同市のふるさと納税制度に関する寄付額・住民税流失額の収支は、表3に示しているようにここ三年大幅なプラス収支となっている。これは、住民税流失額の上昇の幅より、寄付額が大幅に上回っているということである。そのため、同市では表立ってふるさと納税の問題が近年顕在化していないといえる。

(3) 大和高田市のふるさと納税の展開

大和高田市がふるさと納税制度の返礼品に関する取り組みを始めたのは、ここ五年ほど前のことである。二〇一七年一二月の同市議会定例会で、橋本俊哉市議から市のふるさと納税に対する質問を受け(9)、市民・個人の故郷を大切に思い、寄付という形でふるさとに貢献する制度の構築へと転換していった。まず市の担当部局は、これまでＨＰなどでふるさと納税に関する情報を示していなかったが、その部分の整理をおこなうこととなった。

そしてこの部分は、ふるさと納税紹介サイトなど外部の力も借りながら、充実させた。

それと共におこなったのは、大和高田市が大和高田市商工会議所の協力を得て、市内各企業・商店へのふるさと納税に関する協力をお願いすることであった。同市の担当課は、当初、ふるさと納税制度高額寄付自治体のイメージから、食品関係からふるさと納税登録を進めた。しかし、大和高田市内の企業・商店は、大和高田市内を中心に商圏が成立しているため、ふるさと納税の返礼品への取り組みに、積極的ではなかった。ただ、同市内に一定の企業・商店が存在する「商都高田」ゆえに、さらには一定の収穫量を確保する農家も存在していたため、市の担当課が積極的に取り組まなくても、自然と一定数のふるさと納税返礼品を集めることとなった。

一方で、ふるさと納税制度の返礼品を充実するうえで、返礼品登録に積極的な企業・農家も見られた。それは、商品知名度を全国化することにより、地域に依存する商圏を広げ、全国のより多くの消費者を相手にしたい企業・商店・生産者が存在したことである。その一つの例が、奈良県北西部を中心に生産者を近年増やしているイチゴの「古都華《ことか》」の生産者であった。イチゴは農産物なので、イチゴ農家の生産者は、生産地の近隣を消費者想定にする取り組みがメインターゲットであった。しかし、イチゴ農家は、全国に名が知れ渡ることにより、全国の消費者へ、まだ県外では無名のブランドを知ってもらうよい機会ととらえ、積極的に返礼品への登録をおこなうこととなった。その結果、大和高田市の寄付額の数十％である数千万の寄付額を獲得するに至った。ただ、一方で、軟弱野菜などの他の食品は、返礼品として、保存がきかず、数量も春夏秋冬で一定ではなく、さらにはイチゴにくらべ単価も低いこともあり、返礼品として大きな成果を挙げなかった。そのため大和高田市のふるさと納税返礼品に占める食品の割合は、年々減少傾向となった。

一方で、春夏秋冬の季節に関係なく、保存もきく工業製品のふるさと納税返礼品に関しては、順調に数や寄付額を増やす要因になったといえる。特にビーズソファーで有名な株式会社「Yogibo」の工場も同市内に存在したため、同市ふるさと納税の返礼品として同市に登録されたことも大きい。このことは、同市担当課にとっては、返礼品のモデルケースとなった。ふるさと納税の返礼品として工業製品の充実が、同市の取り組みとしては最適であるとの認識を持つこととなった。さらには、ふるさと納税制度の返礼品登録によって、同市担当課が、同市の有名な商品を各種メディアなど市の内外へ紹介する際に、同市として積極的にＰＲする根拠づけにもなり、その製品・生産物を作り出す企業・生産者を応援しやすくなった。

この取り組みと同市返礼品サイトの充実を、ふるさと納税を扱う広報業者と取り組むことによって、同市のふるさと納税の寄付額が、順調に伸びた。近年では、同市議会でのふるさと納税制度の取り組みに関する指摘はあまりされなくなった。その結果、同市担当課は、ここで生み出された寄付額をどのように使うかに力点を置くことになった。具体的には、総合政策系の部署である同市担当課は、企画創生課であるため、総合計画や地方創生に対する取り組みにおいて、財源的に不足または目標達成が遅くなっている分野に対して、ふるさと納税の寄付金を充てることが可能になった。ただ、毎年毎年一定額が同市へふるさと納税として寄付されるためではないので、経年的な計画を立てることが困難で、あくまでも同市担当課の政策に対する補完的な役割を担うことしかできないという難しい面も存在するという。

4．奈良県北葛城郡上牧町における事例

（1）上牧町の概要

上牧町は、奈良県北西部の丘陵地帯に位置し、人口約二万二〇〇〇人である。同町は、一九七〇年代のある一

年で、人口増加率全国一位を記録した、奈良を代表するベッドタウンである。高齢化率は約三二%で全国平均よりやや高く、今後は少子高齢化と人口減少の影響も現れてくるといえる。ベッドタウンとはいえ、他自治体と違う点はいくつか指摘できる。一つは、町民が町内の隅々へ歩いて行ける町といわれるほど、自治体面積も狭い。また、同町内にはJRおよび近鉄の駅もなく、主要駅である王寺駅、五位堂駅へ路線バスで向かう町民が多い。その駅への距離もあり、戸建ての住宅が多く、静かで暮らしやすいベッドタウンとも見られている。半面、大規模な商業・工場などは存在しない。さらに町のほとんどが住宅街であるため、農地はほとんど見られない。そして、ベッドタウンに特化するあまり、商店街は、ほとんど見られず、小規模零細の商店がいくつか見られ、ここ一〇年でできたMEGAドン・キホーテが町の中心部に存在するのみである。

（2）上牧町のふるさと納税の状況

上牧町のふるさと納税の寄付額は、近隣市町村と違い独自の経過をたどってきたといえる。制度開始当初二〇〇八年は、寄付額八・五万円で件数二件であった。そして二〇一三年には寄付額七・二万円で件数四件、そして五年後の二〇一八年には、寄付額三四・九万円で六件というように、ほとんど寄付がなかった。しかしコロナ禍の二〇二一年には寄付額一五三・二万円から翌年二〇二二年では、寄付額六六七・七万円となり、たった一年で、寄付額において約三三五%の伸びを達成することとなった。これは、奈良県内の自治体でもトップの伸び率を記録し、寄付件数も二〇二二年三二八件と大幅に伸びた。

寄付額の増加とは対照的に、ふるさと納税における同町の収支は、表4でも示しているように、ここ五年で赤字幅五〇〇万円程度を推移している。これは、上牧町民の他自治体へのふるさと納税寄付額を同町への他自治体のふるさと納税寄付額が上回らない状況が固定化している。

（3）上牧町のふるさと納税の展開

上牧町長今中富夫（以下では、今中町長と略す）は、かねてから、ふるさと納税制度に懐疑的な立場をとっていた。そのため、返礼品競争に特化しやすいこの制度に対し、ベッドタウンである上牧町は返礼品が少なく参加しづらいという立場を今中町長は持っていた。この今中町長の信念のもと、上牧町は、ふるさと納税制度に対して、有効な手段を取っていなかったというのが近年までの実状であった。

この考え方に基づいた町の対応が変更されるきっかけとなったのは、二〇二二年初頭のころであったという。それは上牧町が、同年一一月におこなわれる上牧町制施行五〇年のイベントを控えていたためであった。上牧町にとってこのイベントは、少子高齢化および人口減少に悩む自治体におけるアイデンティティを保つためにも重要な位置づけであった。そのため、自治体内各所は、このイベントに向けてさまざまな取り組みをおこなうこととなった。これと同時期に上牧町商工会議所は、町内の飲食店主らが中心となり「黒カレー」を考案し町をもりあげることとなった。しかし、同商工会議所は、ベッドタウンに位置し、住宅街が中心であったために、商工会議所の情報発信力が強くない、という欠点を抱えていた。そのため、この動きを何とかＰＲしてほしいと、町側にも相談があり、町内グルメ産品の開発に協力することとなった。

ただ、この要請だけで、上牧町がこの商品開発支援をするということでは、公平性の観点から疑問が残った。このことを懸念した同町職員が、これを契機に、商工会への取り組みを上牧町におけるふるさと納税制度の充実として活用することを試案した。そして、複数の町職員が上牧町商工会議所と共に、今中町長に相談し、「黒カレー」のみではなく複数で多種多様なふるさと納税返礼品を作ることを条件に、ふるさと納税制度への上牧町の取り組みを拡充することとなった。そして、二〇二二年三月、今中町長は、同町議会の所信表明において、ふるさと納税制度の充実へ舵を切った。

同町のふるさと納税への取り組み[10]を加速度的に増したのは、同町役場の職員の存在も大きい。同町のふるさと納税制度を担当した同町企画財政課の職員の一人は、奈良県への出向経験もあり、その時奈良県で市町村財政に関する部署に勤務し、県の市町村税の担当者と交流があった[11]。そのため毎年総務省がふるさと納税制度の改正をおこなう対応にも、専門的知識で対応できたのである。この職員は、制度構築時、同町内の小規模商店における冷凍食品をふるさと納税制度の返礼品にと考えた。しかし、その商店に相談したところ、同町町民向けの小規模零細商店であるために、経営者側が人手不足で対応が難しいと暗礁に乗り上げた。その後、この職員は、同町商工会議所の会員一覧[12]を頼りに、コロナ禍ではあったが、町制施行五〇年のイベントに向けて時間の制約のあるなか各事業者を回った。同町商工会議所は、歴史的に商店が少ないベッドタウンの上牧町にとって、昔ながらの小規模商店が同町商工会の主要な部分を占めていると見られ、その職員もその認識であった。しかし、その職員が各事業所を訪問すれば、住宅街のガレージで少量の工業製品を作っているところを見つけるなど、「新しい街の発見」といえるような場面に立ち会うこととなった。

農業などの食品に関しては、農業生産者が少なく、かつ高齢化しているので難しいという。大和高田市のふるさと納税返礼品であるイチゴの「古都華《ことか》」は、上牧町で生産農家が二軒あり、一軒は障害者就労支援の生産者でありイチゴの畑は隣接市の香芝市であるため、ふるさと納税制度上、不可能という結果となった[13]。

最終的に、上牧町がコロナ禍以降の数年で、ふるさと納税制度の返礼品を充実させ、一年で三三五%の驚異的な寄付額の伸び率になったのだが、そのことは、同町役場が主導してネット上のいわゆる「仮想空間における商店街」を形成したような状況を生み出すこととなった。そして、この取り組みに関わった同町役場職員は、上牧町のイベントなどに、ふるさと納税などで知りえた業者へ協力を求めるようになった。結果として、上牧町は、商工会や自治会などの伝統的な組織だけでなく、「仮想空間における商店街」という新たな町内アクターに対しても町政への協力を求めやすくなったといえよう。

5．「ベッドタウン自治体」での仮想空間における商店街の形成と新たな課題

本章の目的は、近年、注目されているふるさと納税制度が、あまり注目されず見過ごされていた都市近郊の「ベッドタウン自治体」において、どのような影響や役割をもたらしているのかを明らかにすることである。二つの事例分析から、暫定的結論ではあるが、以下の四点がいえると考える。

第一に、近年、ベッドタウン自治体におけるふるさと納税制度の取り組みは、他自治体の返礼品競争に伴い、議会議員や自治体内のアクター（商工会）によってふるさと納税制度の返礼品拡充がおこなわれる傾向にあるといえる。背景には、ふるさと納税制度の市町村間の競争に伴う税収の減少懸念を考えるアクターが現れる。そのアクターは他の市町村との比較に基づいて、「ベッドタウン自治体」の存在感や知名度向上を目的に動くというメカニズムであるといえる。

第二に、「ベッドタウン自治体」におけるふるさと納税制度の返礼品を用いた食の充実は、結果的に達成されていないようである。これは、ふるさと納税制度の上位自治体のイメージから「ベッドタウン自治体」は食の返礼品充実に取り組むが、奈良の自治体が小規模な生産体制で高齢化に伴い生産者の減少が著しく、加えて商圏が現在の地域で成立している商店・企業などは積極的に取り組む可能性は低いといわざるをえないと指摘できる。つまり、ベッドタウン自治体は食の充実にふるさと納税制度を利用して最初に取り組むが、共通して限界を感じているようである。その結果、保存期間など影響を受けない工業製品の返礼品へと依存が高まっているようであ

る。

第三に、ふるさと納税制度によって、「ベッドタウン自治体」は、結果として「仮想空間における自治体商店街」を形成・充実しているとみなすことができるといえそうである。これは、現在少子高齢化・商店街の空洞化に悩む自治体や住宅街を抱える典型的な「ベッドタウン自治体」における現実の世界において、変化をおこすことは容易ではない。しかし、多種多様なふるさと納税制度の返礼品を充実することによって、結果として自治体が、商工会議所がおこなうべき役割を代替し、ネット上の「仮想空間における商店街」形成を試みることとなっている。この制度が継続すれば、自治体を中心とした商店街という新たな仕組み（または組織）を形成するといえる。

そして最後に注目すべきは、自治体職員による、当該自治体の現状把握とふるさと納税制度で認識した知識の活用である。ふるさと納税の返礼品の充実という一義的な取り組みにより、自治体職員は、当該自治体を新たに知る機会の創出となっている。これは、あえて言えば自治体職員の行政能力向上に貢献しているともみえる。具体的には、大和高田市においては、企画創生課にふるさと納税制度の担当が設けられているが、その寄付額に基づき、地方創生などの政策推進の原動力になっていた。また上牧町では、ふるさと納税の返礼品充実に伴う仕組みづくりの機会に、ふるさと納税で得た地域産業とのつながりを持った。それによって上牧町職員の他の業務（例えば地域振興的なイベントへの返礼品を提供している企業・個人の協力）へと役立てている。つまり、これまでの伝統的な組織（自治会や商工会）のみと自治体職員がつながるのではなく、「ベッドタウン自治体」における返礼品を提供している企業・個人との新たなアクターとの関係性構築が見られているといえる。

ただ、二つの事例からいえることは少なく、もう少し詳細な事例を複数検討する必要がある。特に今回の事例分析は奈良県の自治体に特化した部分が多く、都市近郊における「ベッドタウン自治体」における地域的な偏りがあることは容易に想像できる。そのため東京、中京、大阪圏などの都市近郊「ベッドタウン自治体」を詳細に分析する必要があるといえる。そしてもう一つは、総務省による制度変更を繰り返していることから、ふるさと納税の不安定性がある。そのため、本章の指摘は現時点での説明であり、今後経年的に、ふるさと納税制度に対する各自治体過程を見ていくことで、さまざまな点を新たに指摘する可能性は大いにある。今後も都市近郊の「ベッドタウン自治体」におけるふるさと納税制度の取り組みに注目する必要がある。

謝辞

この章を作成するにあたり、奈良県総務部知事公室市町村振興課の喜多晶俊様、大和高田市企画政策部の植本由則部長様、同部企画創生課の佐藤一道課長様、同課西邊加栄様、上牧町総務部企画財政課の中本義雄課長様、土井教晴課長補佐様から現場の状況について、惜しみないヒアリングなどの協力と様々な知見・資料を提供していただいた。そして、論文として検討していく段階において、立命館大学大学院政策科学研究科の分権リサーチプロジェクトにおいて報告の機会を頂き、森道哉先生、城戸英樹先生から貴重なコメントを頂いた。ここに感謝申し上げる。なお、章の文責は、筆者にある。

〈注〉

（1）　朝日新聞二〇二三年八月二日朝刊参照。

（2）　ベッドタウンという言葉の定義は、さまざまあるが、本章では、後の議論でも紹介するが、昼夜間人口比の低い地域で見てみることとする。そのデータを都道府県別で見れば、二〇二〇年度の国勢調査によれば、一位埼玉（八九・六一）、二位千葉（九〇・二六）、三位奈良（九一・〇九）、四位神奈川（九一・六八）、そして五位兵庫（九六・〇六）である。つまり、大都市である東京・大阪の周辺地域が、本章で注目するベッドタウンといえる。

（3） 二〇一七年度における「ふるさと納税受け入れ額」は、奈良県が一四・七七億円に対して、京都府は一三・三九億円であった。しかし二〇一八年度以降、「ふるさと納税受け入れ額」は、京都府が奈良県を逆転した。二〇二二年度の「ふるさと納税受け入れ額」では、奈良県が三二・三八億円であるのに対し、京都府は一七五・一一億円であり、さらに額が低い滋賀県の一二六・八八億円に比べれば、金額差は年月の経過に伴い開く一方である。

（4） 総務省ふるさと納税ポータルサイトより、データ参照（https://www.soumu.go.jp/main_sosiki/jichi_zeisei/czaisei/czaisei_seido/furusato/archive/）〔二〇二四年二月一五日確認〕。

（5） 奈良県内の自治体は、ここ五年不交付団体になった自治体は存在しない。

（6） 具体的には、江戸時代の城下町・寺内町や明治期以降の産業集積地（工場の多いところ）を指す。

（7） 令和三年経済センサス—活動調査（製造業に関する集計）確報　奈良県結果（https://www.pref.nara.jp/secure/67732/R3keisenseizougyou_kakuhougaiyou4.pdf）〔二〇二四年二月一五日確認〕。

（8） 令和三年農業生産額　奈良県調査（https://www.e-stat.go.jp/stat-search/files?page=1&layout=datalist&toukei=00500249&tstat=000001108355&cycle=7&year=20210&month=0&tclass1=000001108375&tclass2=000001202721）〔二〇二四年二月一五日確認〕。

（9） 県と市町村との人事交流が、自治体職員間の連携を促し、上牧町のふるさと納税返礼品拡充の際には、近隣町村と連携して両自治体共通の返礼品（工業製品）を生み出すこととなった。

（10） 上牧町のふるさと納税制度の返礼品に関する詳細な情報は、二〇二二年発行の『ふるさと納税ニッポン！二〇二二—二三冬春号』（文芸社）一四八—一五一で紹介されている。

（11） 県と市町村との人事交流が、自治体職員間の連携を促し、上牧町のふるさと納税返礼品拡充の際には、近隣町村と連携して両自治体共通の返礼品（工業製品）を生み出すこととなった。

（12） 上牧町商工会議所の会員一覧は、青色申告などの納税などの観点で、町内の多くの会社・事業所・個人が活用されており、同町で商売をしている人を網羅していた。さらに彼らは、同町で商売を展開するというよりは、ネットでの販売などに長けており、同町のふるさと納税制度の返礼品登録に快く賛同してくれたという。

（13） 町民が歩いて街のすみずみに行ける上牧町は、面積が狭いため、事業所・農家の住まいなどがあっても、工場や畑などは他自治体にあることが多々見られるようである。

〈参考文献〉

梶原晶「ふるさと納税の受け入れに関わる自治体の対応」『自助・公助・共助の政治学』関西大学経済政治研究所、二〇二二年
須山聡「ふるさと納税にみる所得再配分機能と地域振興」『駒澤地理』五六号、駒澤大学文学部地理学教室、二〇二〇年
平岡和久「「ふるさと納税制度」の本質問題を問う」『住民と自治』一二月号、自治体問題研究所、二〇二三年
深澤映司「ふるさと納税を背景とした諸現象の本質」『レファレンス』六九巻三号、国立国会図書館調査及び立法考査局、二〇一九年

「食を選好できる」ということ

――危機の時代に「食文化」はいかに可能か――

柄本三代子

1.「私は何者であるか」と食べること――ヴィーガンの場合

イギリスはヴィーガンの多い国としてよく知られている。その人たちに対する配慮はそこかしこで見られる。完全菜食主義ともいわれるヴィーガニズムが最も広く浸透しているといっていいイギリスは、一八四七年にベジタリアン協会がつくられ、以来世界中のベジタリアンをけん引しつつ、一九四四年にはヴィーガン協会も設立された。このようにいわゆる菜食主義とひと口に言っても、乳製品や卵を食べるのか否か、魚を食べるのか否か、鶏肉は食べていいのか否か、といった細かな違いによってその呼び方も変わってくるのであるが、本章では総称してヴィーガンという言葉を採用することにする。

ヴィーガン協会の定義によるとヴィーガニズムとは「可能かつ実行可能な限り、食物、衣服、その他の目的のための動物のあらゆる形態の搾取と残虐行為を排除しようとする哲学であり生き方であり、ひいては、動物の発展と社会の発展を促進する。動物、人間、環境の利益のために、動物を使用しない代替品を使用すること。食事用語では、完全または部分的に動物由来の製品を一切使用しないことを意味」する〔Vegan Society, 2023〕。

冒頭で述べたようにイギリス国内にはたしかに、ヴィーガン用のメニューが用意されているのみならず、ヴィーガンレストランも多数ある。それだけではなく、人が集まって食事をする際にはたいていヴィーガン料理が用意されるか、選択できるようになっている。二〇二二年から一年間筆者がイギリスに滞在した際、誰でも採取できる市民農園が町中にあることで有名なトッドモーデンでは〔Warhurst & Dobson, 2014〕、農作業後にみんなで食事をする際にも、またマンチェスターのプラットフィールズパークガーデンで毎週金曜日に地元の人たちにふるまわれるコミュニティランチも、ヴィーガン料理だった。野菜だけ、というと質素なイメージがあるかもしれないけれど、実際には見た目にもカラフルで食べごたえのあるメニューであることがほとんどである。それだけの技術が蓄積されてきたということなのだろう。またヴィーガンではない人たちも、もの足りないといったような様子をみたことはなかった。いずれにしても、広く認知され社会に溶け込んでいることは間違いない。ヴィーガンであることが尊重されているのと同時に、そうでない人の存在も認められている。肉を食べるからといって、蔑まれるといったことも私の身には起こらなかった。

ヴィーガンになった人にその理由を聞くと、食肉にされる動物がどのように残虐な目にあっているのか知ったのがきっかけだ、と返ってきた。環境にかける負荷のことを言う人もいる。先にあげた定義からも、たんに味の好き嫌いの問題ではないことがうかがえる。食べることはさまざまな社会的な事柄とつながっているのだ。地球規模のことでもあり、国家や働くこととともつながっている。

イギリスと日本で異なることの一つに、食料品に税金がかかるか、かからないかということがある。日本では命をつなぐためのモノを購入するのにも一〇％の税金が、貧者であれ富者であれかけられる。あらためて言うまでもないが、食品を含む生活というか生命必需品に消費税をかけるかぎりにおいて、きわめて不公平な税制と言っていい。それがなくては生きていけないものを用することに対し、万人に対して等しく税をかけるということは公平さを欠く。食をめぐってはそんな国家的縛りとも無縁ではない。

魚を食べない人がいる、卵を食べない人がいる、納豆を食べない人がいる、タコを食べない人がいる。つまり、何かを食べないということ自体はとくにめずらしいことでもないし、特別なことでもない。しかしヴィーガンの場合、たんに個人的な好みの問題だけではなく、「動物」のことだの「環境」のことだのが食べないことの理由に含まれている。畜産工業そのものに対する批判もあるし、し尿処理などをめぐる環境への負荷も問題視される。しかし、主たる理由としてはやはり動物福祉（animal welfare）ということがある。

西洋流の思想による「外圧」というのは、日本という極東の国にとってのお決まりであるが、これもまた例外ではない。横文字のライフスタイルは、往々にして新しいものとして取り入れようとされる。カタカナで、西洋のもので、ときに先端的でかつおしゃれ、そして環境や動物のことを考えているという思考が内包されたものとして紹介されることもあることは否めない。「日本の食品市場と飲食店などはそのような世界のトレンドに対応すべく、ベジタリアニズムという生活様式を受け入れ、対応していくことが求められよう」〔東山・小林、二〇一九：四〕ということになるかもしれないし、「二一世紀のライフスタイル」として喧伝されることにもなる〔垣本・高井編、二〇一四〕。先進的な西洋の思想として紹介される。なるほど、さすがは西洋であるヨーロッパである、優れている人たちだ、これはマネをしなくてはいけない、ということにまたもなるのか。日本ベジタリアン協会の発足は一九九三年であるから、たしかにイギリスからは一五〇年も遅れている、ということになるのかもしれない。

しかし日本にはそもそも精進料理があるではないか。わざわざ西洋のものを新たなライフスタイルとして輸入してこなくても、そこにあるではないか。ヴィーガニズムを含むベジタリアニズムの世界的上げ潮は、ヴィーガンレストランを探すのに苦労する日本の遅れも指摘するだろうが、日本的なるものの再発掘にもつながるのではないか。伝統的な日本食とヴィーガン料理の親和性について着目したレシピ本『JAPANEASY VEGAN──家庭で作れる伝統的で現代的なヴィーガン和食のレシピ』のように、他者によって再発見されることもありうる〔Anderson, 2019〕。

食べることについて哲学的考察をおこなったブリア・サヴァランは「どんなものを食べているか言ってみたまえ。君がどんな人であるか言ってみせよう」と書いた〔Brillat-Savarin, 1825=1967〕。私が何者であるか、ということもまた食によって規定されているというのだ。この章では、「私が何者であるか」「日本人の精神性とは」といったアイデンティティとの関連でヴィーガンと精進料理との差異を議論の発端としながら、他者に向けて商品化された和食について考え、選り好みしながら食べるというあたりまえの行為が、いかに社会的なるものとつながっているのかということ、そして資本主義社会においてそれがいかに脆弱な基盤の上でしか成り立たないものであるか、ということについて考察する。

2. 「日本人とは誰か」と食べること──精進料理の場合

ヴィーガンだけでなく菜食を中心としたいわゆる「ヘルシーな食事」を希求する者たちにとって、いわゆる「日本食」は人気が高い。そういえば、精進料理というものが日本にはあったはずだ。あれは肉を使わないのではなかったたか。そしてこの精進料理は、使用される食材だけでなく、調理方法や食事の作法までも高級料亭から私たちの日常食に至るまでの細部に引き継がれている。

しかし例えば「ベジタリアン＝精進料理ではない」という言には、動物を食さないという一点だけをして共通のものとみなしえず、歴史的そして思想的背景がまったく異なるということが意味されていたりする〔鳥居本、二〇〇六：v〕。

一二〇〇年に生まれ禅院での修行を目的として中国へ留学した曹洞宗開祖道元によって、一三世紀半ばまでには『典座教訓』と『赴粥飯法』が書かれた。前者は調理をする者の、そして後者は食べる際の心得について書かれたもので、禅と食事との関連について述べられている〔道元、一九九一〕。精進料理のルーツはこの書物にあるといっていい。すなわち、精進料理の思想には、たんに何を食べて何を食べないかということではなく、調理の方法や食べる作法も含まれている。

ところで日本において、肉を食べないこと、すなわち殺生を避けることには、宗教的タブーと民俗的タブーがあるという〔熊倉、二〇二〇：一九三〕。肉もよく食べていた日本人ではあるが、食べる肉と食べない肉の区別があって、これについては穢れという概念も含む民俗的なものと考えていいだろう。いっぽうで「精進料理は、仏教の殺生戒にもとづく食のタブーとみるべきである」という〔熊倉、二〇二〇：一九三〕。すなわち宗教的タブーということだ。殺生された動物に対する配慮をめぐって、日本においては慰霊祭というような儀礼がおこなわれてきた。肉を食べない、ということについて西洋のそれと単純に比べることはできないし、どちらがより優れているという言い方ももちろんできない。なるほど、精進料理の元をたどれば仏教や禅にたどりつくのであるが、そこで示される動物殺生に対する思想も、当然のことながらいわゆる西洋由来の動物福祉とは異なる。この点について伊勢田は、日本の動物愛護の概念を用いいつつ議論を深めている。「『動物愛護』と直接対応する言葉を欧米の動物保護運動の中で見つけるのは難しい」という点にも端的に示されているように、犠牲となった動物に対する「感謝」を示すさまざまな供養の存在に着目した伊勢田によって、日本的動物倫理が考察されている〔伊勢田：四五八〕。「動物を食べない」こと一つとっても思想の違いがある。

先述したように、道元にもさかのぼる精進料理とはたんに動物殺傷を戒める、ということにとどまらない、今日の日本食の調理法や食べ方に関する宗教的ルーツでもある。このことについて鳥居本は、民俗的タブーもふまえながら次のように述べている。

> 精進料理は食文化の変遷のなかで異彩を放つという存在だけでなく、僧俗を問わず、日本人の根底にある精神世界に根付いたものであるといえるのではないだろうか。（中略）仏教が説く不殺生戒の流布は、僧俗を問わず、命を絶ち、人間の命の糧となっている動植物の存在を再認識し、「生かされていること」への感謝の念を、忘れてはならないことを思い出させてくれるのである。〔鳥居本、二〇〇六：一〇〕

つまり精進料理とは、「今日の日本料理の基礎を築いたといっても過言ではない」のである〔原田、一九九九：二〇二〕と同時に、日本人の根底にある精神世界に根付いたものでもあり、すなわち「日本人であること」とも関わってくるということになる。

以上のように「日本的なるもの」「日本人の精神世界」をそのままあたりまえに在るものとすることによって、日本固有のものとしての和食を誕生させることができるのである。

いやしかし、仏教は中国から伝来したものではなかったか。

つまり「中世に成立した精進料理は、仏教と深くかかわるものできわめて外来性が強い」のである〔原田、一九九九：一八六〕。すなわち、中国や朝鮮半島から伝播してきたとみなしうるものであって、日本で誕生した固有のモノとは言い切れない。歴史的かつ思想的なつながりのみならず、その流れのなかで築かれてきた使用される食材や調味料といったものを含む物理的なつながりもまた、いったん切れたものとして「精進料理」とそれをルーツとする「和食」を誕生させるしかない。このことに関しては、西洋料理に対抗するものとして精進料理が成立する過程において、他者性がいかに重要であったかという点から以下のようにも述べられている。

肉食を主とする「西洋料理」が流行し、台頭していく明治期の日本において、その対抗文化として「和食」論を基調としつつ「日本料理」なる対置概念が「創出」され、その歴史観を支える仏教的な食として「精進料理」という概念が活用された。「精進料理」が単なる菜食ではなく「粗食」という意味をも内包していたが故に、日本人の「精神性」を表象し、「修養」を啓蒙する語として魅力的な語であった。そこでは、「仏教とともに段階的に中国から伝来した」という要素は捨象され、「日本の食文化」という〔中略〕潮流が歴史を通じて連綿と日本には存在し続けていたのだという前提は、「食」という局面に展開される文化ナショナリズムの文脈を色濃く内包している。〔徳野、二〇一六：三一二〕

外来の思想も内包した精進料理をして、他者に対して「日本人の精神性」を表象するものとなったという指摘はここで示唆的である。かくして「精進料理」は「日本的なるもの」を意味することになる。

ヴィーガンが世界的に認められ浸透してきた現代において、ヘルシーな「和食」や肉食を禁じる精進料理の意義は依然として認められ、そもそも「日本固有のもの」として他者にアピールし外貨を獲得する際に重要視されてきていることについて次に考えよう。

3. 他者のための「和食」

日本は海外から観光客が多く訪れる国であり、近年ますますそのことに経済的に依存していることは否めない。人が動く時には、いや動かないにしても、食べることは必要だ。そして観光の楽しみの大きな部分を占めるのが食事であり、そもそも日本食は海外で人気である。

そしてすでに「和食」は、無形文化遺産としてユネスコに登録されている。つまり、「口承による伝統および表現、芸能、社会的慣習、儀式および祭礼行事、自然および万物に関する知識および慣習、伝統工芸技術といった無形文化遺産」〔文化庁、二〇二三〕の一つとして数えられたということだ。

前節で精進料理における他者性について考察したが、まさにユネスコのすぐれた文化遺産としての「和食」もまた他者に対する表象として機能する典型例といっていい。二〇一三年に「和食」が「日本人の伝統的な食文化」として登録されたのは、「自然の尊重」という日本人の精神性を体現した食に関する「社会的慣習」としての提案だったのである〔農林水産省、二〇二三〕。ただの食事スタイルの一種ではないのだ。

無形文化遺産登録の五年を経て、和食は世界からさらに注目を浴びるようになったとして、農林水産省は二〇一八年時点での状況を次のようにまとめている。（1）海外における日本食レストランの増加、（2）農林水産物・食品の輸出額の増加、（3）訪日外国人旅行者数、旅行消費額の増加。そして（4）地方の多様な食への期待（の高まり）、と続くのであるが、これは「訪日外国人が日本の地方旅行でしたいことは、『温泉・自然観光地訪問』に次いで、『郷土料理を食べる』こと」がその理由となっている。これもまた、期待するのは訪日外国人によって食べられることである。つまり「和食」の無形文化遺産登録はインバウンド勢に対してアピールするのに好都合だし、そこで紹介される「和食」というのは、とても洗練されている。素晴らしい日本である。美しい日本である。

このように他者に提示される「和食」と、「和食」がいかに富を生む出すものであるか、という期待は、中国をはじめとした他国とつながる歴史的宗教的背景と切り離し可能なものとしての「日本的なるもの」の構築と「外国人」とともにあるのだ。いっぽうで「国内の現状」として農林水産省は、「その料理や作法をどのように次世代へ継承していくかが重要」ともいう〔農林水産省、二〇一三〕。

富を生み出すものとして、あるいは商品としての価値がより高いほうへと目が向けられることになる。「売れるもの」であることが優先される。いっぽうで食は、土や使用される飼料も含め自分たちの身体とつながったものとして理解される必要がある。この前提から自由な人間はいないだろう。その視線の先には生産者がいるだろうし、さらにその先にはその生産者によって生かされている自分がいるだろう。

西洋と比して遅れた国として位置づけたり、また他国という他者へ向かってすぐれた日本を提示したりといったように、日本食というものはかくもイデオロギーと切り離せない。そしてそこでは、目をそむけたくなるよういろいろな問題がきれいに洗い流されているといってもいい。

他者に対しアピールするための「日本的なるもの」の価値を維持するために、そのことが重要であることはわかる。しかし、そもそも食べるものがなくなれば話にならない。例えば和食には欠かせない米はどうだろうか。生産者がいなくなれば、日本で米がとれなくなれば、では外国から輸入すればいい、ということになるだろうか。それはまるで工業製品と同じ考え方ではないだろうか。このことについてさらに考えてみよう。

4. 食べたいように食べられるのは誰か

ヴィーガン料理であれ精進料理であれ和食であれ、何を好んで食べるのか、そして何を食べたくないのか、という選好については、それは個人の趣味嗜好の問題であるような気もするだろう。なぜそれを好んで食べるのですかとたずねられても、たいては「好きだから好きなんだ」としか言いようがない。しかし、他の選好と同じで、食についてもやはりたんに個人的な話として終わりにはならない。個々人の選好を成り立たせるには、つまり好きになったり好きでいさせたり、あたりまえのように食べるためには、実にさまざまな条件が必要となってくる。

食品の生産から加工、流通、消費にいたるすべての範囲で、そこに関わる人やモノが世界規模で相互に関連している既存のグローバル・フードシステムは、人びとの選好を充足させるためには必要なシステムであると一部では考えられている。これに対し、アメリカの哲学者ロナルド・サンドラーは「選好は十分な情報にもとづいていなかったり、間違った情報にもとづいていたりすることがありうる」と述べる〔Sandler, 2015=2019: 20〕。例えば食肉の生産過程で動物がどのように扱われているかについて、例えば労働者たちを搾取することによって食品が製造されていることについて、例えば食の選好が食品広告や作為的に低くされたコストなどの外部から操作されていることについて、そしてそもそもその選好が当人の健康にとって悪いものである可能性について、私たちはどれだけ知っているのか、ということを問題にしているのだ。

そもそもグローバル・フードシステムは、豊かな人びとの食べ物の選好を充足する点ではすぐれているかもしれないが、そうでない「他者」においては基礎的なニーズすら満たしていないことについても考えねばならない。これは、富める国によって搾取される国という地球規模での格差を示唆するグローバルサウスについての考慮を意味するのであるが、加えて国内における格差についても考察する必要がある。食の選好というものは、世界規模での不平等の結果であり、原因であるということが国内の格差にも影響を与えている。好きなものを食べるという私たちのささやかな行為は、かくも世界や社会や国家とつながっているのだ。

先に見たように今日「ヴィーガニズム」という倫理も、「日本人の精神性」なるものも商品化されているといっていいだろう。ありとあらゆるものが商品化され、資本主義経済の波に飲み込まれいてる。ふと気づけば、それ以外の社会のありさまについて思考することすら困難になってきている。しかし、私たちの食や食べることは、社会とつながる公共財として考える必要があるのだ。

私たち自身がそもそも自然の一部にすぎないのだし、動物どころか土や種や苗といったモノとつながっているし、天候の影響を受けるという意味においてもやはり自然とつながっている。人間はシステムの中の一部を構成している（にすぎない）と言っていい。ここでふたたび例として米について考えてみよう。「日本人はイネとともに農業を知ったのであり、したがって最初から一貫して主作物はイネであった」〔筑波、一九九九：八五〕。その米作が危機に瀕していることについては、さまざまな形で知ることができる。農村へ出向くことで、休耕地の広がりを目で見て確認できるだろうし、あるいは、跡を継ぐ者がいないまま高齢化した生産者の話を聞くこともできるだろう。それはたんに個人的な問題でそうなっているのではなく、国の農業政策や消費者の動向に負うところは大きく、先述したようなグローバル・フードシステムの弊害ともいえる。米農家のひっ迫は、いまここで述べたとしてももう時すでに遅し、という状況になってきている。新しいところでは、NHKスペシャルで『食の防衛線』（二〇二三年一一月二六日放送）という番組が多くの知見を与えてくれる。そこではコメの生産現場の脆弱化と破綻に一刻の猶予もないことが明示されている〔NHK、二〇二三〕。例えば米がとれなくなるというシステムの変更は、大きな影響をおよぼす。飢えを避けるために代わりのモノを食べるとなると、身体のコンディションも変わってくるだろう。米にまつわるさまざまな儀礼といったような文化だけでなく、田んぼや里山が放置されていくことにより植生も変わるだろうし景観も変わる。

ところで米を作ることをめぐる危機は、それが農業の根幹をなすのであるから、その他の作物の危機とも直結している。自然との関係性も変わってくるということである。人類が地球環境に決定的な影響を与えてきたことで地質学的な変化をもたらすようになるに至った時代を示す人新世という言葉があるが、まさに私たちは自分たちが変えてしまった自然によって、危機にさらされており、「グローバリゼーションは商品を生産者と土地から断ち切り、はるかに抽象的なものに変え」「自然を世界資本主義のネットワークで流通しやすいものへと変貌させた」のだ〔Bonneuil & Fressoz, 2016=2018: 193〕。

そもそも私たち人間にとっての食は、「エサ」をイメージするような飢えをしのげればいいものではない。「ヴィーガン」や「日本人の精神性」といったように、食べているモノによってアイデンティティが示されたりもする。しかし一方で、あるモノは入手できあるモノは口にできないという制限が常にかかっているということも事実である。それは例えば、経済的な条件だったり、地域的な条件だったりする。

ヴィーガニズムであれ、精進料理であれ、世界遺産としての和食であれ、食べることに心配がなく、そのうえで選択可能であり、すなわち知識と意識を支える経済力があってはじめて可能だと言っていいだろう。例えば、肉を食べないのはともかく、その選択が可能であるためには、それ以外のものを十分に選択でき消費できるという前提が必要である。つまり「好きなものを食べる」という行為をめぐって、ライフスタイルをより倫理的なものへと言われ、たしかにそうだと思ったとしても、それを選択できるか否かはまた別の問題となってくる。食べるという行為は、万人が生きるためにたずさわらざるをえない行為ではあるけれども、はたして万人が倫理的な食を志向することができるものなのだろうか。しかもそれが目指すべき「ライフスタイル」として提示されるならますます、他の選択肢があってもいいだろうという話でもある。

例えば現代社会においても大人であれ炊き出しには長蛇の列ができる。そこで配られるものと言えば、透明のプラスティックに詰められたものか、あるいは保存がきくものである。年金生活者たちは、次の年金支給日までを小銭でしのぐ。コンビニの前で立ったままで、あるいはしゃがんで何かをかきこむ姿も珍しくない。

さらに例をあげるなら、子ども食堂の数と活動の拡大は、まともに食事にありつけない子どもたちの存在を見えるものにした。貧困の広がりは確実なものと言えそうだが、二〇二一年末に内閣府が発表した「子供の生活状況調査の分析報告書」は、子どもの貧困についてなされた初めての全国調査だった（内閣府）。それによると、いわゆる「準貧困層」「貧困層」では、食料が買えなかった経験について「よくあった」「ときどきあった」と答えた世帯がそれぞれ、五・四％と一八・四％となっている。その後食料品の物価は上がり続けていることから考えると、その後この数字は悪化していると思われる。十分に食べることができない人びとは現にいる。

5.「アイデンティティ」や「選好」を成り立たせている条件

そして私たちの食べることについて考えるなら、食料安全保障（food security）の危機的状況について考えることなしに語れない。なぜなら、それが基盤であり前提だからである。その定義は以下である。

活動的で健康な食生活をおくるために、食事のニーズと食べ物の選好を満たす十分で安全で栄養がある食料が、すべての人々にどんなときにでも物理的、経済的に入手可能であるなら、食料安全保障は存在する。

〔FAO、二〇二三〕

ということはつまり、入手可能でないなら、すなわち食料不安がもたらされるということになる。日本の現状況について考えるなら、カロリーベース総合食料自給率三八%という数字が、食料安全保障の危機的状況であることを端的に示している。すでに「すべての人々に」安全保障が存在しなくなっていることは、日本においても自明である。すなわち、食料安全保障の危機的状況が拡大しているのである。それは、すでに顕在化している貧困や飢えだけではない。私たちの食は薄氷の上にあり、いつ沈没するかわからない。

食には、おいしい話や楽しい話がつきものなのだけれど、そのような話ができるのも、まずは心配なく食べることができるからだ。いやそうではなくより正確に言うなら、現実を見ずしてそうだと自明視できるからだ。食べることをめぐる危機的な状況については、何度でも確認していいだろう。グルメであれガストロノミーであれ、食について何かを語るなら、私たちが考えなければならない外在的な問題として以上をまず挙げておく必要がある。

グローバル化というのは、近代だけの話ではなく、とうの昔に諸国との交流やモノの伝播はあったのである。その流れのなかのあるモノをすくって「和食」と名づけているにすぎないことについて先に述べた。しかしそれはどこにでもあるモノではないし、私たちが食べるものがエサでない以上、「選好」されるものであるならば、それは守られる必要がある。そして守るものと言えばたんにそのモノだけではなく、それが生育するための環境や労働、景観といった資源もまた、である。だからその「選好」を成り立たせている外的条件についても考えねばならない。そしてその守られるモノたちは、数千年にわたって継承されてきたものである。その間に私的所有や資本主義といった渦にのみ込まれていったのであって、それは自明なものではなく、ある特異な時代を通過しているにすぎない。であるならば、あるいはこれからも人類がこの地に生きていくことを考えるなら、それらをなんとか続けていくことは狭い視野を手放していくことが重要であるはずだ。そうでないと、ベジタリアンもヴィーガンもやってられないし、精進料理どころか和食も食べられない。食が文化であるゆえんはそんなところにあると言える。

本稿は、東京国際大学特別研究助成（二〇二三年度）の助成を受けている。

〈参考文献〉

伊勢田哲治「動物福祉の論理と動物供養の倫理」、野林厚志編『肉食行為の研究』平凡社、二〇一八年
ＮＨＫ『食の〝防衛線〟 第一回 主食コメ・忍び寄る危機』二〇二三年 https://www.nhk.jp/p/special/ts/2NY2QQLPM3/episode/te/MVV5LQ387X/〔二〇二四年一月一日閲覧〕
柄本三代子「ヴィーガニズムとフード・テクノロジーをつなぐ培養肉の倫理的消費」『研究季報』奈良県立大学、二〇二二年
垣本充・高井明徳編『VEGUTARIAN-ism 21世紀のライフスタイル「ベジタリアニズム」』月刊フードジャーナル特別編集、二〇一四年
熊倉功夫『日本料理文化史――懐石を中心に』講談社学術文庫、二〇二〇年
筑波常治「主食文化としての穀物」、熊倉功夫編『講座食の文化 第二巻日本の食事文化』農山漁村文化協会、一九九九年
道元、中村璋八・石川力山・中村信幸訳『典座教訓・赴粥飯法』講談社学術文庫、一九九一年
徳野崇行「曹洞宗における『食』と修行」『宗教研究』二〇一六年
鳥居本幸代『精進料理と日本人』春秋社、二〇〇六年
内閣府「子供の生活状況調査の分析報告書」https://warp.da.ndl.go.jp/info:ndljp/pid/12927443/www8.cao.go.jp/kodomonohinkon/chousa/r03/pdf-index.html、二〇二一年〔二〇二四年一月一日閲覧〕
農林水産省「日本食文化のユネスコ無形文化遺産登録について」https://www.maff.go.jp/j/keikaku/syokubunka/ich/pdf/naiyo_washoku.pdf、二〇二三年〔二〇二三年一二月一二日閲覧〕
原田信夫「精進料理と日本の食生活」、熊倉功夫編『講座食の文化 第二巻日本の食事文化』農山漁村文化協会、一九九九年

東山友香・小林弘明「菜食主義と完全菜食主義の形成要因」『食と緑の科学』№七三：四―五、二〇一九年

文化庁「無形文化遺産」https://www.bunka.go.jp/seisaku/bunkazai/shokai/mukei_bunka_isan/ 二〇二三年〔二〇二三年一二月一二日閲覧〕

Anderson, Tim, *Vegan Japaneasy: Classic & Modern Vegan Japanese Recipes toCook at Home*, Hardie Grant Books, 2019.

Brillat-Savarin Jean Anthelme, *Physiologie du Goût*, 1825. ＝関根秀雄・戸部松実訳『美味礼賛』岩波文庫、一九六七

Food and Agriculture Organization United States, *The State of Food Security and Nutrition in the World 2023*, 2023. https://www.fao.org/documents/card/en/c/cc3017en〔二〇二三年一二月六日閲覧〕

Fressoz, Jean-Baptiste, Christophe Bonneuil, *L'Événement Anthropocène: La Terre, l'histoire et nous*, Seuil, 2016. ＝野坂しおり訳『人新世とは何か〈地球と人類の時代〉の思想史』青土社、二〇一八年

Sandler, Ronald L., *Food Ethics : The Bassics*, Routledge, 2014. ＝馬渕浩二訳『食物倫理入門——食べることの倫理学』ナカニシヤ出版、二〇一五年

Vegan Society, 2023, https://www.vegansociety.com/go-vegan/definition-veganism〔二〇二三年一二月二五日閲覧〕

Warhurst, Pamela and Joanna Dobson, *Incredible! Plant Veg, Grow a Revolution*, Matador, 2014.

ハ行

マ行

ヤ・ラ・ワ行

サ行

タ行

ナ行

索　引

おわりに

岡井崇之

本書の目的や概要については、序論で示されている。ここでは、本書の成立に至った経緯について簡潔に述べておきたい。編者の窪田暁と岡井崇之の間で、「グローバル化した世界のなかでの食文化やその変容をとらえる共同研究をやろう」ということになったのは、二〇二一年の年末のことだった。食や食文化という、あまりにも広い対象をどうやって研究するのかということが最初の課題であった。議論を重ねていくなかで、二人に共通する問題意識として鮮明になったのは、私たちの関心が、食べ物そのもの以上に、食べ物にまつわる人びとの物語や記憶にあるということ、また、それらを紡ぎ、継承する人びとの日常的な営みにあるということだった。そのような視点が全体を通じて十分に展開できているかどうかは、読者の皆さんの評価を仰ぎたい。

そのような関心から動き始めたものの、さまざまな形での周囲からの助成や協力がなければ、本書は間違いなく成立し得なかった。その大きな機会を与えてくれたのが、奈良県が奈良県立大学に対して実施した研究助成「奈良県の発展に資する研究プロジェクト」（二〇二二〜二〇二三年度）であった。二人から始まった研究のアイデアは、同プロジェクトからの助成を得たことによって、ようやく具体化することができた。奈良県および公立大学法人・奈良県立大学には心から感謝したい。その後、さまざまな領域とアプローチを持つメンバーが集い、研究会を重ねていった。本書の執筆者を中心に研究発表を行い、議論していくなかで、それぞれが問題意識を明確にしていったように思う。ゲストスピーカーとして参加された㈱粟の三浦雅之さんの報告からは、特に奈良の郷土食や食材に関連する物語の重要性などについて、メンバー一同大きな示唆を得た。ここに感謝したい。

さらに、本研究の進展にとって貴重な機会となったのが、シンポジウムの開催であった。二〇二三年六月二五日、日本メディア学会と本研究プロジェクトの共催で、「メディア化された食の文化と政治」と題して行われた。その際には、一般財団法人・奈良県ビジターズビューローから手厚い支援をいただいた。その後、同シンポジウムと関連して、同学会の学会誌『メディア研究』一〇四号（二〇二四年一月発行）で「メディアと食の文化、政治」と題した特集も組まれることになった。一人ひとりのお名前を挙げるのは差し控えるが、この二つの企画に関連して、的確な助言などをいただいた学会関係者の皆さんにもお礼申し上げたい。

そして、「複数の郷土食」の物語をもとにした本書が刊行できたのは、著者たちの調査依頼を快く了承してくださった調査地の多くの方々の理解と協力のおかげであることを、私たちは決して忘れてはいけない。著者を代表し、あらためてここに最大限の感謝と敬意を表したい。

最後になるが、出版を引き受けてくださった風塵社の腹巻オヤジ氏にお礼を申し上げたい。腹巻さんという人は、研究が大きく動いたり、あるいは足踏みしたりする大事な場面に限って、なぜか近くに居る人だ。ある意味、共同研究者の一人かもしれない。大変心強かった。

二〇二四年二月二六日

ラナシンハ・ニルマラ　8章
1983年生まれ、スリランカ出身、立教大学大学院観光学研究科観光学専攻・単位取得満期修了（博士）、奈良県立大学准教授（観光学・持続可能性）、主な業績として「スリランカにおける開発と社会学研究の動向」『ソシオサイエンス』特集 アジアにおけるDevelopment概念の比較社会学研究、早稲田大学先端社会科学研究所、2023年

杉山尚美　9章
ガストロノミーツーリズム 研究所　CEO。大阪府出身。関西学院大学経済学部卒。英国国立大学ウェールズ大学MBA取得。2000年㈱ぐるなび入社。2015年執行役員に就任。約2万店の飲食店と携わり、日本の食文化の豊かさを実感。現在、ガストロノミーツーリズムを国内外で推進。共著「ガストロノミーツーリズ；食文化と観光地域づくり」学芸出版社（2023）

鶴谷将彦　10章
1980年生まれ、千葉県出身、立命館大学大学院政策科学研究科政策科学専攻修了（博士）、奈良県立大学准教授（行政学・地方自治）、主な業績として「中山間地域の自治体における地方議員の変容：2019年高知県土佐郡大川村・土佐町議会議員選挙を事例に」『選挙研究』日本選挙学会（2019年36巻2号）

柄本三代子　11章
宮崎県日向市出身、早稲田大学大学院文学研究科博士後期課程社会学専攻単位取得退学、東京国際大学教員（身体やメディアや食の文化社会学）、主な業績として『リスクを食べる』青弓社（2016）

【編著者】

窪田暁　序論

1976年生まれ、奈良県出身、総合研究大学院大学文化科学研究科比較文化学専攻・単位取得満期修了（博士）、奈良県立大学准教授（文化人類学・スポーツ移民研究）、主な業績として『「野球移民」を生みだす人びと』清水弘文堂書房、2016年

岡井崇之　1章

1974年京都府生まれ、上智大学大学院博士後期課程単位取得退学、奈良県立大学教授、メディア研究・身体の社会学、『アーバンカルチャーズ－誘惑する文化、記憶する文化』（晃洋書房、編著、2019）

【著者】

マリア・ヨトヴァ　2章

1978年生まれ、ブルガリア出身、総合研究大学院大学文化科学研究科比較文化学専攻（博士）、立命館大学准教授（経営人類学・食文化研究）、主な業績として『ヨーグルトとブルガリア―生成された言説とその展開』東方出版、2012年

内田修一　3章

埼玉県出身、総合研究大学院大学文化科学研究科比較文化学専攻・単位取得満期修了（博士）、奈良県立大学学術研究員（文化人類学）、学位論文『マリの首都におけるソンガイ移民の精霊憑依に関する人類学的研究』（2021）

縄手望未　4章

1998年生まれ、兵庫県出身、奈良女子大学大学院人間文化総合科学研究科（博士前期課程）生活文化学専攻修了（修士）、食と農の社会学・環境社会学、主論文として「行政主導による成人を対象とした食育活動の実態と課題―兵庫県三田市の食生活改善推進員の取り組みを中心に―」『くらしと協同』第40号、2022年

玉城 毅　5章

1966年生まれ、沖縄県出身、広島大学大学院社会科学研究科国際社会論専攻博士課程後期単位取得修了、東北大学大学院文学研究科、博士（文学）、奈良県立大学教授、文化人類学、主な業績に『琉球・沖縄寄留民の歴史人類学―移住者たちの生活実践』共和国、2022年

吉村健司　6章

1983年生まれ、東京都出身、総合研究大学院大学文化科学研究科比較文化学専攻・単位取得退学、東京大学大気海洋研究所附属国際・地域連携研究センター
特任研究員（生態人類学、地域漁業研究）、主な業績として「岩手県におけるイルカ・クジラ漁の歴史的展開」（岸上伸啓 編『捕鯨と反捕鯨のあいだに 世界の現場と政治・倫理的問題』）、臨川書店、2020年

土屋祐子　7章

千葉県出身、東京大学大学院学際情報学府修士課程修了（修士）、ニューヨーク大学教育大学院カルチャー＆コミュニケーション研究科修了（修士）、桃山学院大学国際教養学部准教授（メディア論、メディアリテラシー）、主な著作に『「メディウムフレーム」からの表現―創造的なメディアリテラシーのために』広島経済大学出版会、2019年など

郷土食が紡ぐ新たな物語
グローバル化した世界で私たちはなにを食べているのか

2024年4月19日　第1刷発行

編著者　窪田　暁・岡井崇之

発行所　株式会社 風塵社（ふうじんしゃ）

〒113－0033　東京都文京区本郷3－22－10
TEL 03-3812-4645　FAX 03-3812-4680

印刷：吉原印刷株式会社／製本：株式会社難波製本／装丁：閏月社

© 窪田暁・岡井崇之　2024　printed in Japan

乱丁・落丁本はご面倒ながら風塵社までご送付ください。送料小社負担でお取り替えいたします。